# ¡EXPLOREMOS! 1B

MARY ANN BLITT
College of Charleston

MARGARITA CASAS
Linn-Benton Community College

**NATIONAL GEOGRAPHIC LEARNING** | **CENGAGE Learning®**

Australia • Brazil • Mexico • Singapore • United Kingdom • United States

**¡EXPLOREMOS! Nivel 1B**
**Mary Ann Blitt | Margarita Casas**

Senior Product Director: Monica Eckman

Senior Product Team Manager:
Heather Bradley Cole

Senior Product Manager: Martine Edwards

Senior Content Development Manager:
Katie Wade

Associate Content Developer: Katie Noftz

Associate Content Developer: Kayla Warter

Media Producer: Elyssa Healy

Product Assistant: Angie P. Rubino

Senior Product Marketing Manager:
Andrea Kingman

Director Product Marketing: Ellen S. Lees

Senior Content Project Manager:
Esther Marshall

Art Director: Brenda Carmichael

Manufacturing Planner: Betsy Donaghey

IP Analyst: Christina A. Ciaramella

IP Project Manager: Betsy Hathaway

Production Service: Lumina Datamatics, Inc.

Compositor: Lumina Datamatics, Inc.

Cover and Text Designer: Brenda Carmichael

Cover Image: David Santiago Garcia/
Aurora Photos

For product information and technology assistance, contact us at
**Customer & Sales Support, 888-915-3276**

For permission to use material from this text or product,
submit all requests online at **www.cengage.com/permissions.**
Further permissions questions can be emailed to
**permissionrequest@cengage.com.**

**National Geographic Learning | Cengage Learning**
20 Channel Center Street
Boston, MA 02210
USA

Cengage Learning is a leading provider of customized learning solutions with office locations around the globe, including Singapore, the United Kingdom, Australia, Mexico, Brazil and Japan. Locate your local office at **www.cengage.com/global.**

Visit National Georgraphic Learning online at **NGL.Cengage.com**
Visit our corporate website at **www.cengage.com**

Library of Congress Control Number: 2016952196

Student Edition:
ISBN: 978-1-305-96947-6

Printed in the United States of America
Print Number: 01  Print Year: 2016

## DEDICATORIA

To my parents and closest friends, I am forever grateful
for your unconditional love and support

Para los estudiantes de español, que aprendan a apreciar
el idioma y sus culturas
(Mary Ann)

A mi queridísima familia: A Gordon, a mis padres, a mis
hermanos Luis, Alfonso y Fer, a Paty y a mis sobrinos.
Gracias por su apoyo y cariño incondicional.

To all our Spanish students!
(Margarita)

# Scope and Sequence

| Grammar | Reading/Listening | Culture |
|---|---|---|
| | | |
| | | |
| | | |

# To the student

**¡Exploremos!** is a Spanish word meaning **Let's explore!** We hope that studying Spanish will take you on a lifelong adventure.

Learning Spanish prepares you to communicate with millions of people—about 450 million people speak Spanish as their first language. It also allows you to appreciate new music, movies, food, and literature. In addition, learning another language opens your mind and makes you think about your first language and culture from a new perspective. In our modern, globalized world, speaking Spanish gives you an advantage throughout your education and in your future profession.

*¡Exploremos!* welcomes you to the vast Spanish-speaking world. We hope that you will enjoy the trip and that it opens many doors for you within your own community and in the world beyond.

Mary Ann Blitt
Margarita Casas

# Acknowledgments

We would like to express our most sincere gratitude and appreciation to everybody who has supported us on this first edition of *¡Exploremos!* and played a role in the creation of this series. We are so grateful to all who contributed in order to improve it.

We wish to thank everybody who has worked so hard at Cengage to make this project a success. In particular we would like to give a big thank you to our content development team: Martine Edwards, Katie Wade, Katie Noftz, and Kayla Warter. It was a pleasure to work with you all. We also want to thank Beth Kramer. A huge thank you goes to Esther Marshall—we do not know how the project would have been completed without her. Our thanks also go to Mayanne Wright and Andrew Tabor for all their input; to Andrea Kingman, Brenda Carmichael, Christina Ciaramella and the text/image permissions team including Venkat Narayanan from Lumina Datamatics, Aravinda Kulasekar Doss and the production team from Lumina Datamatics for their dedicated work and professional contribution, media producers Carolyn Nichols and Nick Garza, Karin Fajardo, Lupe Ortiz and Margaret Hines, the proofreaders.

## Reviewers List

**The following teachers have participated in one or several reviews, attended focus groups, have participated in research activities, or belong to the advisory board for *¡Exploremos!***

Mary Ilu Altman Corgan   *Central Catholic High School*
Victor Arcenio   *Youngstown East High School*
Tim Armstrong   *Pomona High School*
Luz Ayre   *Frassati Catholic High School*
Josefa Baez   *Forest Ridge School of the Sacred Heart*
Samantha Becker   *Indian Trail and Bradford High Schools*
Daniel J. Bee   *Archbishop Hoban High School*
Bonnie Block   *CATS Academy*
Caryn Charles   *Hawthorne High School*
Ruvisela Combs   *Fairview High School*
Amy Cote   *Chandler School*
Nicole Cuello La O   *De La Salle Collegiate High School*
Pat Dailey   *Malden High School*
Joseph D'Annibale   *Avenues: The World School*
Fatima De Granda-Lyle   *Classical High School*
Samantha Dodson   *Morris School District*
Kelsie Dominguez   *Knightdale High School of Collaborative Design*
Paul Dowling   *South High School*
Emily Edwards   *Corinth Holders High School*
Rachel Fallon   *Plymouth North High School*
Gerardo Flores   *Cherokee Trail High School*
Rene Frazee   *George Washington High School*
Dana Furbush   *Tenny Grammar School*
Bridget Galindo   *Rangeview High School*
Michael Garcia   *Azle High School*
Anne Gaspers   *Thornton High School*
Stacy Gery   *Manitou Springs High School*
Denise Gleason   *Bosque School*
Mirna Goldberger   *Brimmer and May School*
Marianne Green   *Durham Academy*
Rachel Hazen   *Alden High School*
Karen Heist   *Woodside High School*
Heidi Hewitt   *Montachusett Regional Vocational Technical School*
Christopher Holownia   *The Rivers School*
Sheila Jafarzadeh   *Quincy High School*

LaMont Johnson  *Maryvale High School*
Michelle Jolley  *Hanford High School*
Michelle Josey  *Crystal River High School*
Kathy Keffeler  *Douglas High School*
Amy Krausz  *Lyons Township High School*
Cynthia Lamas-Oldenburg  *Truman High School*
Evelyn A Ledezma  *Bethlehem Central High School*
Joshua LeGreve  *Green Lake School District*
Tracey Lonn  *Englewood High School*
Rashaun J. Martin  *Haverhill High School*
Toni McRoberts  *Cibola High School*
Laura Méndez Barletta  *Stanford Online High School*
Nancy Mirra  *Masconomet Regional High School*
Margaret Motz  *Rock Canyon High School*
Saybel Núñez  *Avenues: The World School*
Alba Ortiz  *Cottonwood Classical Preparatory School*
Alba Ortiz  *V. Sue Cleveland High School*
Marcelino Palacios  *Channelview High School*
Marne Patana  *Middle Creek High School*
Michelle Perez  *Lebanon High School*
Amelia Perry  *McGill-Toolen Catholic High School*
Kristin Pritchard  *Grand View High School*
Karry Putzy  *Solon High School*
Jocelyn Raught  *Cactus Shadows High School*
Sally Rae Riner  *Green Bay West High School*
Erin Robbins  *Hollis Brookline High School*
José Rodrigo  *West Windsor-Plainsboro High School*
Lisandra Rojas  *Las Vegas Academy of Arts*
Gregory M. Rusk  *V. Sue Cleveland High School*
Leroy Salazar  *Heritage High School*
Kathleen Santiago  *Alden High School and Middle School*
Kelleen Santoianni  *McHenry East High School*
Claudia Seabold Marchbanks  *Crystal River High School*
Rachel Seay  *Corinth Holders High School*
Ann Shanda  *Bucyrus Secondary School*
Ellen Shrager  *Abington Junior High School*
Ryan Smith  *Washoe County School District*
Krista Steiner  *Clinton Middle School*
Adrienne Stewart  *Robbinsville High School*
Andrew Thomas  *Wyoming East High School*
Robert Topor  *Downers Grove South High School*
Anthony Troche  *Las Vegas Academy of Arts*
Karen Trower  *Romeoville High School*
Zora Turnbull Lynch  *Tabor Academy*
Laura VanKammen  *Kenosha eSchool*
Jessica Verrault  *West Windsor-Plainsboro High School North*
Patricia Villegas  *Aurora Central High School*
Ashley Warren  *West Windsor-Plainsboro High School North*
Nicole Weaver  *Denver South High School*
Jonathan Weir  *North Andover High School*
Michael Whitworth  *Watson Chapel High School*
Nancy Wysard  *Mid-Pacific Institute*

**Advisory Board Members**

Sue Adames   *Chaparral High School*
Santiago Azpúrua-Borrás   *Hammond School*
Laura Blancq   *Mid-Pacific Institute*
Anne Chalupka   *Revere High School*
Diana Cruz   *Excel Academy Charter School*
Melissa Duplechin   *Monarch High School*
Linda Egnatz   *Lincoln-Way High School*
JoEllen Gregie   *Lyons Township High School*
Lorena Robins   *Weber School District*
Dana Webber   *State College Area High School*
Tracy Zarodnansky   *West Windsor-Plainsboro High School North*
Jenna Ziegler   *Alden High School and Middle School*

# REPASO

## Learning Strategy

Congratulations on completing your first year of studying Spanish! You have started learning about the Spanish language and how it works, but it is important to remember what you already know before moving ahead to new topics. This chapter is here to help you review the grammar and vocabulary that you have learned previously so that you can feel confident with the basics before you build on them.

# ¡Bienvenidos de nuevo!

Estudiantes peruanas de la ciudad de Cusco

# Gramática

## Gender and number of nouns

1. A noun is a person, place, or thing. In Spanish, all nouns have gender (masculine / feminine) whether or not they refer to people. In general, if they are not referring to people, nouns that end in -o are masculine, and nouns that end in -a are feminine. Exceptions include **el** día (m.), **el** mapa (m.), **el** problema (m.), **la** mano (f.), **la** foto (f.), and **la** moto (f.).

2. In order to make a noun plural, add an -s to words ending in a vowel. (libro → libros) Add -es to words ending in a consonant, unless that consonant is -z in which case the -z changes to -c before adding -es. (lápiz → lápices)

3. Some nouns lose an accent mark or gain an accent mark when they become plural. (examen → exámenes).

## Definite and indefinite articles

1. Definite articles mean *the*, and are used to refer to specific nouns or nouns already mentioned. They agree in gender and number with the noun they modify.

|  | masculino | femenino |
|---|---|---|
| singular | el | la |
| plural | los | las |

2. Indefinite articles mean *a, an,* or *some,* and are used to refer to non-specific nouns or nouns not yet mentioned. They also agree in gender and number with the noun they modify.

|  | masculino | femenino |
|---|---|---|
| singular | un | una |
| plural | unos | unas |

## Hay

1. **Hay** means *there is* when followed by a singular noun and *there are* when followed by a plural noun.

> **Hay** un libro en el pupitre.
> *There is a book on the desk.*

> **Hay** veinte estudiantes en la clase.
> *There are twenty students in the class.*

> The vocabulary you will need for the activities in this chapter can be found in **Vocabulario esencial,** R-16 and R-17. All of the vocabulary from **Nivel 1** can be found in the glossary at the end of this book.

# A practicar

**R1.1** **Los números y el salón de clases** Write out the number of objects Miss Ramírez has in her classroom. Follow the model and be sure to use **hay** to make a complete sentence.

Modelo cartel (3)
*Hay tres carteles.*

1. pizarra (2)
2. pupitre (34)
3. lápiz (28)

4. reloj (1)
5. computadora (7)
6. cuaderno (15)

---

**R1.2** **En la mochila** Marcela is packing her backpack for the first day of class. Complete her list with the appropriate indefinite articles (**un, una, unos, unas**).

Tengo...

1. _____ cuadernos
2. _____ lápiz
3. _____ computadora

4. _____ bolígrafos
5. _____ libros
6. _____ diccionario

---

**R1.3** **¿Cierto o falso?** Look around your classroom and take turns saying how many of the following objects there are.

Modelo reloj
Estudiante 1: *Hay un reloj.*
Estudiante 2: *Cierto. / Falso, no hay relojes.*

1. pupitre
2. computadora
3. ventana
4. mesa

5. pizarra
6. bandera
7. cartel
8. puerta

---

**R1.4** **Los saludos** In pairs, use the illustration to come up with conversations the people might be having. You should include greetings, introductions and remember to use the **usted** form in one of the exchanges.

# Gramática

## Subject pronouns

1. The subject pronouns in Spanish are **yo, tú, él, ella, usted, nosotros/nosotras, vosotros/vosotras, ellos, ellas,** and **ustedes**.

2. **Tú** and **usted (Ud.)** both mean *you*. **Tú** is informal, and **usted** is formal.

3. The subject pronouns **nosotros, vosotros,** and **ellos** must be made feminine when referring to a group of only females (**nosotras, vosotras, ellas**). If there is a mixed-gender group, the subject pronouns remain in the masculine form because it also has a generic meaning.

4. **Vosotros** and **ustedes** both mean *you* (plural). In Spain, **vosotros** is used to address a familiar group and **ustedes** is formal. In Latin America, only **ustedes** is used and serves both contexts.

## Ser

1. The verb **ser** means *to be*, and its forms are as follows:

| | | | |
|---|---|---|---|
| yo *(I)* | **soy** | nosotros / nosotras *(we)* | **somos** |
| tú *(you)* | **eres** | vosotros / vosotras *(you, plural)* | **sois** |
| usted *(you)* | **es** | ustedes *(you, plural)* | **son** |
| él *(he)* / ella *(she)* | | ellos / ellas *(they)* | |

2. **Ser** is used when describing someone's characteristics (tall, intelligent, etc.) and to say where someone is from.

## Adjective agreement

1. Adjectives describe a person, place, or thing. In Spanish, adjectives must agree in gender and number with the nouns that they modify.

2. If a singular masculine adjective ends in **-o**, the ending must be changed to **-a** when modifying a feminine noun (**Él es alto.** → **Ella es alta.**).

3. If a singular masculine adjective ends in **-a** or **-e**, it does not need to be changed when modifying a feminine noun (**Él es idealista.** → **Ella es idealista. Él es paciente.** → **Ella es paciente.**).

4. If a singular masculine adjective ends in a consonant, it does not need to be made feminine, unless the ending is **-or**, in which case you would add an **-a** (**Él es trabajador.** → **Ella es trabajadora.**).

5. Once you have made the adjective agree in gender, you must make it also agree in number. To modify plural nouns, you add **-s** to adjectives that end in vowels or **-es** to adjectives that end in consonants (**Él es bajo.** → **Ellos son bajos. Ella es liberal.** → **Ellas son liberales.**).

# A practicar

**R1.5** **Opuestos** Match each adjective in the first column with its opposite in the second.

| | | |
|---|---|---|
| 1. bajo | **a.** | grande |
| 2. gordo | **b.** | perezoso |
| 3. cómico | **c.** | alto |
| 4. corto | **d.** | delgado |
| 5. trabajador | **e.** | serio |
| 6. pequeño | **f.** | largo |

**R1.6 Nuevos estudiantes** Alex is a new student. Read his introduction and complete the paragraph with the appropriate form of the verb **ser**.

¡Hola! Yo (**1**) _____ Alex. Mis padres (**2**) _____ de Guatemala, pero yo (**3**) _____ de los Estados Unidos. Ella (**4**) _____ mi hermana gemela *(twin)* Lucía. Nosotros (**5**) _____ gemelos pero (**6**) _____ muy diferentes. Yo (**7**) _____ extrovertido y cómico, pero ella (**8**) _____ tímida y muy seria. ¿Cómo (**9**) _____ tú?

**R1.7 ¿Cómo somos?** Decide which of the following adjectives describe you and your partner. Then share your findings with the class. **¡OJO!** Be sure adjectives agree with the subject they are describing!

Modelo cómico
    Estudiante 1: *¿Eres cómica?*
    Estudiante 2: *Sí, soy cómica. ¿Y tú?*
    Estudiante 1: *Soy cómico también. / No, no soy cómico.*
    Estudiante 1 (reporte): *Jessica y yo somos cómicos. / Jessica es cómica, pero yo no.*

1. generoso
2. idealista
3. trabajador
4. atlético

5. tímido
6. optimista
7. paciente
8. antipático

**R1.8 Las descripciones** In pairs, take turns to describe the people pictured in the illustration. You should use two adjectives for each person.

# Gramática

## Possessive adjectives

**1.** The possessive adjectives in Spanish are as follows:

| | | | | |
|---|---|---|---|---|
| **mi(s)** | *my* | **nuestro(a)(s)** | *our* |
| **tu(s)** | *your* | **vuestro(a)(s)** | *your (plural, informal)* |
| **su(s)** | *his, her, its, your (formal)* | **su(s)** | *their, your (plural, informal or formal)* |

**2.** Possessive adjectives, like other adjectives, must agree in gender and number with the nouns that they modify. **Nuestro** and **vuestro** are the only possessive adjectives that need to change for gender.

**Nuestra familia** es muy grande.     *Our family is very big.*

**Mis primos** son jóvenes.     *My cousins are young.*

**3.** In Spanish, the *'s* does not exist. Instead, it is necessary to use **de**.

Elena es la hija **de** Juan.
*Elena is Juan's daughter.*

**4.** When **de** is followed by **el** in Spanish, you form the contraction **del**.

Anita es una amiga **del** maestro.
*Anita is a friend of the teacher.*

## Regular -ar verbs

**1.** A verb that ends in **-ar** is in the *infinitive* form. To form the present tense of a regular verb, the **-ar** is dropped from the infinitive and an ending is added that reflects the subject (the person doing the action).

| nadar | | | | | |
|---|---|---|---|---|---|
| yo | **-o** | nad**o** | nosotros(as) | **-amos** | nad**amos** |
| tú | **-as** | nad**as** | vosotros(as) | **-áis** | nad**áis** |
| él / ella / usted | **-a** | nad**a** | ellos / ellas / ustedes | **-an** | nad**an** |

**2.** When using two verbs together that are dependent upon each other, the second verb remains in the infinitive.

Los estudiantes **necesitan estudiar**.
*The students need to study.*

However, both verbs are conjugated if they are not dependent on each other.

Mi primo **trabaja, practica** deportes y **estudia** en la universidad.
*My cousin works, plays sports, and studies at the university.*

**3.** Place the word **no** before the conjugated verb to make a statement negative.

Mis padres **no** toman café.
*My parents **don't** drink coffee.*

**4.** To form a yes/no question, you simply use intonation to raise your voice and place the subject after the conjugated verb. There is no need for a helping word in Spanish.

¿**Cocinas tú** bien?
*Do you cook well?*

# A practicar

**R2.1** **La familia** Choose the word that describes Susana's relationship with each person.

abuelo(a)　　hermano(a)　　madre　　padre　　primo(a)　　tío(a)

1. Roberto es el _____ de Susana.
2. Daniel e Ignacio son los _____ de Susana.
3. Pilar es la _____ de Susana.
4. Jorge es el _____ de Susana.
5. Mercedes es la _____ de Susana.
6. Enrique y Rosa son los _____ de Susana.
7. Alicia es la _____ de Susana.
8. Sara es la _____ de Susana.

**R2.2** **Mi familia** Amalia is writing to a friend about her family. Complete the paragraph with the appropriate possessive adjectives: **mi(s), tu(s), su(s), nuestro(s), nuestra(s).** Pay attention to agreement.

Mi familia y yo vivimos en San José. (**1**) _____ casa no es muy grande, pero es bonita. (**2**) _____ padres son maestros y (**3**) _____ hermana Reina es estudiante en la universidad. (**4**) _____ clases son muy difíciles. (**5**) _____ familia tiene dos gatos. (**6**) _____ gatos son grandes y gordos. Durante las vacaciones visitamos a (**7**) _____ abuelos. Ellos tienen un perro y (**8**) _____ perro es muy cariñoso. ¿Cómo es (**9**) _____ familia?

**R2.3** **¿Quién?** With a partner, take turns explaining who does or doesn't do the following activities.

**Modelo** mirar la tele por la noche
*Mis padres y yo miramos la tele por la noche.*
*El maestro de español no mira la tele por la noche.*

1. trabajar en una oficina
2. estudiar geografía
3. cocinar muy bien
4. practicar un deporte
5. esquiar
6. limpiar la casa
7. cantar en un coro (*choir*)
8. tomar fotos

**R2.4** **Conversación** Take turns asking and answering the following questions about your family and activities.

1. ¿Cuántas personas hay en tu familia? ¿Cómo se llaman? ¿Cómo son?
2. ¿Tienes mascotas? ¿Qué son? ¿Cómo se llaman?
3. ¿Hablas mucho por teléfono? ¿Con quién hablas?
4. ¿Cuándo estudias y qué estudias?
5. ¿Quién cocina en tu familia? ¿Quién limpia la casa?

# Gramática

## The verb tener

1. The verb **tener** means *to have*, and its forms are as follows:

| | | | |
|---|---|---|---|
| yo | **tengo** | nosotros(as) | **tenemos** |
| tú | **tienes** | vosotros(as) | **tenéis** |
| él / ella / usted | **tiene** | ellos / ellas / ustedes | **tienen** |

2. The verb **tener** can also mean *to be* when used in certain expressions. See **expresiones con *tener*** on page R-16.

   Mi mejor amiga **tiene** diecinueve años.
   *My best friend **is** nineteen years old.*

   Yo siempre **tengo** hambre antes del almuerzo.
   *I **am** always hungry before lunch.*

## Adjective placement

1. In Spanish, adjectives are generally placed after the noun they describe.

   La química no es una clase **fácil**.
   *Chemistry is not an **easy** class.*

2. Adjectives such as **mucho, poco,** and **varios** that indicate quantity or amount are placed in front of the object.

   Tengo **varias** clases los jueves, pero no tengo clase los viernes.
   *I have **several** classes on Thursdays, but I don't have class on Fridays.*

3. **Bueno** and **malo** are often used in front of the noun they modify, and the **o** is dropped when used in front of a masculine singular noun.

   La señora es una **buena** maestra.
   *The woman is a **good** teacher.*

   Es un **mal** día.
   *It is a **bad** day.*

4. When using more than one adjective to describe a noun, use commas between adjectives and **y** *(and)* before the last adjective.

   Mis clases son largas, difíciles **y** aburridas.
   *My classes are long, difficult, **and** boring.*

# A practicar

**R2.5** **Las materias** Match each school subject on the left to the place associated with it on the right. Use each answer once.

1. la química
2. la música
3. la literatura
4. las matemáticas
5. la educación física

a. la biblioteca
b. el gimnasio
c. el laboratorio
d. el auditorio
e. el salón de clase

**R2.6** **En mi clase** Complete the sentences to describe what there is or isn't in your Spanish classroom. Pay attention to the position of the adjective and its form.

Modelo  una computadora / nuevo
*En la clase de español (no) hay una computadora nueva.*

En la clase de español (no) hay...

1. un estudiante / rubio
2. una estudiante / interesante
3. un maestro / joven
4. libros / mucho
5. un escritorio / grande
6. carteles / poco
7. una pizarra / viejo
8. exámenes/ difícil

**R2.7** **En busca de...** Find eight different classmates to whom one of the following statements apply. Make sure to record their names in your notebook.

Modelo  tener sed
Estudiante 1:  *¿Tienes sed?*
Estudiante 2:  *Sí, tengo sed. / No, no tengo sed.*

1. tener sueño hoy
2. tener 15 años
3. tener éxito en las matemáticas
4. tener que tomar un examen esta semana
5. tener hambre ahora
6. tener miedo de los insectos
7. tener ganas de viajar a Puerto Rico
8. siempre tener frío

**R2.8** **Conversación** Interview two classmates about their classes this year. Take note of their answers in order to write a short summary.

1. ¿Qué clases tomas?
2. ¿Qué clases son difíciles? ¿Qué clases son fáciles?
3. ¿Para qué clase tienes que trabajar mucho?
4. ¿Tienes sueño en tu primera clase por la mañana?
5. ¿Tienen buena comida *(food)* en la cafetería de nuestra escuela? ¿Generalmente tienes mucha hambre a la hora del almuerzo *(lunch)*?

Monkey Business Images/Shutterstock.com

# Gramática

## The verb gustar

1. The Spanish equivalent of *I like* is **me gusta**, which literally means *it pleases me*. The expression **me gusta** (*I like*) is followed by a singular noun. When followed by a plural noun, the verb becomes **me gustan**.

   **Me gusta** la clase.
   *I like the class. (The class pleases me.)*

   **No me gustan** los exámenes.
   *I don't like exams.*

   **Me gustan** el francés y el italiano.
   *I like French and Italian.*

   Remember that when using **gustar** with a noun, you must use the definite article as well.

2. When followed by a verb or a series of verbs, the singular form **gusta** is used.

   A Julio **le gusta** practicar deportes y leer.
   *Julio likes to play sports and read.*

   A mi hermana **le gusta** nadar y esquiar.
   *My sister likes to ski and swim.*

3. **Gustar** can also be used to ask about or indicate what other people like.

| | | | |
|---|---|---|---|
| **me gusta(n)** | *I like* | **nos gusta(n)** | *we like* |
| **te gusta(n)** | *you like* | **os gusta(n)** | *you like (plural, Spain)* |
| **le gusta(n)** | *he/she likes* | **les gusta(n)** | *they, you (plural) like* |

4. To clarify who he or she is, it is necessary to use an **a** in front of the name or personal pronoun.

   **A Marta** le gusta correr.
   *Marta likes to run.*

5. To express different degrees, use the terms **mucho** (*a lot*), **un poco** (*a little*), and **para nada** (*not at all*).

   No me gusta trabajar **para nada**.
   *I don't like working **at all**.*

## Regular -er and -ir verbs

1. Regular **-er** and **-ir** verbs follow a pattern very similar to that of regular **-ar** verbs.

2. The endings for regular **-er** verbs are as follows:

**comer**

| yo | -o | como | nosotros(as) | -emos | comemos |
|---|---|---|---|---|---|
| tú | -es | comes | vosotros(as) | -éis | coméis |
| él / ella / usted | -e | come | ellos / ellas / ustedes | -en | comen |

3. The endings for regular **-ir** verbs are as follows:

**vivir**

| yo | -o | vivo | nosotros(as) | -imos | vivimos |
|---|---|---|---|---|---|
| tú | -es | vives | vosotros(as) | -ís | vivís |
| él / ella / usted | -e | vive | ellos / ellas / ustedes | -en | viven |

# A practicar

**R3.1** **Las vacaciones** The people below have plans to travel this summer. Write where they are traveling, what the weather is like there, and what clothing they will need.

abrigo  bufanda  botas  camiseta  chaqueta  gafas de sol  gorro  guantes  impermeable
pantalones (cortos)  paraguas  sandalias  suéter  tenis  traje de baño

**Modelo**  Maritza / Puerto Rico
*Maritza viaja a Puerto Rico. Hace mucho calor. Necesita llevar unos
pantalones cortos, un traje de baño y unas sandalias.*

 **1.** Rodrigo / Guatemala       **2.** Lila / Argentina

 **3.** Regina / Colombia      **4.** Jaime / Perú

---

**R3.2** **Un mensaje** Marcos is writing a message to his friend in the United States. Complete his message with the appropriate conjugated verb form in parentheses.

¡Hola! Para responder tu pregunta, yo **(1)** _____ (leer/vivir) en un apartamento
con mis padres y mi hermano Alberto. Alberto y yo **(2)** _____ (abrir/aprender)
inglés en la escuela. (Nosotros) **(3)** _____ (leer/vender) libros en inglés y
**(4)** _____ (escribir/abrir) composiciones. Yo **(5)** _____ (recibir/deber)
buenas notas, pero mi hermano **(6)** _____ (creer/deber) estudiar más para
tener buenas notas. Por las noches nuestros padres **(7)** _____ (asistir/escribir)
a una clase de inglés en la universidad. Ellos **(8)** _____ (aprender/creer) que es
importante aprender inglés. Tú **(9)** _____ (vivir/comprender) mucho español,
¿verdad?

---

**R3.3** **¿Te gusta?** Interview a partner to find out if they like the following things and activities.

**Modelo**  el frío
    Estudiante 1: *¿Te gusta el frío?*
    Estudiante 2: *No me gusta el frío para nada. ¿A ti te gusta el frío?*
    Estudiante 1: *Sí, me gusta mucho.*

**1.** el color azul                          **5.** la primavera y el otoño
**2.** llevar camisetas                       **6.** los tenis
**3.** los bluyines                           **7.** comprar zapatos
**4.** la ropa cómoda                         **8.** nadar y tomar el sol

# Gramática

## The verb ir

**1.** The verb **ir** means *to go*:

| | | | |
|---|---|---|---|
| yo | **voy** | nosotros(as) | **vamos** |
| tú | **vas** | vosotros(as) | **vaís** |
| él / ella / usted | **va** | ellos / ellas / ustedes | **van** |

**2.** To tell where someone is going, it is necessary to use the preposition **a** *(to)*. When asking where someone is going, the preposition **a** is added to the word **dónde (adónde)**. When **a** is followed by the definite article **el**, you must use the contraction **al**.

> **¿Adónde** van?
> *(To) **Where** are they going?*

> Mis amigos van **al** museo.
> *My friends are going **to the** museum.*

**3.** It is common to use the verb **ir** in the present tense to tell where someone is going at that moment.

> Mi amiga **va** a la universidad ahora.
> *My friend **is going** to the university now.*

**4.** The verb **ir** is used in a variety of expressions.

| | |
|---|---|
| **ir de compras** *to go shopping* | **ir de paseo** *to go for a walk* |
| **ir de excursión** *to go hiking* | **ir de viaje** *to take a trip* |

## Ir + a + infinitive

**1.** Similar to English, the verb **ir** can be used to talk about the future. To tell what someone is going to do use the structure **ir + a + infinitive**.

> El viernes **vamos a bailar**.
> *On Friday we're going to dance.*

> Miguel **va a estudiar** este fin de semana.
> *Miguel is going to study this weekend.*

**2.** To ask what someone is going to do, use the verb **hacer** in the question. When responding, the verb **hacer** is not necessary.

> ¿Qué vas a hacer (tú)?
> *What are you going to do?*

> (Yo ) Voy a estudiar (trabajar, comer, etcétera).
> *I am going to study (work, eat, etc.).*

## Telling time

**1.** To tell at what time an event occurs, use **a la/ a las**.

> La clase es **a la** una.
> *Class is **at** one o'clock.*

**2.** Use **cuarto** to express a quarter before or after an hour, and use **media** to express half past an hour.

> Voy a mi casa a las tres menos **cuarto** de la tarde.
> *I go home at **quarter** to three in the afternoon.*

> Vamos a comer a las dos y **media**.
> *We are going to eat two-**thirty**.*

# A practicar

**R3.4** **¿Cuándo es?** Complete the sentences with the appropriate days, months and dates.

1. Los días del fin de semana son _____ y _____.
2. Asistimos a clases de _____ a _____.
3. La fecha del Año Nuevo es el _____.
4. El Día de la Madre es en _____ y el Día del Padre es en _____.

---

**R3.5** **¿Adónde van?** Use the verb **ir** to explain where each person is going.

Modelo  El maestro tiene que enseñar su clase.
*Va al salón de clase.*

1. Yo quiero jugar *(play)* básquetbol.
2. Tú practicas el fútbol.
3. Mis compañeros de clase quieren estudiar para el examen.
4. Mi amigo y yo tenemos hambre.
5. Los estudiantes de la clase de historia van a ver una presentación.
6. Ustedes necesitan buscar un libro para un proyecto.

---

**R3.6** **El fin de semana...** Write about what these people are going to do over the weekend using the information in parentheses.

Modelo  (La tía de Irene / tomar una siesta)
*La tía de Irene va a tomar una siesta.*

1. (Ignacio / escribir una composición)
2. (Nosotras / mirar la tele)
3. (Mis hermanas / practicar un deporte)
4. (Jorge y yo / comer en un restaurante)
5. (Usted / leer)
6. (Los abuelos / cocinar)
7. (Vosotros / caminar a casa)
8. (Yo / estudiar para un examen)

---

**R3.7** **Rutinas** In pairs, take turns explaining what the people are going to do and when.

Modelo  Raúl
*Raúl va a correr con el perro a las diez.*

4. el señor y la señora Márquez

1. Silvia y Gisela

2. Tomás

3. Lupe y yo

5. Olga

# Vocabulario esencial

## Repaso 1

### Saludos y despedidas
**Buenos días**   *Good morning*
**Buenas tardes/noches**   *Good afternoon/evening*
**¿Cómo está(s)?**   *How are you?*
**Bien/mal/regular**   *Fine/bad/regular*
**Mucho gusto**   *Please to meet you*

### El salón de clases
**el bolígrafo**   *pen*
**el cuaderno**   *notebook*
**el escritorio**   *desk*
**el lápiz**   *pencil*
**la mesa**   *table*
**la mochila**   *backpack*
**el pupitre**   *student desk*
**el reloj**   *clock*
**la silla**   *chair*

### La apariencia física
**alto(a)**   *tall*
**bajo(a)**   *short*
**bonito(a)**   *pretty*
**delgado(a)**   *thin*
**feo(a)**   *ugly*
**gordo(a)**   *fat*
**guapo(a)**   *good-looking*
**joven(a)**   *young*
**moreno(a)**   *dark-skinned/dark-haired*
**rubio(a)**   *blond(e)*
**viejo(a)**   *old*

### La personalidad
**aburrido(a)**   *boring*
**antipático(a)**   *unfriendly*
**cómico(a)**   *funny*
**generoso(a)**   *generous*
**inteligente**   *intelligent*
**paciente**   *patient*
**perezoso(a)**   *lazy*
**simpático(a)**   *nice*
**sociable**   *sociable*
**tonto(a)**   *dumb*
**trabajador(a)**   *hardworking*

## Repaso 2

### La familia
**el (la) abuelo(a)**   *grandfather (mother)*
**el (la) esposo(a)**   *husband (wife)*
**el (la) hermano(a)**   *brother (sister)*
**el (la) hijo(a)**   *son (daughter)*
**la madre**   *mother*
**el padre**   *father*
**el (la) primo(a)**   *cousin*
**el (la) tío(a)**   *uncle (aunt)*

### Verbos
**cocinar**   *to cook*
**cantar**   *to sing*
**estudiar**   *to study*
**hablar**   *to speak*
**limpiar**   *to clean*
**llegar**   *to arrive*
**mandar (un mensaje)**   *to send (message)*
**mirar**   *to look at; to watch*
**necesitar**   *to need*
**practicar**   *to practice*
**tomar**   *to take; to drink*
**trabajar**   *to work*

### Lugares
**el auditorio**   *auditorium*
**la biblioteca**   *library*
**la cafetería**   *cafeteria*
**el campo (de fútbol)**   *(soccer) field*
**el gimnasio**   *gymnasium*

### Clases
**el álgebra**   *algebra*
**el arte**   *art*
**la biología**   *biology*
**la educación física**   *physical education*
**la geografía**   *geography*
**le geometría**   *geometry*
**la historia**   *history*
**las lenguas**   *languages*
**las matemáticas**   *mathematics*
**la música**   *music*
**la redacción**   *composition*

### Expresiones con *tener*
**tener...años**   *to be ...years old*
**tener calor**   *to be hot*
**tener éxito**   *to be successful*
**tener frío**   *to be cold*
**tener ganas de**   *to feel like*
**tener hambre**   *to be hungry*
**tener miedo (de)**   *to be afraid (of)*
**tener que**   *to have to*
**tener sed**   *to be thirsty*
**tener sueño**   *to be sleepy*

## Repaso 3

### La ropa
el abrigo   *coat*
la blusa   *blouse*
los bluyines   *blue jeans*
la camisa   *shirt*
la camiseta   *t-shirt*
la chaqueta   *jacket*
la falda   *skirt*
los guantes   *gloves*
los pantalones cortos   *shorts*
el suéter   *sweater*
el traje de baño   *bathing suit*
el vestido   *dress*
los zapatos   *shoes*

### El tiempo
Está nublado.   *It is cloudy.*
Hace buen/mal tiempo.   *It is nice/bad weather.*
Hace frío.   *It is cold.*
Hace calor.   *It is hot.*
Hace fresco.   *It is cool.*
Hace viento.   *It is windy.*
Llueve.   *It is raining.*
Nieva.   *It is snowing.*

### Verbos
abrir   *to open*
asistir   *to attend*
comer   *to eat*
correr   *to run*
vivir   *to live*

### Los días de la semana
el lunes   *Monday*
el martes   *Tuesday*
el miércoles   *Wednesday*
el jueves   *Thursday*
el viernes   *Friday*
el sábado   *Saturday*
el domingo   *Sunday*

### Los meses
enero   *January*
febrero   *February*
marzo   *March*
abril   *April*
mayo   *May*
junio   *June*
julio   *July*
agosto   *August*
septiembre   *September*
octubre   *October*
noviembre   *November*
diciembre   *December*

### Palabras adicionales
ahora   *now*
el Año Nuevo   *New Year*
el cumpleaños   *birthday*
el día   *day*
la fecha   *date*
el fin de semana   *weekend*
hoy   *today*

## Learning Strategy

### Participate

You cannot learn another language simply by observing. You must be willing to use the language actively and to learn from the mistakes you make. Don't be afraid to speak up, even if you think you might be incorrect. Learning a language is an ongoing process and your participation is essential.

**In this chapter you will learn how to:**

- Describe your town or city
- Describe your home
- Tell where things are located
- Request information about the cost of things
- Use question words to ask for specific information

# ¿Dónde vives?

Buenos Aires, Argentina, es una ciudad elegante y moderna.

No hay muchos antropólogos que exploren las montañas como Constanza Ceruti. Sus exploraciones la han llevado *(have taken her)* a viajar por su natal *(native)* Argentina, y a países como Bolivia, Perú y Ecuador.

### Vocabulario útil

**los centros ceremoniales**   *ceremonial centers*
**el descubrimiento**   *discovery*
**el equipo**   *team*
**escalar**   *to climb*
**la momia**   *mummy*
**la montaña**   *mountain*

Courtesy of Constanza Ceruti

La doctora Ceruti ha escalado más de cien montañas para hacer investigaciones arqueológicas. En estas expediciones ha afrontado tormentas *(faced storms)* de nieve y eléctricas, y hasta congelamiento *(frostbite)*.

Las montañas que explora son tan remotas que Ceruti y su equipo son las primeras personas en llegar desde *(since)* los tiempos de los incas. Cuando descubren algo en las montañas hay mucho más trabajo. Llevan los objetos al laboratorio para hacer una investigación detectivesca. Es muy importante trabajar rápido porque muchas veces los saqueadores *(looters)* llegan a los sitios arqueológicos y roban los artefactos.

Una de las experiencias más emocionantes que tuvo la doctora Ceruti fue *(was)* el descubrimiento de una momia inca de más de 500 años. En la tumba encontraron *(they found)* estatuas de oro *(gold)* y plata *(silver)*, textiles y cerámica con comida.

*Cuando tiene 14 años Constanza decide combinar la antropología y la naturaleza en una profesión. Más tarde estudia en la Universidad de Buenos Aires y se especializa en los centros ceremoniales incas de las montañas de los Andes.*

**EN SUS PALABRAS**

**"Encontrar y preservar los centros ceremoniales antes de que los destruyan *(before their destruction)* me permite regresarle algo *(something)* a las montañas."**

**4.1** **Comprensión** Responde las preguntas.

1. ¿De dónde es la doctora Ceruti y en qué países trabaja?
2. ¿Qué hacen los saqueadores?
3. ¿Qué descubrió Ceruti en una tumba inca?

**4.2** **A profundizar** Imagina que encuentras un sitio arqueológico antiguo en las montañas. ¿Qué esperas *(expect)* encontrar?

**4.3** **¡A explorar más!** Todavía *(Still)* viven muchos descendientes de los incas en los países andinos. Investiga en Internet uno de los siguientes temas y escribe un resumen *(summary)* de 3 a 5 oraciones: la religión inca, la comida inca, la ropa inca o la lengua. Luego repórtale la información a la clase.

JIM RICHARDSON/National Geographic Creative

El señor Ramírez tiene media hora para ir al banco y hacer otras diligencias *(errands)*. ¿Qué más puede hacer en el centro de la ciudad?

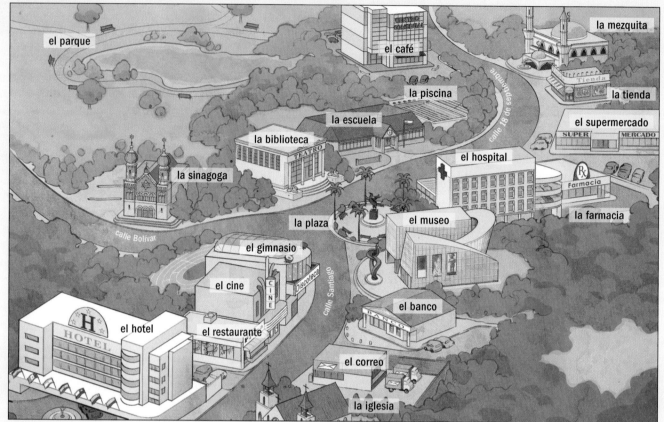

| **Otros lugares** | **Other places** | | | **Los verbos** | |
|---|---|---|---|---|---|
| **el aeropuerto** | *airport* | **el negocio** | *business* | **depositar dinero** | *to deposit money* |
| **el centro comercial** | *shopping center, mall* | **la oficina** | *office* | **mandar una carta /** | *to send a letter /* |
| **el edificio** | *building* | **la playa** | *beach* | **un paquete** | *a package* |
| **la librería** | *bookstore* | **el templo** | *temple* | **mirar una película** | *to watch a movie* |
| **el mercado** | *market* | **el zoológico** | *zoo* | **rezar** | *to pray* |

**INVESTIGUEMOS EL VOCABULARIO**

The suffix **-ería** is often used to indicate stores where certain products are sold. What is sold in the following stores?

**chocolatería**          **frutería**          **papelería**          **tortillería**

**INVESTIGUEMOS EL VOCABULARIO**

In the Spanish-speaking world, there are variations in the words that describe places to shop. For example, a department store could be referred to as **el almacén** or **la tienda de departamentos**. A supermarket could be **la bodega, el supermercado**, or **la tienda de autoservicio**.

# A practicar

**4.4** 🔊 **Escucha y responde** Vas a escuchar una lista de lugares. Indica con el pulgar hacia arriba si es posible comprar un producto en el lugar. Si no es posible, indica con el pulgar hacia abajo. *(You are going to hear a list of places. Give a thumbs up if it's possible to buy a product in that place, or a thumbs down if it's not possible.)*

    1. ...    2. ...    3. ...    4. ...    5. ...    6. ...    7. ...    8. ...

**4.5 ¿Cierto o falso?** Decide si las oraciones son ciertas o falsas. Corrige las oraciones falsas. *(Decide whether the statements are true or false. Correct the false statements.)*

1. En la playa compramos ropa.
2. En el zoológico miramos animales.
3. Nadamos en la piscina.
4. Miramos películas en el cine.
5. En la biblioteca compramos libros.
6. Estudiamos y aprendemos en la tienda.
7. En la plaza rezamos.
8. Mandamos cartas en el banco.

**4.6 ¿Con qué frecuencia... ?** Para cada actividad, habla con un compañero diferente y pregúntale con qué frecuencia hace la actividad. *(For each item, ask a different classmate how often he or she does the activity.)*

Modelo ir a la playa
Estudiante 1: *¿Con qué frecuencia vas a la playa?*
Estudiante 2: *Voy a la playa una vez al año.*

1. comprar comida en el mercado
2. rezar en el templo
3. caminar en el parque
4. mirar películas en el cine
5. mandar cartas en el correo
6. depositar cheques en el banco
7. ir al zoológico
8. comprar libros en la librería

**INVESTIGUEMOS EL VOCABULARIO**

To ask how often someone does something, say: **¿Con qué frecuencia...?** When saying how often you do something, use the word **vez.**

**una vez a la semana**
*once a week*

**dos veces al mes**
*two times a month*

To say you never do something, use the word **nunca** in front of the conjugated verb.

Yo **nunca** voy al museo.
*I **never** go to the museum.*

**4.7 Conversemos** Entrevista a tu compañero. Túrnense con las siguientes preguntas. *(Take turns interviewing your partner using the questions below.)*

1. ¿Con qué frecuencia vas al centro comercial?
2. ¿Hay un banco cerca de *(nearby)* tu casa? ¿Cómo se llama?
3. ¿Te gusta ir al cine?
4. ¿Cuál es tu restaurante favorito?
5. ¿Adónde te gusta ir con tus amigos?
6. ¿Te gusta ir a museos? ¿Cómo se llama tu museo favorito?

**Estrategia**

**Participate in class.**

The activities on this page offer many opportunities to use Spanish actively in class and to learn from your mistakes instead of worrying about making one.

**4.8 Planes para el fin de semana** Trabaja con un compañero para descubrir cuáles son las actividades de Jazmín, Lila y Arturo durante el fin de semana y dónde las hacen. Uno de ustedes va a ver la información en esta página, y el otro va a ver la información en el **Apéndice B.** *(Work with a partner to describe the activities Jazmín, Lila, and Arturo do on the weekend and where. Look at the chart below while your partner looks at the chart in Appendix B.)*

Modelo Estudiante 1: *¿Qué hace Jazmín el sábado por la mañana?*
Estudiante 2: *Jazmín compra fruta.*
Estudiante 1: *¿Dónde compra fruta?*
Estudiante 2: *En el mercado.*

|  | Jazmín | Lila | Arturo |
|---|---|---|---|
| sábado por la mañana | comprar fruta (mercado) |  | rezar (la sinagoga) |
| sábado por la tarde |  | comprar ropa (el centro comercial) |  |
| sábado por la noche |  |  | mirar una película (el cine) |
| domingo por la mañana | nadar (la playa) | visitar a un amigo (el hospital) |  |

## Cultura

Las grandes ciudades del mundo hispano tienen museos muy importantes. Dos museos de fama internacional son El Prado en Madrid, España, y el Museo del Oro *(Gold)* en Bogotá, Colombia. Los dos museos tienen historias interesantes. El Prado tiene una de las colecciones de arte más importantes del mundo. En el Prado hay muchos retratos *(portraits)* de los reyes *(kings and queens)* de España. El Museo del Oro tiene una gran colección de objetos de oro de los reyes indígenas *(indigenous)* de Colombia. El museo tiene el objetivo de compartir *(share)* los objetos preciosos colombianos con el mundo.

Pat_Hastings/Shutterstock.com

Courtesy of Margarita Casas

Find the name of a Colombian artist in **Exploraciones del mundo hispano** in Appendix A.

Investiga en Internet los sitios web oficiales del Museo del Prado y del Museo del Oro. Identifica una obra que te guste de uno de los museos y muéstrasela a la clase. Si es una obra del Prado comparte *(share)* el nombre del artista y de la obra.

## Comunidad

Busca en Internet un anuncio en español de una tienda en los Estados Unidos. Presenta el anuncio a tu clase y explica qué tipo de tienda es, qué vende y dónde está.
*(Look online for an advertisement in Spanish for a store in the United States. Present the ad to your class, tell what kind of store it is, what it sells, and where it is.)*

Claudiu Marius Pascalina/Dreamstime.com

# Comparaciones

Las ciudades pequeñas son diferentes a las grandes ciudades no solo por su tamaño *(size)*. Observa el mapa de Puno, una pequeña ciudad al lado del *(beside)* lago Titicaca, en Perú. ¿Hay algún edificio que no exista en tu ciudad? ¿Cuál? ¿Cuáles son los lugares turísticos principales? Si llegas a Puno por tren, ¿debes caminar mucho para llegar a los lugares de interés? *(Size isn't the only difference between small cities and large cities. Look at this map of Puno, a small city near Lake Titicaca in Peru. Are there any buildings that your hometown doesn't have? Which ones? What are the main tourist attractions in Puno? If you arrived in Puno by train, would you have to walk a long way to see the tourist attractions?)*

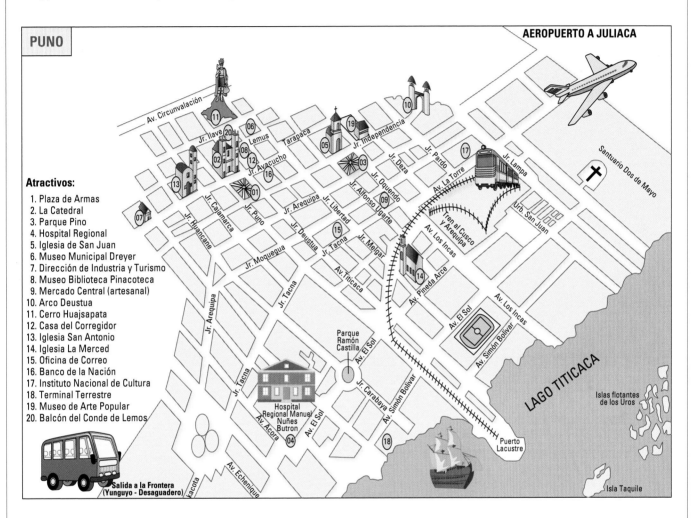

**Atractivos:**
1. Plaza de Armas
2. La Catedral
3. Parque Pino
4. Hospital Regional
5. Iglesia de San Juan
6. Museo Municipal Dreyer
7. Dirección de Industria y Turismo
8. Museo Biblioteca Pinacoteca
9. Mercado Central (artesanal)
10. Arco Deustua
11. Cerro Huajsapata
12. Casa del Corregidor
13. Iglesia San Antonio
14. Iglesia La Merced
15. Oficina de Correo
16. Banco de la Nación
17. Instituto Nacional de Cultura
18. Terminal Terrestre
19. Museo de Arte Popular
20. Balcón del Conde de Lemos

# Conexiones... a las relaciones internacionales

Muchas ciudades del mundo participan en un programa de ciudades hermanas. La Asociación Internacional de Ciudades Hermanas es una organización que promueve el respeto mutuo, la comprensión y la cooperación. Por ejemplo, Miami, Florida, es ciudad hermana de Managua, Nicaragua. El objetivo del programa es conectar a dos ciudades semejantes en superficie que están en diferentes zonas del mundo para fomentar el contacto humano. ¿Cuál es la ciudad hermana de la capital de tu estado? ¿Qué actividades y eventos tienen?
*(Many cities all around the world participate in a sister city program. The International Association of Sister Cities is an organization that promotes mutual respect, understanding, and cooperation. For example, Miami, Florida, is a sister city of Managua, Nicaragua. The goal of this program is to link two similar-sized cities in different parts of the world to encourage human connection. What is your state capital's sister city? What activities and events do they do together?)*

## A analizar ▶

Nicolás y Santiago hablan de sus planes. Después de ver el video, lee parte de su conversación y observa las formas del verbo **poder**. *(Nicolás and Santiago are talking about their plans. After watching the video, read their conversation and note the forms of the verb **poder**.)*

| | |
|---|---|
| Nicolás: | ¿**Puedes** ir conmigo? Como está cerca del restaurante cubano, **podemos** comer después. |
| Santiago: | Uy, me gustaría, pero no **puedo**. Tengo que ir a la biblioteca ahora. Voy a estudiar con Paula para el examen de ciencias políticas. |

1. Using your knowledge of verb conjugation and the forms in the conversation, complete the chart with the correct forms of the verb **poder**.

   **poder**

   yo _____          nosotros(as) _____

   tú _____          vosotros (as) podéis

   él, ella, usted _____   ellos, ellas, ustedes _____

2. Now look at the conjugated forms of **poder** above. Which forms have a stem (the first part of the verb) that is different from the infinitive? How do they change?

## A comprobar

### Stem-changing verbs (o → ue)

1. There are a number of verbs that have changes in the root or stem. They are called stem-changing verbs. Notice in the verbs below, that the **o** changes to **ue** in all forms except the **nosotros** and **vosotros** forms. The endings are the same as other -**ar**, -**er**, and -**ir** verbs.

**almorzar** *(to eat lunch)*

| yo | alm**ue**rzo | nosotros(as) | almorzamos |
|---|---|---|---|
| tú | alm**ue**rzas | vosotros(as) | almorzáis |
| él, ella, usted | alm**ue**rza | ellos, ellas, ustedes | alm**ue**rzan |

**volver** *(to return)*

| yo | v**ue**lvo | nosotros(as) | volvemos |
|---|---|---|---|
| tú | v**ue**lves | vosotros(as) | volvéis |
| él, ella, usted | v**ue**lve | ellos, ellas, ustedes | v**ue**lven |

**dormir** *(to sleep)*

| yo | d**ue**rmo | nosotros(as) | dormimos |
|---|---|---|---|
| tú | d**ue**rmes | vosotros(as) | dormís |
| él, ella, usted | d**ue**rme | ellos, ellas, ustedes | d**ue**rmen |

Los niños **duermen** en este dormitorio.
*The children **sleep** in this bedroom.*

Gloria y yo **almorzamos** en la cafetería.
*Gloria and I **eat lunch** in the cafeteria.*

The verbs listed below are also **o → ue** stem-changing verbs.

| | |
|---|---|
| **costar** | *to cost* |
| **devolver** | *to return (something)* |
| **encontrar** | *to find* |
| **llover** | *to rain* |
| **morir** | *to die* |
| **poder** | *to be able to* |
| **recordar** | *to remember* |
| **soñar (con)** | *to dream (about)* |

2. The verb **jugar** is conjugated similarly to the **o → ue** stem-changing verbs, changing the **u** of its stem to **ue**.

**jugar** *(to play)*

| | | | |
|---|---|---|---|
| yo | j**ue**go | nosotros(as) | jugamos |
| tú | j**ue**gas | vosotros(as) | jugáis |
| él, ella, usted | j**ue**ga | ellos, ellas, ustedes | j**ue**gan |

# A practicar

**4.9** **Un poco de lógica** ¿Qué verbo completa mejor la oración? *(Which verb bests completes the sentence?)*

1. Matilde siempre _____ a la casa después de trabajar.
   **a.** llueve **b.** vuelve **c.** almuerza

2. Los niños _____ con el perro en el parque.
   **a.** juegan **b.** sueñan **c.** encuentran

3. Nosotros _____ en el café.
   **a.** dormimos **b.** volvemos **c.** almorzamos

4. Renata no _____ un vestido bonito en la tienda.
   **a.** sueña **b.** encuentra **c.** vuelve

5. Mis amigos _____ mirar una película en el cine.
   **a.** juegan **b.** cuestan **c.** pueden

6. Mis padres y yo _____ en un hotel en Montevideo.
   **a.** dormimos **b.** podemos **c.** encontramos

7. Yo _____ el libro a la biblioteca.
   **a.** encuentro **b.** vuelvo **c.** devuelvo

8. La ciudad es confusa *(confusing)* y no _____ dónde está el hotel.
   **a.** recuerdo **b.** puedo **c.** duermo

La ciudad es confusa.

Peter Bernik/Shutterstock.com

**4.10** **Nuestros sueños** Completa el párrafo con las formas apropiadas del verbo **soñar**. *(Complete the paragraph with the appropriate forms of the verb **soñar**.)*

Todos tienen sueños *(dreams)* para el año nuevo. Yo **(1)** _____ con un trabajo para el verano y mi hermana **(2)** _____ con comprar un auto nuevo. Mi hermana y yo también **(3)** _____ con comprar un televisor nuevo. Mis hermanos **(4)** _____ con unas vacaciones en la playa. Y tú, ¿con qué **(5)** _____?

¿Sueñas con comprar un auto?

Jan Schneckenhaus/Shutterstock.com

**4.11 ¿Cuánto cuesta?** Estás en una tienda de ropa en España. Con un compañero túrnense para preguntar cuánto cuestan los objetos. *(You are in a clothing shop in Spain. With a partner, take turns asking each other how much the objects cost.)*

Modelo Estudiante 1: *¿Cuánto cuesta el sombrero negro?*
Estudiante 2: *Cuesta treinta y cinco euros.*

1.

2.

3.

4.

**4.12 ¿Quién puede?** Usando el verbo **poder**, explícale a tu compañero quién puede o no puede hacer las siguientes actividades. *(Using the verb **poder**, explain to your partner who can or cannot do the following activities.)*

Modelo viajar este verano
*Yo puedo viajar este verano. / Mis amigos no pueden viajar este verano.*

1. cantar
2. bailar bien
3. jugar al golf

4. hablar francés
5. nadar
6. correr rápido

7. votar *(to vote)*
8. comer mucho
9. cocinar bien

**4.13 En busca de...** Busca a ocho compañeros diferentes que hagan una de las siguientes actividades. *(Find eight different classmates that do one of the following activities.)*

1. Normalmente (dormir) ocho horas.
2. (Volver) a casa después de las clases.
3. (Almorzar) en un restaurante los fines de semana.
4. (Jugar) al tenis.
5. (Soñar) con un auto nuevo.
6. (Poder) cantar muy bien.
7. (Devolver) ropa a la tienda con frecuencia *(often)*.
8. (Encontrar) a amigos en el cine.

# A analizar ▶

Santiago le explica a Nicolás dónde está el correo. Mira el video otra vez. Después lee parte de su conversación y observa las formas del verbo **estar**. *(Santiago explains to Nicolás where the post office is. Watch the video again. Afterwards, read part of their conversation and note the forms of the verb **estar**.)*

Nicolás: ¡Hola Santiago! ¿Cómo **estás**?

Santiago: **Estoy** muy bien, ¿y tú?

Nicolás: Bien, pero no sé dónde **está** el correo y tengo que mandar este paquete a mis padres.

Santiago: No **está** muy lejos. Mira, **estamos** en la calle San Pedro y el correo **está** en la calle Santa Rosa, enfrente del restaurante cubano.

1. You learned some of the forms of the verb **estar** in **Capítulo 1.** The boldfaced verbs are also forms of the verb **estar.** From what you have already learned and by looking at the examples above, fill in the following chart.

   **estar**

   yo _____          nosotros(as) _____
   tú _____          vosotros(as) _____
   él, ella, usted _____    ellos, ellas, ustedes _____

2. **Estar** is used in the conversation for two different purposes. Can you identify them?

# A comprobar

## The verb **estar** with prepositions of place

### Las preposiciones de lugar

| | | | | | |
|---|---|---|---|---|---|
| **a la derecha de** | *to the right of* | **dentro de** | *inside* | **enfrente de** | *in front of, facing* |
| **a la izquierda de** | *to the left of* | **detrás de** | *behind* | **entre** | *between* |
| **al lado de** | *beside, next to* | **en** | *in, on, at* | **fuera de** | *outside* |
| **cerca de** | *near* | **encima de** | *on top of* | **lejos de** | *far from* |
| **debajo de** | *below* | | | | |

1. Notice that most of the prepositions include the word **de** *(of).*

   You will remember from **Capítulo 2** that the **de** in front of a masculine noun combines with **el** to become **del (de + el = del),** and that it does not contract with the other articles.

   > Mi casa está al lado **del** café.
   > *My house is next to the café.*

   > El cine está a la derecha **de** la tienda.
   > *The movie theater is to the right of the store.*

2. The verb **estar** is used to express position; therefore, it is used with all prepositions of place.

   ### estar *(to be)*

   | | | | |
   |---|---|---|---|
   | yo | **estoy** | nosotros(as) | **estamos** |
   | tú | **estás** | vosotros(as) | **estáis** |
   | él, ella, usted | **está** | ellos, ellas, ustedes | **están** |

# A practicar

**4.14 Actividades en la ciudad**  Di lo que hacen las personas en el lugar donde están. Hay varias respuestas posibles. *(Tell what the different people are doing depending upon where they are. There are a number of possible answers.)*

1. Yo estoy en la plaza.
2. Mis hermanos pequeños están en la escuela.
3. Tú estás en el aeropuerto.
4. Mi padre está en la oficina.
5. Mis amigos están en el café.
6. Mi hermano está en el correo.
7. Mi madre y yo estamos en el parque.
8. Tú estás en el banco.

---

**4.15 En la capital**  Completa las oraciones con la forma necesaria del verbo **estar**. Luego identifica los países donde están las ciudades. *(Complete the sentences with the appropriate form of the verb **estar**. Then identify the country where the cities are located.)*

**Modelo**  Mario ___*está*___ en Santiago. *Santiago está en Chile.*

1. Yo _____ en Lima.
2. Usted _____ en San José.
3. Gloria y yo _____ en La Habana.
4. Joaquín y Héctor _____ en San Juan.
5. Hugo _____ en Caracas.
6. Tú _____ en Tegucigalpa.
7. Cristina _____ en Quito.
8. Los Gardel _____ en Buenos Aires.

---

**4.16 ¿Dónde están?**  Usa la forma apropiada del verbo **estar** y el vocabulario para explicar dónde están las personas. Luego explica qué hacen allí. *(Use the appropriate form of the verb **estar** and the vocabulary to explain where the different people are and what they are doing there.)*

**Modelo**  los niños
    *Los niños están en el zoológico. Miran los animales.*

**1.** Ricardo

**2.** mis amigos y yo

**3.** la señora Montero

**4.** mis compañeros de clase

**5.** tú

**6.** tu perro y tú

**4.17** 🔊 **En la ciudad** Mira el plano, escucha la descripción de la ciudad y decide si las oraciones son ciertas o falsas. Corrige las oraciones falsas. *(Look at the map. Listen to the description of the city and decide if each statement is true or false. Correct the false statements.)*

**1.** ...  **2.** ...  **3.** ...  **4.** ...  **5.** ...

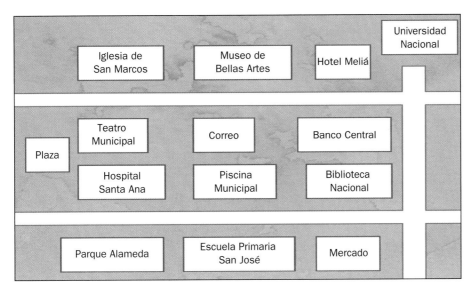

**4.18** **El plano** En parejas inventen tres oraciones más sobre el plano. Las oraciones pueden ser ciertas o falsas y deben incluir las preposiciones. Después lean las oraciones a la clase y los otros compañeros van a decir si son ciertas o falsas. *(In pairs, come up with three additional sentences about the map. They can be true or false and should include prepositions. When finished, read the sentences to the class and your classmates will say if they are true or false.)*

**4.19** **¿Dónde está... ?** En parejas túrnense para hacer y contestar preguntas sobre la posición de los diferentes objetos y negocios en el dibujo. Usen todas las preposiciones posibles. *(In pairs, take turns asking and answering questions about the location of the different objects and businesses in the drawing. Use as many prepositions as you can.)*

Modelo  el café
   Estudiante 1:  *¿Dónde está el café?*
   Estudiante 2:  *El café está al lado de la librería.*

**1.** el banco        **3.** el automóvil     **5.** el gimnasio     **7.** el parque
**2.** la librería      **4.** la bicicleta       **6.** el perro          **8.** la tienda

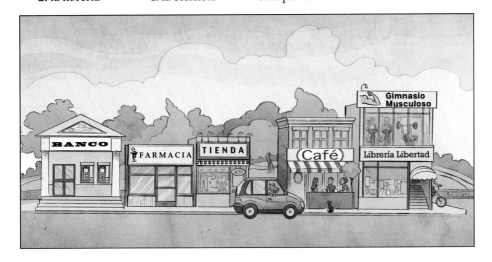

**4.20** **Creando una ciudad** Copia el plano de la ilustración en tu cuaderno. Luego túrnense con un compañero para decidir qué edificios hay y dónde están. Después escriban los nombres en los cuadros. (*Copy the city map into your notebook. Take turns working with a partner to decide what buildings are in the city and where they are. Then, label the squares.*)

Modelo El banco está al lado de la iglesia.

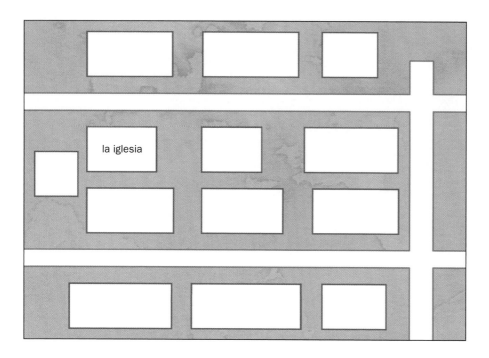

**4.21** **¿Es cierto?** En parejas túrnense para hacer oraciones ciertas o falsas sobre las posiciones de los edificios, los coches y la piscina en la ilustración. El otro estudiante debe decidir si la afirmación es cierta y corregir las afirmaciones falsas. (*In pairs, take turns making up statements about the location of buildings, cars, and the pool in the image below. Your partner will decide whether the statement is true or false and will correct the false ones.*)

Modelo Estudiante 1: *Hay un coche detrás del banco.*
Estudiante 2: *Falso, está enfrente del banco.*

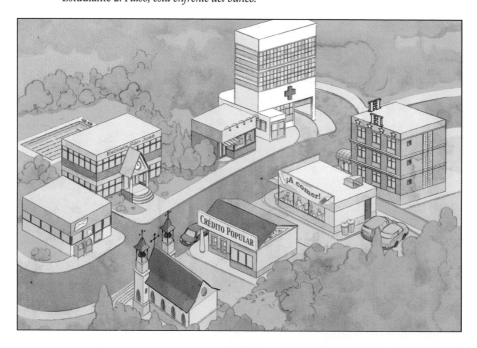

## Entrando en materia

¿A qué lugares te gusta ir en la ciudad o pueblo donde vives? *(Where do you like to go in your city or town?)*

## ◄)) Turismo local en Quito, Ecuador

Escucha el reportaje *(news report)* sobre los esfuerzos *(efforts)* para promover el turismo local en Quito, Ecuador. Debes repasar *(review)* las palabras en **Vocabulario útil** antes de escuchar para ayudar con tu comprensión.

### Vocabulario útil

| | | | | | |
|---|---|---|---|---|---|
| **la comida** | *food* | **los eventos** | *events* | **el portal** | *web page* |
| **compartir** | *to share* | **llevar** | *to take* | **promover** | *to promote* |
| **disfrutar** | *to enjoy* | **las noticias** | *news* | **el tiempo libre** | *free time* |

## Comprensión

Decide si las afirmaciones son ciertas o falsas. *(Decide if the statements are true or false.)*

1. La Compañía de Turismo de Ecuador tiene un nuevo portal en Internet.
2. En el portal las personas pueden compartir recomendaciones.
3. El fin de semana hay un concierto en el cine.
4. Según el locutor *(According to the announcer)*, el portal es una mala idea.

Noamfein/Ecuador/Dreamstime.com

## Más allá

Escribe una reseña *(review)* de un lugar que te gusta visitar en tu ciudad. ¿Qué tipo de lugar es? ¿Cómo se llama? ¿Dónde está? ¿Por qué es bueno?

Comparte tu reseña en Share it! y, si es posible, incluye fotos. Luego lee las recomendaciones de los otros estudiantes.

*(Write a review of a place you like to visit in your city. What type of place is it? What's it called? Where is it? Why is it good? Post your review on Share it! and if possible, include photos. Then read your classmates' recommendations.)*

# Lectura

## Antes de leer

¿Cómo imaginas que son las capitales de los países de habla hispana? *(How do you imagine the capitals of Spanish-speaking countries to be?)*

## A leer

### Algunas ciudades únicas de Latinoamérica

*were / before*
*arrival*

Las grandes ciudades latinoamericanas combinan lo moderno con lo histórico. Algunas de las ciudades **fueron** fundadas mucho **antes** de la **llegada** de los españoles, como Cuzco (la capital del imperio inca en Perú) y la Ciudad de México, fundada por los aztecas con el nombre de Tenochtitlán.

*Nowadays*
*skyscrapers*

**Hoy en día** en las dos ciudades se pueden ver ruinas de civilizaciones indígenas al lado de **rascacielos** y otras maravillas modernas.

[ Un elegante ejemplo de modernidad es Buenos Aires... ]

*as*
*was founded*
*neighborhoods*

Un elegante ejemplo de modernidad es Buenos Aires, la capital de Argentina y su ciudad más importante. "Baires", **como** los argentinos llaman a la ciudad, **fue fundada** en 1536 con el nombre original de "Puerto de Nuestra Señora Santa María del Buen Aire". Sus **barrios** reflejan su pasado de inmigrantes. Es una ciudad llena de cultura. Es famosa por sus monumentos, como el Obelisco, y por

*widest avenue*

tener la **avenida más ancha** del mundo: la Avenida 9 de Julio.

*beautiful*

Otra ciudad moderna y de **hermosa** arquitectura es Bogotá. La ciudad de Bogotá es la capital de

*was declared*

Colombia y en 2006 **fue declarada** "capital del libro del mundo" por la UNESCO, gracias a las

**Puerto Madero, en Buenos Aires**

Spectral-Design/Shutterstock.com

increíbles bibliotecas de la ciudad.

**Cada** una de estas ciudades es especial por su arquitectura, sus monumentos, parques, restaurantes, cafés y tiendas. Como muchas otras ciudades latinoamericanas, son muy atractivas para el turismo.

*Each*

**La ciudad de Bogotá**

# Comprensión

Selecciona la opción que mejor completa cada oración. *(Choose the option that best completes each statement.)*

1. Muchas ciudades latinoamericanas son muy (nuevas/viejas).
2. Un buen ejemplo de una ciudad histórica y moderna en Latinoamérica es (Cuzco/Buenos Aires).
3. Los barrios de Buenos Aires muestran su pasado (de inmigrantes/indígena).
4. Bogotá es la capital del libro gracias a sus (escuelas/bibliotecas).

# Después de leer

Compara una ciudad de España o Latinoamérica con una ciudad histórica de los Estados Unidos. Crea un diagrama con las características similares y las características diferentes. Presenta tu gráfica a un grupo de compañeros de clase.
*(Compare a Spanish or Latin American city with a historical city of the United States. Create a Venn diagram presenting the similarities and differences. Share your diagram with a group of classmates.)*

La ciudad de Cuenca, en Ecuador, es famosa por sus iglesias.

Esta es la casa de Lola. ¿Qué hay en su casa?

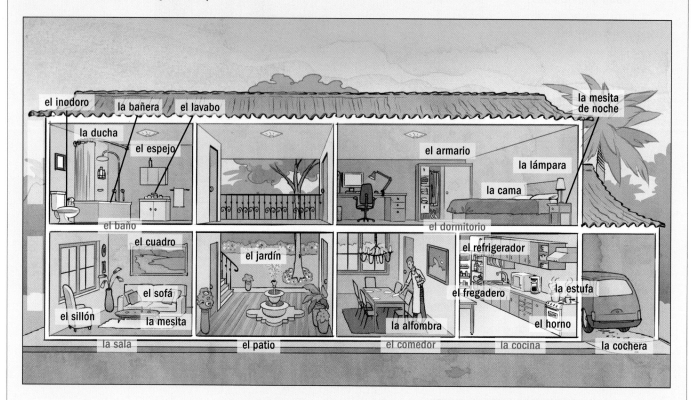

el inodoro · la bañera · el lavabo · la mesita de noche · la ducha · el espejo · el armario · la lámpara · la cama · el baño · el cuadro · el dormitorio · el refrigerador · el jardín · el fregadero · la estufa · el sofá · el sillón · la mesita · la alfombra · el horno · la sala · el patio · el comedor · la cocina · la cochera

| | | | |
|---|---|---|---|
| **alquilar** | *to rent* | **el (horno de) microondas** | *microwave (oven)* |
| **el apartamento** | *apartment* | | |
| **la cafetera** | *coffee maker* | **la lavadora** | *washer* |
| **las cortinas** | *curtains* | **el lavaplatos** | *dishwasher* |
| **la dirección** | *address* | **los muebles** | *furniture* |
| **el electrodoméstico** | *appliance* | **las plantas** | *plants* |
| **la flor** | *flower* | **la secadora** | *dryer* |
| **la habitación** | *room* | | |

**INVESTIGUEMOS LA GRAMÁTICA**

You learned in **Capítulo 2** that adjectives that express quantity, such as **mucho, poco,** and **varios,** are placed in front of the noun they describe. **Primero** is another adjective that precedes nouns. Notice that in the masculine singular form it becomes **primer** when in front of a noun.

> Mi dormitorio está en el **primer** piso.
> *My bedroom is on the **first** floor.*

> Es la **primera** casa en la calle.
> *It is the **first** house on the street.*

# A practicar

**INVESTIGUEMOS EL VOCABULARIO**

Notice that **el primer piso** refers to what people in the United States would call the second floor.
In many Spanish-speaking countries the first floor is referred to as the ground floor, or **la planta baja.**

**4.22** 🔊 **Escucha y responde** Vas a escuchar algunas oraciones sobre una casa. Indica con el pulgar hacia arriba si la oración es lógica. Si no es lógica, indica con el pulgar hacia abajo. *(Listen to the sentences about a house. If the statement is logical, give a thumbs up; if it is not, give a thumbs down.)*

1. ... 2. ... 3. ... 4. ... 5. ... 6. ... 7. ... 8. ...

**4.23** **¿Dónde están?** ¿En qué habitación de la casa están los siguientes muebles o aparatos? *(Indicate in which room of the house you would find the following furniture or appliances.)*

1. el horno
2. el sillón
3. el lavabo
4. el lavaplatos
5. el armario
6. la cafetera
7. la mesita de noche
8. la cama
9. el inodoro

**¡Qué desastre!** La casa es un desastre y no puedes encontrar nada. Con un compañero túrnense para preguntar dónde están los objetos perdidos. *(The house is a disaster and you cannot find anything. With a partner, take turns asking where the lost items are.)*

Modelo  la corbata
  Estudiante 1: *¿Dónde está la corbata?*
  Estudiante 2: *Está encima de la cama.*

1. el teléfono      3. la bota      5. el paraguas      7. los peces
2. el libro         4. el suéter    6. el cuaderno      8. el gato

**INVESTIGUEMOS EL VOCABULARIO**

While **el dormitorio** is a standard word for *bedroom*, there are many other terms:

**el cuarto**

**la habitación**

**la pieza**

**la alcoba**

**la recámara**

**La sala** is the most commonly used term for *living room*, but in some countries it is called **el living, el salón, el recibidor** or **el cuarto de estar.**

A *refrigerator* may also be called: **la nevera, la heladera** or **el frigorífico.**

 **Adivinanza** Mira el dibujo en la página 128 y selecciona tres objetos diferentes. En parejas túrnense para describir cada objeto en dos o tres oraciones usando la frase **es para...** para describir la función del objeto. Tu compañero adivinará lo que es. *(Look at the drawing on page 128 and choose three different objects. In pairs, take turns describing each object in two or three sentences, using the phrase **es para...** to describe the object's use. Your partner will guess what it is.)*

Modelo  Estudiante 1: *Está en la cocina. Está debajo de la estufa. Es para cocinar.*
  Estudiante 2: *¡Es el horno!*

**4.26** **Comparemos** Trabaja con un compañero. Uno de ustedes va a mirar la casa en esta página y el otro va a mirar la casa en el **Apéndice B.** Túrnense para describir las casas y encontrar las seis diferencias. *(Work with a partner. One of you will look at the house on this page while the other looks at the house in Appendix B. Take turns describing the houses and jot down six differences.)*

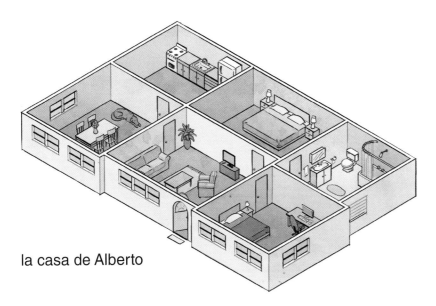

la casa de Alberto

## Cultura

En muchas ciudades hispanas es posible visitar la casa de personas que fueron *(were)* importantes en la historia de un país. Muchas de estas *(these)* casas ahora son museos. Por ejemplo, en Chile hay tres casa-museos de Pablo Neruda, el famoso poeta de Chile. En las casas hay muchas obras de arte y objetos que pertenecieron a *(belonged to)* Neruda.

Otra casa muy visitada es la de Ernesto Che Guevara, un famoso revolucionario de la Revolución Cubana. El Museo Casa del Che está en Alta Gracia, Argentina, donde vivió de niño *(as a child)*.

Abajo *(Below)* hay una lista de otras casas de personas famosas. Busca en Internet quiénes fueron *(were)* estas personas y dónde están sus casas.

La Casa-Museo de Federico García Lorca

El Museo Casa natal de Rubén Darío

La Casa-Museo Quinta de Simón Bolívar

Choose a famous person from one of the countries in **Exploraciones del mundo hispano** in Appendix A. Then investigate if the person has a **casa-museo.** Share with the class what the person did to become famous, and what kind of things can be seen in the **casa-museo.**

Casa de Pablo Neruda en Valparaíso

Yoann Combronde/Shutterstock.com

## Comunidad

Escoge un lugar del mundo hispanohablante donde te gustaría vivir e investiga el clima y las casas de ese país. Dibuja tu casa ideal con los nombres de las habitaciones y los muebles en español. Después comparte tu dibujo con la clase.
*(Decide where in the Spanish-speaking world you would like to live and research the climate and houses of that country. Draw your ideal house with the rooms and furnishings labeled in Spanish. Then, share your drawing with the class.)*

Casa de Ernesto Guevara

Juan José Pascual/Age fotostock

# Comparaciones

Hay muchas expresiones en español que hablan de la casa. Para dar la bienvenida *(welcome)* a un visitante, muchos hispanos hispanos dicen: "Está usted en su casa", o "Mi casa es su casa". Otro ejemplo es "Candil *(lamp)* de la calle, obscuridad de su casa". Esta expresión se usa para hablar de una persona que es muy amable en público, pero no en su casa con la familia. Los siguientes son otros refranes *(proverbs)* sobre de la casa. ¿Cuál de las explicaciones asocias con cada refrán?

1. Casa sin *(without)* hijos, higuera *(fig tree)* sin higos *(figs)*.
2. Cuando de casa estamos lejanos *(far away)*, más la recordamos *(we remember)*.
3. En la casa en que hay un viejo, no faltará *(lack)* un buen consejo *(advice)*.
4. La ropa sucia *(dirty)* se lava *(is washed)* en casa.

    a. Los abuelos son personas muy inteligentes.
    b. Los problemas de una familia son privados.
    c. Pensamos más en algo *(something)* cuando está lejos de nosotros.
    d. Una familia es más feliz cuando hay niños.

1. ¿Hay refranes en inglés que hablan de la casa? ¿Qué valores reflejan?
2. ¿Estás de acuerdo con los refranes de esta actividad? ¿Por qué?

# Conexiones... a la arquitectura

Dos de los arquitectos más famosos del mundo son españoles: Antonio Gaudí (1852–1926) y Santiago Calatrava (1951– ...). Gaudí era *(was)* un hombre muy sencillo *(simple)* y religioso. Su obra maestra *(masterpiece)* es la Catedral de la Sagrada Familia, en Barcelona, que todavía *(still)* está en construcción. Su arquitectura es modernista y su estilo es único *(unique)*. Por otra parte *(On the other hand)* está Santiago Calatrava, quien es famoso por sus puentes *(bridges)*, estaciones de trenes y estadios. Sus edificios combinan la ingeniería *(engineering)* con la arquitectura. ¿Qué estilo prefieres?

Casa Milá en Barcelona, una obra de Gaudí

Museo diseñado por Santiago Calatrava, Valencia, España

## A analizar ▶

Santiago habla con una señora sobre un apartamento que ella tiene para alquilar. Después de ver el video, lee parte de su conversación y contesta las preguntas que siguen. *(Santiago talks with a woman about an apartment that she has for rent. After watching the video, read part of the conversation and answer the questions that follow.)*

| | |
|---|---|
| Santiago: | ¿Cómo es el apartamento? |
| Señora: | Bueno, la sala es bonita y muy grande. Hay un dormitorio con una cama matrimonial y un escritorio donde puede estudiar. También hay una cocina pequeña y un cuarto de baño con ducha y lavabo. |
| Santiago: | ¿Qué electrodomésticos hay en la cocina? |
| Señora: | Hay una estufa, un refrigerador y una lavadora. |
| Santiago: | ¿Cuánto cuesta al mes? |
| Señora: | $750 e incluye el gas pero no el agua. |
| Santiago: | Y ¿cuál es la dirección? |
| Señora: | Está en la calle 8, número 53, cerca del hospital. |

1. Punctuation for questions is different in Spanish and English. What is the difference?
2. Identify the interrogatives (question words) in the conversation. What do all of the question words have in common?

## A comprobar

### Interrogatives and question formation

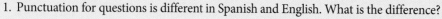

| ¿cómo? | how? | ¿adónde? | to where? | ¿quién(es)? | who? | ¿cuántos(as)? | how many? |
|---|---|---|---|---|---|---|---|
| ¿cuándo? | when? | ¿de dónde? | from where? | ¿qué? | what? | ¿cuánto(a)? | how much? |
| ¿dónde? | where? | ¿por qué? | why? | ¿cuál(es)? | which? | | |

*Notice that all question words have an accent.

1. In most questions:
   - the subject is placed after the verb.
   - the question word is often the first word of the question.
   - it is not necessary to have a helping word such as *do* or *does*.
   - it is necessary to have an inverted question mark at the beginning of the question and another question mark at the end.

   | interrogative | + verb | + subject |
   |---|---|---|
   | ¿Cuál | es | tu casa? |
   | ¿Dónde | vives | tú? |

2. Prepositions (**a, con, de, en, por, para,** etc.) cannot be placed at the end of the question as is often done in English. They *must* be in front of the question word.

   **¿Con** quién vives?
   *Who (Whom) do you live **with**?*

3. **Quién** and **cuál** must agree in number with the noun that follows, and **cuánto** and **cuántos** must agree in gender.

   **¿Cuántas habitaciones tiene la casa?**
   *How many rooms does the house have?*

   **¿Quiénes son tus vecinos?**
   *Who are your neighbors?*

**4.** There are two ways to express *What?* or *Which?*

When asking *which*, use **qué** in front of a noun and **cuál** in front of a verb or with the preposition **de.**

**¿Qué** electrodomésticos necesitas?
*What (Which) appliances do you need?*

**¿Cuál** (**de** estos apartamentos) te gusta?
*Which (of these apartments) do you like?*

When asking *what*, use **cuál** with the verb **ser** with the exception of the question **¿Qué es?** (*What is it?*). Use **qué** with all other verbs.

**¿Cuál es** la dirección?
*What is the address?*

**¿Qué** buscas en la sala?
*What are you looking for in the living room?*

# A practicar

**4.27** **La respuesta lógica** Lee las preguntas y decide cuál es la respuesta más lógica. (*Read the questions and decide which is the appropriate answer.*)

1. _____ ¿Cómo es la casa?
2. _____ ¿Cuántos baños hay?
3. _____ ¿Dónde está la casa?
4. _____ ¿Qué hay en la cocina?
5. _____ ¿Quién vive en la casa ahora?
6. _____ ¿Por qué venden la casa?

a. Uno.
b. Hay una estufa y un refrigerador.
c. Ella tiene un nuevo trabajo en otra ciudad.
d. Es pequeña, pero muy cómoda.
e. Una madre con sus dos hijos.
f. Está en el centro.

**4.28** **¿Qué o cuál?** Decide si debes usar **¿Qué?** o **¿Cuál(es)?** para completar las preguntas. (*Decide if you should use ¿Qué? or ¿Cuáles? to complete the questions.*)

1. ¿_____ dormitorio te gusta más?
2. ¿En _____ calle está el apartamento?
3. ¿_____ es tu casa, la casa blanca o la casa azul?
4. ¿_____ muebles hay en la sala?
5. ¿_____ son los electrodomésticos que necesitas?
6. ¿En _____ piso están los dormitorios?
7. ¿_____ de los apartamentos está más cerca?
8. ¿_____ es la dirección de la casa?

**4.29** **Una conversación por teléfono** Escuchas parte de una conversación telefónica entre el señor Ruiz y Magdalena. Completa el diálogo con preguntas lógicas. Inventa otra pregunta y la respuesta. (*You hear part of a telephone conversation between Mr. Ruiz and Magdalena. Complete the dialogue with logical questions. Make up the last question and answer.*)

Señor Ruiz:  ¿Bueno?
Magdalena:  Buenos días. 1. ¿ _____?
Señor Ruiz:  Estoy bien, gracias.
Magdalena:  2. ¿ _____?
Señor Ruiz:  El apartamento está en la calle Montalvo.
Magdalena:  3. ¿ _____?
Señor Ruiz:  Hay tres dormitorios.
Magdalena:  4. ¿ _____?
Señor Ruiz:  Cuesta 2000 pesos al mes.
Magdalena:  5. ¿ _____?
Señor Ruiz:  Usted puede visitar el apartamento hoy mismo.
Magdalena:  6. ¿ ... ?
Señor Ruiz:  _____ Bueno, adiós.

¿Bueno?
toocanimages/Shutterstock.com

**4.30** **Una casa** Mira la foto e inventa tres preguntas para tu compañero sobre la casa y las personas que viven allí. Luego inventa respuestas para las preguntas de tu compañero. *(Look at the photo and come up with three questions for your partner about the house and the people that live there. Then make up the answers to your partner's questions.)*

Modelo *¿Cuántas personas viven aquí?*

Las casas en Valaparaíso, Chile, son famosas por sus colores.

**4.31** **Información, por favor** Imagínate que trabajas en una oficina donde alquilan apartamentos. Hazle preguntas a tu compañero para completar el formulario de un nuevo cliente. En la sección de Preferencias, el cliente debe imaginar dos o tres características que quiere en una casa. Por ejemplo: **Necesita tener dos baños.** Cuando terminen, cambien de papel.

*(Imagine you work in an apartment rental office. Ask your partner questions to complete the new client form. In Preferencias, your client should come up with two or three wish-list items for the house. For example: **It needs to have two bathrooms**. When you finish, change roles.)*

Modelo  Nombre
　　　　Estudiante A: *¿Cómo se llama usted?*
　　　　Estudiante B: *Me llamo…*

### FORMULARIO PARA ALQUILAR UN APARTAMENTO

Nombre　..............................................................................

Edad *(Age)*　..............................................................................

Dirección　..............................................................................

Origen　..............................................................................

Nombre de esposo(a)　..............................................................................

Número de hijos　..............................................................................

Lugar *(Place)* de trabajo　..............................................................................

Preferencias　..............................................................................

## A analizar ▶

Santiago habla con una señora sobre un apartamento que ella tiene para alquilar. Después de ver el video, lee esta parte de su conversación y observa las formas del verbo **preferir.** *(Santiago talks with a woman about an apartment she has for rent. After viewing the video, read part of the conversation and note the forms of the verb **preferir**.)*

| | |
|---|---|
| Santiago: | Me gustaría ver *(I would like to see)* el apartamento. |
| Señora: | Bueno, mi esposo y yo **preferimos** recibir a las personas interesadas durante el fin de semana. ¿Qué día **prefiere** usted, el sábado o el domingo? |
| Santiago: | **Prefiero** el sábado por la mañana si es posible. |
| Señora: | Bueno, ¿qué tal el sábado a las once? |
| Santiago: | ¡Perfecto! Hasta el sábado. |

1. Using the examples from the conversation and your knowledge of conjugating stem-changing verbs, complete the table with the verb **preferir.**

**preferir**

yo _____      nosotros(as) _____

tú _____      vosotros(as) _____

él, ella, usted _____      ellos, ellas, ustedes _____

2. How do the **nosotros** and **vosotros** forms of the verb differ from the other forms?

## A comprobar

### Stem-changing verbs e → ie and e → i

1. In **Exploraciones gramaticales 1** you learned that some verbs have changes in the stem. Notice that in the verbs below the **e** changes to **ie** and that the endings are the same as other **-ar, -er,** and **-ir** verbs.

**querer** *(to want)*

| yo | quiero | nosotros(as) | queremos |
|---|---|---|---|
| tú | quieres | vosotros(as) | queréis |
| él, ella, usted | quiere | ellos, ellas, ustedes | quieren |

**cerrar** *(to close)*

| yo | cierro | nosotros(as) | cerramos |
|---|---|---|---|
| tú | cierras | vosotros(as) | cerráis |
| él, ella, usted | cierra | ellos, ellas, ustedes | cierran |

**mentir** *(to lie)*

| yo | miento | nosotros(as) | mentimos |
|---|---|---|---|
| tú | mientes | vosotros(as) | mentís |
| él, ella, usted | miente | ellos, ellas, ustedes | mienten |

The verbs listed below are also **e → ie** stem-changing verbs.

| | |
|---|---|
| comenzar (a) | *to begin (to do something)* |
| nevar | *to snow* |
| empezar (a) | *to begin (to do something)* |
| pensar | *to think* |
| encender | *to turn on* |
| perder | *to lose* |
| entender | *to understand* |
| preferir | *to prefer* |

2. **Pensar en** means *to think about* and **pensar de** means *to think of* (opinion). **Pensar** + an infinitive means *to plan to do something.*

> Ella **piensa** mucho **en** sus abuelos.
> *She thinks about her grandparents a lot.*

> ¿Qué **piensas de** la casa?
> *What do you think of the house?*

> Yo **pienso** buscar un apartamento.
> *I plan to look for an apartment.*

3. There are some **-ir** verbs in which the **e** in the stem changes to **i**. As with the **e → ie** stem-changing verbs, these verbs also change in all forms except **nosotros** and **vosotros,** and the endings are the same as regular **-ir** verbs.

**repetir** *(to repeat)*

| yo | rep**i**to | nosotros(as) | repetimos |
|---|---|---|---|
| tú | rep**i**tes | vosotros(as) | repetís |
| él, ella, usted | rep**i**te | ellos, ellas, ustedes | rep**i**ten |

The verbs listed below are **e → i** stem-changing verbs like **repetir.**

| | | | |
|---|---|---|---|
| competir | *to compete* | servir | *to serve* |
| pedir | *to ask for* | sonreír | *to smile* |
| reír | *to laugh* | | |

4. Notice that the verb **reír** requires an accent mark on the **i** when it is conjugated. The same rule applies for **sonreír.**

**reír** *(to laugh)*

| yo | **río** | nosotros(as) | **reímos** |
|---|---|---|---|
| tú | **ríes** | vosotros(as) | **reís** |
| él, ella, usted | **ríe** | ellos, ellas, ustedes | **ríen** |

5. **Pedir** means *to ask for (something)* and **preguntar** means *to ask (a question).* The preposition *for* is part of the verb **pedir,** so you should not use **por** or **para** with it.

> Los niños **piden** permiso de sus padres.
> *Children ask permission from their parents.*

> Él **pregunta** si van a vender su casa.
> *He is asking if they are going to sell their house.*

# A practicar

**4.32** **De compras** Todos quieren comprar algo nuevo. ¿Para qué habitación son los objetos? *(Everyone wants to buy something new. In what room do the objects belong?)*

1. Mi hermano y yo queremos comprar camas nuevas.
2. Raúl quiere comprar un auto.
3. Carlota y Esteban quieren comprar una mesa con cuatro sillas.
4. Jimena quiere comprar un sofá.
5. Yo quiero comprar un horno de microondas.

**4.33** **¿Qué piensan hacer más tarde?** Explica qué piensan hacer las personas, cuándo y dónde. Usa el verbo **pensar**. *(Explain what the people plan to do, where, and when. Use the verb pensar.)*

Modelo mi hermana
*Mi hermana piensa leer un libro en el patio a las dos y media.*

**1.** yo

**2.** mi esposa

**3.** mis hijos

**4.** mi esposa y yo

**5.** mi papá

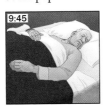

**6.** Y tú, ¿qué piensas hacer más tarde?

---

**4.34** **Somos iguales** Mira la lista y selecciona cuatro oraciones que te describen. Después busca a cuatro compañeros diferentes que también hacen una de las actividades en tu lista. *(Choose four statements that describe you. Then, find four different classmates that also do one of the activities on your list.)*

__ Sirvo la comida en mi casa.

__ Quiero viajar a otro país.

__ Sonrío en las fotos.

__ No miento.

__ Enciendo la radio cuando estudio.

__ Pienso comer en un restaurante el fin de semana.

__ Entiendo otra lengua.

__ Pido ayuda con la tarea de español.

---

**4.35** **Entrevista** Con un compañero túrnense para entrevistarse con las siguientes preguntas. *(Take turns with a partner interviewing each other using the following questions.)*

**Los estudios**

**1.** ¿Dónde prefieres estudiar?

**2.** Normalmente, ¿a qué hora empiezas a estudiar?

**3.** ¿Entiendes al maestro de español?

**4.** ¿A veces pides ayuda con la tarea de español? ¿A quién?

**El tiempo libre**

**5.** ¿Enciendes la tele en la noche? ¿Qué te gusta mirar?

**6.** ¿Compites en un deporte? ¿Cuál?

**7.** ¿Qué piensas hacer este fin de semana?

**8.** ¿Quieres viajar en el verano? ¿Adónde?

¿Adónde quieres viajar?

# Lectura

## Antes de leer

¿Hay casas interesantes donde vives? ¿Cómo son? *(Are there interesting houses where you live? What are they like?)*

## A leer

### Soluciones a la vivienda

*cave / boat*

¿Puedes imaginar vivir en una **cueva** o llegar a tu casa en **barco**? Vamos a hablar de algunas soluciones creativas para hacer casas prácticas.

**La casa-cueva**

Una casa-cueva es una casa con una parte en una cueva. Estas casas tienen temperaturas perfectas para el verano y el invierno. **Ahorran** energía y protegen el **medio ambiente**. Las casas-cueva tienen muchas **comodidades** de la vida moderna, como cocinas, baños e Internet. En España las casas-cueva se usan **desde hace miles** de años. Las casas-cueva más famosas están cerca de la ciudad de Granada y ahora son hoteles. Una **desventaja** de estas casas es que necesitan más espacio para **albergar** a una familia, a diferencia de una casa o apartamento normal.

*save*
*environment*
*comforts*

*for thousands*

*disadvantage*
*to house*

**Los palafitos**

*made*

Un palafito es una casa **hecha** sobre pilares. Hay palafitos en Argentina, Chile, Colombia, Perú y Venezuela. Son comunes en zonas donde hay **inundaciones**. En Venezuela los palafitos son unas de las **viviendas** más viejas del país. El nombre de Venezuela tiene su origen en el nombre Venecia porque estas casas **les recordaron** a los europeos de la ciudad italiana.

*floods*

*homes*

*reminded*

**Palafitos de Chile**

Estas casas permiten vivir en regiones donde de otra forma **sería** imposible *would be*
vivir. Una desventaja es que las personas pueden tener problemas de **salud** a *health*
causa de la contaminación del agua o **la humedad**. *humidity*

### La ruca mapuche

Los mapuches son los habitantes nativos
del territorio que hoy es Chile. La ruca es
similar a una **choza**. Las rucas tradicionales *hut*
son **redondas**. Son muy grandes pero tienen *round*
solo una habitación. A los lados están las
camas y las **provisiones**, y en el centro está *supplies*
la cocina. Ahora hay programas de etno-
turismo que hacen posible que los turistas
**se hospeden** con los mapuches para *stay*
aprender **sobre** su cultura. *about*

Ruca en Chile

Edwin Remsberg/Alamy Stock Photo

# Comprensión

Decide si las oraciones son ciertas o falsas. *(Decide if the statements are true or false.)*

1. Las casas-cueva no tienen baños.
2. Hay casas-cueva que son hoteles.
3. Hay palafitos en Argentina.
4. Hay palafitos en lugares con mucha agua.
5. Las rucas tienen varias habitaciones.
6. Es posible visitar una ruca como turista.

# Después de leer

¿Qué casa en el artículo te gusta más? ¿Por qué? *(Which house in the article do you like best? Why?)*

# ▶ Video-viaje a...
# Argentina

## Antes de ver

The Argentine cowboys are known as gauchos. Today, there are approximately 150,000 gauchos in Argentina living the classical life of a cowboy.

### 4.36 ¿Ya sabes?

1. Argentina está en _____.
   - ☐ Europa
   - ☐ Sudamérica
   - ☐ Centroamérica
   - ☐ África

2. ¿Cierto o falso?
   - **a.** Argentina tiene una geografía diversa que incluye playas, montañas, selva *(jungle)*, glaciares y pampas *(plains)*.
   - **b.** En Argentina se produce y se consume mucha carne *(meat)*.

3. ¿Qué tradición, imagen o persona asocias con Argentina?

### 4.37 Estrategia

Listening to a speaker's tone of voice (**el tono de voz**) helps you understand what lies beneath their surface commentary. In this video segment about the gauchos of Argentina, you will listen to Don José Ansola, a gaucho who describes his lifestyle. Try to imagine how a true gaucho might feel about his life in the countryside. Write four words in Spanish that you think might describe his tone of voice.

# Al ver

**4.38** **Escoge** Mira el video y escoge la palabra correcta.

1. El gaucho es un _____ en la historia de los argentinos.
   **a.** héroe    **b.** explorador    **c.** agricultor
2. La vida *(life)* del gaucho es _____.
   **a.** próspera    **b.** interesante    **c.** rigurosa
3. Don José Ansola es un gaucho _____.
   **a.** moderno    **b.** clásico    **c.** uruguayo
4. Don José Ansola prefiere vivir en _____.
   **a.** un palacio    **b.** un rancho    **c.** una casa
5. El gaucho tiene que adaptarse _____.
   **a.** a los animales    **b.** al agua    **c.** al clima

**4.39** **¿Cierto o falso?** Decide si las oraciones son ciertas o falsas.

1. Los gauchos han vivido en Argentina por tres siglos.
2. El gaucho es una figura legendaria en la historia de los argentinos
3. Hoy día muchos gauchos viven en la ciudad.
4. El trabajo del gaucho no tiene fin *(end)*.

## Vocabulario útil

**el campo** *countryside*
**el estilo de vida** *lifestyle*
**la manada** *herd*
**la naturaleza** *nature*
**el paisaje** *landscape*
**riguroso(a)** *rigorous*
**el siglo** *century*
**la soledad** *solitude*
**el vaquero** *cowboy*

# Después de ver

**4.40** **Expansión**

**Paso 1**  Find Argentina in the **Exploraciones del mundo hispano** in Appendix A and look at **Investiga en Internet**. Choose one of the topics that interests you.

**Paso 2**  Conduct a web search for information about your topic. Be sure to use a relevant source.

**Paso 3**  Using the information you've researched, write a short summary of 3–5 sentences. Be prepared to present your conclusions to the class.

**4.41** **En casa** Completa el párrafo con la forma apropiada del verbo entre paréntesis. *(Complete the paragraph with the appropriate form of the verb in parentheses.)*

Toda la familia **(1)** _____ (estar) en casa hoy. Mis padres y yo **(2)** _____ (estar) en la cocina. Nosotros siempre **(3)** _____ (almorzar) a esta hora, y hoy yo **(4)** _____ (pensar) preparar unos sándwiches. Mis hermanitos **(5)** _____ (estar) en casa también. Ellos no **(6)** _____ (poder) jugar en el jardín porque **(7)** _____ (llover) hoy. Vicente **(8)** _____ (dormir) en su habitación y Marisa **(9)** _____ (jugar) unos videojuegos en la sala. Después de *(After)* comer, mis hermanos y yo **(10)** _____ (querer) ir al cine con nuestros amigos. Mis padres **(11)** _____ (preferir) mirar una película aquí en casa.

**4.42** **En tu salón de clase** Identifica donde están las personas y objetos en tu salón de clase. Usa las preposiciones abajo. *(Identify where people and objects are in your classroom. Use the prepositions below.)*

La pizarra está cerca de la ventana.

Modelo al lado de

La pizarra está al lado de la ventana.

1. enfrente de
2. cerca de
3. encima de
4. a la derecha de
5. dentro de
6. debajo de
7. entre
8. detrás de

**4.43** **Comprensión de lectura** Imagínate que eres maestro. Escribe cinco preguntas de comprensión sobre este párrafo. ¡**OJO!** Las respuestas deben estar en el párrafo. *(Imagine you are the teacher. Write five comprehension questions about this paragraph. The answers should be in the paragraph.)*

Me gusta leer en mi dormitorio.

Soy Rómulo y vivo en Montevideo, Uruguay. Vivo en un apartamento en el centro de la ciudad con mis padres. Nuestro apartamento no es muy grande pero es cómodo. Tiene dos dormitorios y un baño. También hay una sala pequeña donde mis padres y yo miramos la tele. Mi habitación favorita es mi dormitorio. Allí *(There)* me gusta escuchar música y leer.

**4.44** **¡Adivina dónde estoy!** Imagina que estás en un lugar en tu casa o la ciudad. Tu compañero tiene que hacer preguntas para adivinar dónde estás. Solo puedes contestar **sí** o **no**. *(Imagine you are somewhere in your house or city. Your partner has to ask questions in order to guess where you are. You may only answer **sí** or **no**.)*

Modelo    Estudiante 1: *¡Adivina dónde estoy!*         Estudiante 2: *¿Hay libros y mesas?*
          Estudiante 2: *¿Comes en este lugar?*          Estudiante 1: *Sí.*
          Estudiante 1: *No.*                             Estudiante 2: *¿Estás en la biblioteca?*

---

**4.45** **Seis diferencias** Trabaja con un compañero. Uno mira el dibujo aquí y el otro mira el dibujo en el **Apéndice B.** Túrnense para describir las casas y apunten las seis diferencias. *(Work with a partner. One of you will look at the drawing on this page while the other looks at the drawing in Appendix B. Take turns describing the houses and jot down the six differences.)*

**4.46** **Buscando un apartamento** Trabaja con un compañero para decidir en cuál de los siguientes apartamentos prefieren vivir. *(With a partner decide in which of the following apartments you would prefer to live.)*

**Paso 1** Escribe una lista de lo que es importante en el lugar dónde quieres vivir. Luego mira los anuncios y decide cuál de los apartamentos prefieres. *(Write a list of the most important things to consider when deciding where to live. Then look at the ads and decide which of the apartments you prefer.)*

**Paso 2** Intenta convencer a tu compañero que tu selección es la mejor. *(Try to convince your partner that your choice is the best).*

**Paso 3** Después de decidir explíquenle a la clase su decisión. *(After you both decide, explain your choice to the class.)*

### Estrategia

**Participate in class.**
Did you participate actively in class while working on this chapter? The more you participate, the easier it will get to speak Spanish well.

| | | | |
|---|---|---|---|
| Apartamento amueblado, un dormitorio grande con dos camas, baño con bañera y ducha, sala-comedor, cocina con lavadora, en la línea del autobús, $750 al mes | Cerca de la universidad, apartamento con dos dormitorios, baño con ducha, medio baño, sala amplia, cocina con espacio para comer, $950 al mes | Apartamento en tercer piso con balcón, dos dormitorios, baño con ducha, sala, comedor, cocina con lavaplatos, aire acondicionado, $875 al mes | Apartamento en planta baja, tres dormitorios, dos baños con ducha, sala-comedor, acceso a piscina y gimnasio, $1050 al mes |

# 🔊 Vocabulario 1

### Los lugares — *Places*

| | |
|---|---|
| el aeropuerto | *airport* |
| el banco | *bank* |
| el café | *cafe* |
| la calle | *street* |
| el centro comercial | *mall, shopping center* |
| el cine | *movie theater* |
| el correo | *post office* |
| el edificio | *building* |
| la escuela | *school* |
| la farmacia | *pharmacy* |
| el hospital | *hospital* |
| el hotel | *hotel* |
| la iglesia | *church* |
| la librería | *bookstore* |
| el mercado | *market* |
| la mezquita | *mosque* |
| el museo | *museum* |
| el negocio | *business* |
| la oficina | *office* |
| el parque | *park* |
| la piscina | *swimming pool* |
| la playa | *beach* |
| la plaza | *city square* |
| el restaurante | *restaurant* |
| la sinagoga | *synagogue* |
| el supermercado | *supermarket* |
| el teatro | *theater* |
| el templo | *temple* |
| la tienda | *store* |
| el zoológico | *zoo* |

### Los verbos

| | |
|---|---|
| almorzar (ue) | *to have lunch* |
| alquilar | *to rent* |
| costar (ue) | *to cost* |
| depositar | *to deposit* |
| devolver (ue) | *to return (something)* |
| dormir (ue) | *to sleep* |
| encontrar (ue) | *to find* |
| estar | *to be* |
| jugar (ue) | *to play* |
| llover (ue) | *to rain* |
| morir (ue) | *to die* |
| poder (ue) | *to be able to* |
| recordar (ue) | *to remember* |
| rezar | *to pray* |
| soñar (ue) (con) | *to dream (about)* |
| volver (ue) | *to come back* |

### Palabras adicionales

| | |
|---|---|
| la carta | *letter* |
| el dinero | *money* |
| el paquete | *package* |
| la película | *movie* |

### Las preposiciones

| | |
|---|---|
| a la derecha de | *to the right of* |
| al lado de | *beside, next to* |
| a la izquierda de | *to the left of* |
| cerca de | *near* |
| debajo de | *under* |
| dentro de | *inside* |
| detrás de | *behind* |
| en | *in, on, at* |
| encima de | *on top of* |
| enfrente de | *in front of* |
| entre | *between* |
| fuera de | *outside* |
| lejos de | *far from* |

# ◀) Vocabulario 2

## Habitaciones de la casa

| | | | | |
|---|---|---|---|---|
| el baño | bathroom | | el dormitorio | bedroom |
| la cochera | garage | | el jardín | garden |
| la cocina | kitchen | | el patio | patio |
| el comedor | dining room | | la sala | living room |

## Muebles, utensilios y aparatos electrodomésticos

| | | | | |
|---|---|---|---|---|
| la alfombra | carpet | | el (horno de) microondas | microwave (oven) |
| el armario | closet, armoire | | el inodoro | toilet |
| la bañera | bathtub | | la lámpara | lamp |
| la cafetera | coffee maker | | el lavabo | bathroom sink |
| la cama | bed | | la lavadora | washer |
| las cortinas | curtains | | el lavaplatos | dishwasher |
| el cuadro | painting, picture | | la mesita | coffee table |
| la ducha | shower | | las plantas | plants |
| el espejo | mirror | | el refrigerador | refrigerator |
| la estufa | stove | | la secadora | dryer |
| la flor | flower | | el sillón | armchair |
| el fregadero | kitchen sink | | el sofá | couch |
| el horno | oven | | | |

## Los verbos

| | | | | |
|---|---|---|---|---|
| cerrar (ie) | to close | | pedir (i) | to ask for |
| comenzar (ie) (a) | to begin (to do something) | | pensar (ie) | to think |
| competir (i) | to compete | | perder (ie) | to lose |
| empezar (ie) (a) | to begin (to do something) | | preferir (ie) | to prefer |
| encender (ie) | to turn on | | reír (i) | to laugh |
| entender (ie) | to understand | | repetir (i) | to repeat |
| mentir (ie) | to lie | | querer (ie) | to want |
| nevar (ie) | to snow | | servir (i) | to serve |
| | | | sonreír (ie) | to smile |

## Palabras adicionales

| | | | | |
|---|---|---|---|---|
| el apartamento | apartment | | el mueble | furniture |
| la dirección | address | | la planta baja | ground floor |
| la habitación | room | | el (primer) piso | (first) floor |

## Palabras interrogativas

| | | | | |
|---|---|---|---|---|
| ¿adónde? | to where? | | ¿de dónde? | from where? |
| ¿cómo? | how? | | ¿dónde? | where? |
| ¿cuál(es)? | which? | | ¿por qué? | why? |
| ¿cuándo? | when? | | ¿qué? | what? |
| ¿cuánto(a)? | how much? | | ¿quién(es)? | who? |
| ¿cuántos(as)? | how many? | | | |

## Learning Strategy

### Guess intelligently

When you are listening to audio recordings or your teacher, or when watching a video, make intelligent guesses as to the meaning of words you do not know. Use context, intonation, and if possible, visual clues such as gestures, facial expressions, and images to help you figure out the meaning of words.

**In this chapter you will learn how to:**

- Describe your feelings, as well as mental and physical states
- Talk about what is currently going on
- Discuss abilities needed for certain jobs and professions

# ¿Estás feliz?

El Viejo San Juan, Puerto Rico

## Explorando con... Daniel Torres Etayo

Puerto Rico y Cuba son islas en el Mar Caribe que tienen un pasado similar. Sus habitantes nativos son los tainos. Ambas *(Both)* islas se conocen *(are known)* en el mundo por sus playas y junglas tropicales.

Vas a conocer al explorador Daniel Torres Etayo, un arqueólogo dedicado a mostrarle *(show)* al mundo la arqueología del Caribe.

### Vocabulario útil

**los barcos hundidos** *shipwrecks*
**peligroso(a)** *dangerous*
**la riqueza** *wealth*
**el sitio arqueológico** *archaeological site*

De niño, el padre de Daniel le contó *(told him)* historias acerca de las civilizaciones inca, maya y azteca, de los conquistadores y de los tainos, la población indígena de las islas que hoy son Cuba y Puerto Rico.

Daniel visitó su primer sitio arqueológico cuando tenía 15 años y supo *(he knew)* inmediatamente su vocación para ser arqueólogo.

Ahora Daniel espera *(hopes)* que sus descubrimientos *(discoveries)* inspiren a los jóvenes de Cuba para explorar y proteger las riquezas de la isla. "Cuba tiene una gran cantidad de sitios arqueológicos sin explorar *(unexplored)*", dice Daniel. Estos sitios no están solamente en la tierra *(land)*. En los archivos de Cuba hay casi 3000 barcos hundidos, pero solamente unos cien barcos han sido encontrados *(have been found)*.

Daniel está determinado a conservar las riquezas arqueológicas de la isla, y uno de sus proyectos es la exploración de centros ceremoniales tainos del siglo *(century)* XIII. Con la ayuda de tecnologías muy modernas, Daniel explora estos lugares con el objetivo de entender la sociedad taina antes de los conquistadores.

YAMILA LOMBA/National Geographic Creative

*Daniel es un arqueólogo cubano. Él está interesado en muchos temas diferentes: cuevas escondidas (hidden caves), junglas, playas, sitios arqueológicos de los tainos y hasta (even) barcos hundidos.*

**EN SUS PALABRAS**

**"Hay miles de barcos hundidos y sitios arqueológicos en Cuba. Hay un campo de trabajo muy grande que está esperando ser explorado."**

---

**5.1** **Comprensión**  Relaciona las dos columnas para crear ideas lógicas sobre la exploración.

1. Los barcos hundidos
2. Los centros ceremoniales
3. La tecnología
4. Daniel quiere
5. El trabajo de Daniel

a. ayuda a explorar.
b. a veces *(sometimes)* es peligroso.
c. inspirar a otros jóvenes de Cuba a explorar el pasado.
d. ayudan a comprender a los tainos.
e. hablan sobre el pasado.

**5.2** **A profundizar**  Imagina que puedes hablar con Daniel. Escribe cinco preguntas para él.

**5.3** **¡A explorar más!**  Uno de los proyectos de Daniel es investigar las cuevas de Cuba. Las cuevas de Puerto Rico también son muy famosas en el mundo. Investiga en Internet por qué son famosas y conocidas.

David Boyer/National Geographic Creative

**Laura trabaja en el Café Simón. ¿Cómo están las personas en el café?**

## Los estados de ánimo

| | | | | | |
|---|---|---|---|---|---|
| **estar alegre** | to be happy | **estar deprimido(a)** | to be depressed | **estar interesado(a)** | to be interested |
| **estar celoso(a)** | to be jealous | **estar emocionado(a)** | to be excited | **estar ocupado(a)** | to be busy |
| **estar contento(a)** | to be happy, to be content | **estar equivocado(a)** | to be wrong | **estar sano(a)** | to be healthy |
| | | **estar frustrado(a)** | to be frustrated | **estar seguro(a)** | to be sure |

# A practicar

> **INVESTIGUEMOS LA GRAMÁTICA**
>
> Notice that when telling how you feel, you must use the verb **estar**.

**5.4** 🔊 **Escucha y responde** Escucha los adjetivos de emoción. Indica con el pulgar hacia arriba *(thumbs up)* si es una emoción positiva o con el pulgar hacia abajo *(thumbs down)* si es una emoción negativa.

1. ...    2. ...    3. ...    4. ...    5. ...    6. ...

---

**5.5** **¿Lógica o ilógica?** Indica si las siguientes oraciones son lógicas o ilógicas.

1. Vamos a tener un examen difícil y estamos felices.
2. Tus amigos te preparan una fiesta sorpresa y estás celoso.
3. Nuestro amigo está muy enfermo. Estamos preocupados.
4. Después de correr 15 kilómetros estás cansado.
5. Estás sano porque tienes una F en matemáticas.

**5.6** **¿Cómo estás?** Con un compañero túrnense para expresar sus reacciones ante estas situaciones.

Modelo Tienes tres exámenes y recibes una A en todos.
  Estudiante 1: *¡Estoy contento! ¿Y tú?*
  Estudiante 2: *¡Yo estoy sorprendido!*

1. Sales con tus amigos y pierdes tu teléfono celular.
2. Vas a viajar por primera vez fuera de Estados Unidos.
3. Recibes un kilo de chocolates y comes todo en un día.
4. Necesitas trabajar pero no puedes encontrar un trabajo.
5. Estás enfrente de la clase para hacer una presentación y olvidas *(you forget)* toda la información.
6. Hay una persona que no conoces *(that you don't know)* en la sala de tu casa.

Están emocionadas.

 **5.7** **Asociaciones** Habla con un compañero para explicar la emoción que asocian con las situaciones de la lista. Explica por qué.

Modelo Estoy en la clase de matemáticas.
  *Estoy frustrado porque no comprendo las matemáticas. / Estoy feliz porque me gustan las matemáticas.*

1. Es lunes.
2. Es verano.
3. Estoy en la clase de historia.
4. Tengo un examen final.
5. Es el Día de San Valentín.
6. Llueve.
7. Estoy en el templo.
8. Estoy en el gimnasio.

 **5.8** **¿Y tú?** Con un compañero túrnense para completar las oraciones con mucha información. En la última *(last)* oración, ustedes deciden el estado de ánimo.

Modelo Cuando estoy cansado yo... ¿y tú?
  Estudiante 1: *Cuando estoy cansada, yo duermo en mi sofá con mi gato ¿y tú?*
  Estudiante 2: *Yo también duermo, pero prefiero tomar una siesta en mi cama.*

1. Cuando estoy alegre, yo... ¿y tú?
2. Cuando estoy triste, yo... ¿y tú?
3. Cuando estoy aburrido, yo... ¿y tú?
4. Cuando estoy enojado, yo... ¿y tú?
5. Cuando estoy enfermo, yo... ¿y tú?
6. Cuando estoy ___¿?___, yo... ¿y tú?

 **5.9** **Los chismes *(gossip)*** Tu compañero y tú están hablando de cómo están sus amigos. Pregúntense para completar la información. Uno de ustedes va a ver la información en esta página y el otro en el **Apéndice B.** ¡**OJO**! ¡Presta atención a la concordancia *(agreement)*!

Modelo Estudiante 1: *¿Cómo está Ramira?*
  Estudiante 2: *Está emocionada.*
  Estudiante 1: *¿Por qué?*
  Estudiante 2: *Porque va a ir de vacaciones a Venezuela.*

| Nombre | ¿Cómo está(n)? | ¿Por qué? |
|---|---|---|
| Ramira | emocionada | Va a ir de vacaciones a Venezuela. |
| Emanuel y Arturo | | |
| Gisela | enojada | Sus amigas no hablan con ella. |
| Gerardo | | |
| Javier y Manuel | aburridos | No tienen actividades para el fin de semana. |

## Cultura

Las emociones fuertes *(strong)* como la tristeza, la depresión o la alegría pueden resultar en obras *(works)* de arte en las manos *(in the hands)* de una artista talentosa como la pintora mexicana Frida Kahlo (1907–1954). Kahlo es famosa por sus autorretratos *(self-portraits)*. Muchos de estos autorretratos muestran su sufrimiento. Cuando tenía 17 años sufrió un accidente en un tranvía *(streetcar)* y se fracturó la espina dorsal *(spinal cord)* y varios huesos *(bones)*. Como resultado, pasó mucho tiempo en el hospital, no pudo tener hijos y sufrió de dolor *(pain)* por el resto de su vida *(life)*.

Observa el cuadro de Frida Kahlo. ¿Qué emociones produce? ¿Por qué? ¿Qué colores usa?

*The Sleep, 1940 (oil on canvas), Kahlo, Frida (1907–54) / Private Collection / Photo: Jorge Contreras Chacel / Bridgeman Images*

*Pensando en la muerte*, de Frida Kahlo

Muchas de las obras del pintor ecuatoriano Osvaldo Guayasamín también muestran sufrimiento. Investiga en Internet sus obras. Trae una pintura que te gusta a clase y explica: ¿Cómo se llama la pintura? ¿Qué emociones produce?

## Comunidad

Busca una pintura de un artista hispano. Repórtale a la clase: ¿Quién es el artista? ¿Qué hay en la pintura? ¿Qué emociones produce? Aquí hay una lista de artistas para comenzar:

Fernando Botero
Francisco Goya
Salvador Dalí
Oswaldo Guayasamín
Frida Kahlo
Pablo Picasso
Diego Rivera

*Courtesy of Margarita Casas*

¿Quién es tu artista favorito?

# Comparaciones

Con un compañero escriban una lista de cinco supersticiones populares en su cultura. Después lean la lista de supersticiones del mundo hispano. ¿Hay supersticiones similares en su lista?

1. Pasar por debajo de una escalera *(ladder)* trae mala suerte.

2. Abrir un paraguas dentro de una casa trae mala suerte.

3. Romper un espejo trae siete años de mala suerte.

4. Cruzarse con un gato negro trae mala suerte.

5. Sentir comezón *(itch)* en la mano es señal de que se va a recibir dinero.

6. Para tener un buen año con el dinero, uno debe usar calzoncillos *(underwear)* amarillos para recibir el año nuevo.

Si hay supersticiones parecidas *(similar)* a las de tu lista, ¿cómo puedes explicar la similitud?

# Conexiones... a la música

La música es el medio más popular para crear emociones. Muchas veces la emoción está en la melodía de la canción, y muchas veces está en la letra *(lyrics)*. *La Llorona* es una de las leyendas más famosas de México, y también es una canción famosa en todo el país. No tiene autor conocido *(known)*, pero existen varias versiones creadas *(created)* por diferentes cantantes.

Lee el siguiente fragmento de la letra de la canción. ¿Qué emociones relacionas con la canción y por qué?

**La Llorona**

No sé qué tienen las flores, Llorona,

Las flores del camposanto *(graveyard)*,

Que cuando las mueve *(moves them)* el viento, Llorona,

Parece que están llorando.

Ay de mí, Llorona, Llorona,

Tú eres mi *xunca* ("chiquita", en zapoteco)

Me quitarán de quererte *(They will make me not love you)*, Llorona,

Pero olvidarte *(forget you)* nunca.

Busca una versión de la Llorona en Internet y escucha la canción. ¿Cómo es la melodía?

## A analizar ▶

Después de ver el video, lee parte de la conversación entre Camila y Vanesa y observa los verbos en negrita. Luego contesta las preguntas que siguen.

> **Vanesa:** ¡Hola Camila! ¿Cómo estás?
>
> **Camila:** Bien, pero estoy muy ocupada hoy.
>
> **Vanesa:** ¿Por qué? ¿Qué **estás haciendo**?
>
> **Camila:** Mis suegros van a llegar de Colombia esta noche y **estoy preparando** comida. Afortunadamente no tengo que limpiar la casa. Rodrigo está en casa hoy y **está limpiando** la sala y los baños.
>
> **Vanesa:** ¿Y los niños?
>
> **Camila:** **Están escribiendo** su tarea... Bueno, ¿y cómo estás tú, Vanesa?
>
> **Vanesa:** ¡Estoy muy feliz!

1. How are the verbs in bold formed?
2. In **Capítulo 4,** you learned to use the verb **estar** to indicate location. Look at the conversation again. In what other two ways is the verb **estar** used here?

## A comprobar

### Estar with the present progressive

1. Remember that **estar** is an irregular verb:

| estar *(to be)* | | | |
|---|---|---|---|
| yo | **estoy** | nosotros | **estamos** |
| tú | **estás** | vosotros | **estáis** |
| él, ella, usted | **está** | ellos, ellas, ustedes | **están** |

2. In **Capítulo 4,** you learned to use the verb **estar** to indicate location, and earlier in this chapter you learned to use it to express an emotional, mental, or physical condition.

   Mis padres **están** enfrente de la tienda.
   *My parents **are** in front of the store.*

   Yo **estoy** cansado hoy.
   *I **am** tired today.*

   Nosotros **estamos** muy felices.
   *We **are** very happy.*

3. The verb **estar** is also used with present participles to form the present progressive. The present progressive is used to describe actions in progress at the moment.

To form the present participle, add **-ando** (**-ar** verbs) or **-iendo** (**-er** and **-ir** verbs) to the stem of the verb.

> hablar → habl**ando**
>
> comer → com**iendo**
>
> vivir → viv**iendo**

El maestro **está hablando** con Tito ahora.
*The teacher **is talking** to Tito now.*

4. The present participle of the verb **ir** is **yendo.** However, it is much more common to use the present tense of the verb when the action is in progress.

   **Voy** a la iglesia. / **Estoy yendo** a la iglesia.
   *I'm going to church.*

You will recall from **Capítulo 4** that to say where someone is going in the future, it is necessary to use the verb **ir** in the present tense or to use the structure **ir** + **a** + *infinitive.*

   **Vamos (a ir)** a una fiesta mañana.
   *We **are going (to go)** to a party tomorrow.*

5. When the stem of an **-er** or **-ir** verb ends in a vowel, **-yendo** is used instead of **-iendo.**

> leer – le**yendo**    oír *(to hear)* – o**yendo**
> traer *(to bring)* – tra**yendo**

6. Stem-changing **-ir** verbs have an irregular present participle. An **e** in the stem becomes an **i,** and an **o** in the stem becomes a **u.**

> mentir – m**i**ntiendo    pedir – p**i**diendo
> repetir – rep**i**tiendo    servir – s**i**rviendo
> dormir – d**u**rmiendo    morir – m**u**riendo

7. In the present progressive, the verb **estar** must agree with the subject. However, there is only one form for each present participle. It does NOT agree in gender (masculine/feminine) or number (singular/plural) with the subject.

> Mis amigos **están** estudiando inglés.
> *My friends **are** studying English.*
>
> Sandra **está** leyendo su libro de química.
> *Sandra **is** reading her chemistry book.*

# A practicar

**5.10** 🔊 **¿Cierto o falso?** Escucha las oraciones sobre el dibujo y decide si cada oración es cierta o falsa.

   **1.** …    **2.** …    **3.** …    **4.** …    **5.** …    **6.** …

**5.11** **La fiesta** Imagina que estás en la fiesta de una amiga. Un amigo llama por teléfono y le explicas lo que están haciendo las personas. Usa la forma del presente progresivo de los verbos en paréntesis para explicar lo que están haciendo todos.

> Modelo  yo (hablar por teléfono)
> *Estoy hablando por teléfono.*

   **1.** Dalia (servir la comida)

   **2.** Luis y Alfonso (comer pizza)

   **3.** María Esther (beber una soda)

   **4.** Felicia, Marciano y Mateo (jugar con el gato)

   **5.** Fernando (bailar con su novia)

   **6.** los padres de Dalia (dormir)

   **7.** la hermana de Dalia (leer una novela)

   **8.** el hermano de Dalia (¿?)

**5.12** **¿Qué están haciendo?** Con un compañero de clase decidan dos actividades que las personas de la lista están haciendo.

Isabel Allende, autora

Modelo   Los estudiantes están en la biblioteca.
*Están estudiando.*
*Están buscando libros.*

1. La chef Lorena García está en la cocina.
2. El presidente está en la Casa Blanca.
3. Juanes y Shakira están en el estudio.
4. El maestro de español está en la clase.
5. Miguel Cabrera está en el parque.
6. Tú estás en la clase de biología.
7. Isabel Allende está en su oficina.
8. Sonia Sotomayor está en Washington, D.C.

---

**5.13** **En la oficina** Usando el presente progresivo, describe lo que las personas están haciendo en la oficina.

Hugo, Eva, Omar, Delia, Jorge, Alma, Paco

---

**5.14** **Un amigo curioso** Trabaja con un compañero. Imagina que uno de ustedes llama por teléfono a las siguientes horas y pregunta **¿Qué estás haciendo?** Túrnense para ser el amigo curioso y para responder.

Modelo   8:00 de la mañana
Estudiante 1: *¿Qué estás haciendo?*
Estudiante 2: *Estoy tomando té.*

1. 9:00 de la mañana
2. mediodía
3. 2:00 de la tarde
4. 5:00 de la tarde
5. 8:00 de la noche
6. medianoche

¿Qué estás haciendo?

# A analizar ▷

Después de ver el video, lee parte de la conversación entre Camila y Vanesa y observa los usos de los verbos **ser** y **estar**.

| | |
|---|---|
| Camila: | Mis suegros van a llegar de Colombia esta noche y **estoy** preparando comida. Afortunadamente no tengo que limpiar la casa. Rodrigo **está** en casa hoy y **está** limpiando la sala y los baños… |
| Vanesa: | ¿Y cómo **son** tus suegros? ¿Tienes una buena relación con ellos? |
| Camila: | Pues, sí, nos llevamos bien. **Son** simpáticos, en particular mi suegra. Ella también **es** maestra. Mi suegro **es** un poco difícil con la comida. Él **es** de Uruguay y no le gusta mucho la comida colombiana. Bueno, ¿y cómo **estás** tú, Vanesa? |
| Vanesa: | ¡**Estoy** muy feliz! ¡Carlos Vives viene a dar un concierto! |
| Camila: | ¿De veras? ¿Cuándo? |
| Vanesa: | Va a **estar** en el auditorio municipal el once de mayo. ¿Quieres ir? |
| Camila: | ¡Por supuesto! **Es** mi artista favorito. Oye, ¿qué hora **es**? |
| Vanesa: | **Son** las tres y media. |

**INVESTIGUEMOS LA MÚSICA**

Carlos Vives is a popular Colombian singer and composer. He often combines the traditional Colombian vallenato with rock and pop. Find one of his songs on the Internet and listen to it. Do you like his style of music?

1. What are the uses of **estar** you have learned so far? Find examples in the paragraph.
2. Look at the verb **ser** in the paragraph. What are the different ways in which it is used?

# A comprobar

## Ser and estar

1. The verb **ser** is used in the following ways:

   a. to describe characteristics of people, places, or things

      La maestra **es** inteligente.
      *The teacher **is** intelligent.*

      Nuestro coche **es** muy viejo.
      *Our car **is** very old.*

   b. to identify a relationship, occupation, or nationality

      Esta **es** mi novia; **es** peruana.
      *This **is** my girlfriend; she **is** Peruvian.*

      Ellos **son** mecánicos.
      *They **are** mechanics.*

   c. to express origin

      Yo **soy** de Cuba.
      *I **am** from Cuba.*

   d. to express possession

      Este libro **es** de Álvaro.
      *This book **belongs** to Álvaro.*

   e. to tell time and give dates

      **Es** tres de marzo y **son** las dos.
      *It **is** March third, and it **is** two o'clock.*

2. The verb **estar** is used in the following ways:

   a. to indicate location

      El perro **está** enfrente de la casa.
      *The dog **is** in front of the house.*

   b. to express an emotional, mental, or physical condition

      **Estoy** muy feliz.
      *I **am** very happy.*

      Mi madre **está** enferma hoy.
      *My mother **is** sick today.*

      Las secretarias **están** ocupadas.
      *The secretaries **are** busy.*

   c. in the present progressive

      **Estoy** estudiando.
      *I **am** studying.*

**3.** It is important to realize that the use of **ser** and **estar** with some adjectives can change the meaning of those adjectives. The use of **ser** indicates a characteristic or a trait, while the use of **estar** indicates a condition. Here are some common adjectives that change meaning:

**estar aburrido(a)**  *to be bored*
**ser aburrido(a)**  *to be boring*

**estar alegre (feliz)**  *to be happy* (emotion)
**ser alegre (feliz)**  *to be a happy person*

**estar bueno(a)/ malo(a)**  *to be (taste) good/bad* (condition)
**ser bueno(a)/malo(a)**  *to be good/bad* (general quality)

**estar guapo(a)**  *to look handsome/pretty* (condition)
**ser guapo(a)**  *to be handsome/pretty* (characteristic)

**estar listo(a)**  *to be ready*
**ser listo(a)**  *to be clever*

**estar rico(a)**  *to be delicious*
**ser rico(a)**  *to be rich*

> **INVESTIGUEMOS LA GRAMÁTICA**
> While **estar** is generally used to indicate location, if you want to say where an event takes place, use **ser.**
> La fiesta **es** en la casa de Alejandro.
> *The party **is** at Alejandro's house.*

Carlos **es** alegre.
*Carlos is happy.* (a happy person) (personality)

Graciela **está** alegre.
*Graciela is happy.* (emotion)

La fruta **es** buena.
*Fruit is good.* (general quality)

Los tomates **están** buenos.
*The tomatoes are (taste) good.* (present condition)

# A practicar

**5.15** **¿Es posible?**  Mira la foto y lee las oraciones. Decide si son posibles o no.

**Modelo** Están interesados.   *Es posible. / No es posible.*

1. Son amigos.
2. Están enojados.
3. Están en su escuela.
4. Son muy viejos.
5. Están hablando.
6. Son de Nueva York.

Svastika/Shutterstock.com

**5.16**  **¿Cómo son o cómo están?** Decide qué expresiones pueden completar las oraciones correctamente. Hay más de una posibilidad para cada oración.

1. Yo estoy…
   **a.** cansada   **b.** en clase ahora   **c.** estudiante   **d.** enamorado

2. Javier y Marta son…
   **a.** mis amigos   **b.** enfermos   **c.** colombianos   **d.** enfrente de la clase

3. Madrid es…
   **a.** en Europa   **b.** cosmopolita   **c.** muy bonita   **d.** la capital de España

4. El maestro de español está…
   **a.** en la cafetería   **b.** interesante   **c.** rubio   **d.** ocupado

5. Nosotros somos…
   **a.** inteligentes   **b.** de Chile   **c.** hermanos   **d.** preocupados

6. Mis padres son…
   **a.** profesores   **b.** cerca de la casa   **c.** guapos   **d.** estudiando

7. Tú estás…
   **a.** mi amigo   **b.** contenta   **c.** inteligente   **d.** detrás del hotel

8. Mi hermano está…
   **a.** hablando   **b.** listo   **c.** peruano   **d.** simpático

**5.17** **Una foto** En parejas contesten las preguntas sobre la foto. Inventen la información que no es evidente. **¡OJO!** Atención al uso de los verbos **ser** y **estar.**

1. ¿Quiénes son las personas en la foto?
2. ¿Cómo están hoy?
3. ¿Cómo son?
4. ¿De dónde son?
5. ¿Dónde están?
6. ¿Qué están haciendo?

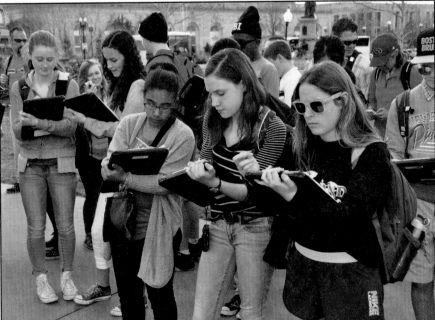

Lee Snider Photo Images/Shutterstock.com

**5.18** **¿Ser o estar?** Completa el párrafo con la forma apropiada de **ser** o **estar.**

Hoy (**1**) _____ primero de septiembre, el primer día de clases. (**2**) _____ las once y media y yo (**3**) _____ en la clase de inglés. Yo (**4**) _____ un poco nervioso porque es mi primera clase de inglés. Laura (**5**) _____ mi amiga y ella (**6**) _____ en la clase también. Nosotros (**7**) _____ muy interesados en aprender inglés. El maestro (**8**) _____ el señor Berg. Él (**9**) _____ alto, delgado y moreno. Es evidente que él (**10**) _____ simpático. Creo que va a (**11**) _____ un buen semestre.

**5.19** **¿Cómo eres y cómo estás?** Decide cuáles de los siguientes adjetivos te describen a ti. Después pregúntale a tu compañero si esos adjetivos también lo describen a él. Atención al uso de **ser** y **estar,** y a las formas de los adjetivos.

schwarzhana/Shutterstock.com

Modelo contento   Estudiante 1: *¿Estás contento?*
                  Estudiante 2: *Sí, estoy contento. /*
                  *No, no estoy contento.*
           rico   Estudiante 1: *¿Eres rica?*
                  Estudiante 2: *Sí, soy rica. / No, no soy rica.*

1. enamorado
2. triste
3. inteligente
4. tímido
5. cansado

6. romántico
7. enfermo
8. atlético
9. preocupado
10. optimista

**5.20** **Una historia interesante** Con un compañero de clase escojan uno de los dibujos y describan la escena. Contesten las siguientes preguntas usando los verbos **ser** y **estar.** ¿Quiénes son las personas? ¿Cuál es su relación? ¿Dónde están? ¿Cómo están? ¿Qué está pasando? ¡Sean creativos!

Modelo  *El hombre es Tomás y la mujer es Graciela. Son buenos amigos. Están en la sala de espera (waiting room) del hospital porque la madre de Graciela está enferma. Ellos están muy preocupados...*

a.

b.

c.

## Entrando en materia

¿Quién es tu actor favorito y cómo es su personalidad? ¿Qué te gustaría *(What would you like)* preguntarle?

## 🔊 Entrevista a un actor

Vas a escuchar un fragmento de una entrevista *(interview)* con el actor Francisco Méndez. Escucha con atención y después responde las preguntas. Debes repasar las palabras en **Vocabulario útil** antes de escuchar para ayudar con tu comprensión.

## Vocabulario útil

| | |
|---|---|
| **las admiradoras** | *fans* |
| **conociéndonos** | *getting to know each other* |
| **el maquillaje** | *makeup* |
| **los milagros** | *miracles* |
| **parecer** | *to seem* |

## Comprensión

1. ¿En qué evento están? ¿dónde?
2. ¿Cómo es la personalidad de Francisco, según él *(according to him)*?
3. ¿Cómo está Francisco cuando debe hablar frente a muchas personas?
4. ¿Cómo es la novia de Francisco?
5. ¿Francisco está enamorado de su novia?

## Más allá

Imagina que puedes entrevistar a un actor, a una actriz o a un artista que te gusta mucho. Piensa en cinco preguntas para tu entrevista. Comparte el nombre del actor o del artista y tus preguntas con la clase. Lee las preguntas de tus compañeros. ¿Conoces a todos los actores y artistas?

Tengo muchos admiradores.

# Lectura

## Antes de leer

Contesta las preguntas.

1. En general, ¿qué necesitas para ser feliz?
2. En tu opinión, ¿en qué países son más felices las personas?

## A leer

### ¿Quiénes son más felices?

*we know*

Gracias a muchos estudios **sabemos** que la felicidad no depende del dinero, **sino** de las relaciones entre las personas. Los estudios sobre la felicidad a veces tienen resultados diferentes, pero en muchas **investigaciones** los hispanos están entre las personas más felices del planeta. En estas páginas vas a leer sobre los resultados de tres estudios sobre la felicidad.

*but rather*

*research*

En un estudio de la **revista** *Forbes* no hay países latinoamericanos **entre** los más felices, y los Estados Unidos están en el 10° lugar. Todos los primeros **puestos** son para países europeos y para Canadá, Australia y Nueva Zelandia. El estudio se basa **solo** en factores económicos.

*magazine*

*among*

*positions*

*only*

El segundo estudio es del Planeta Feliz *(Happy Planet Index)*. En los resultados del 2012, Costa Rica está en el primer lugar y 17 de los 25 países más felices del mundo están en Latinoamérica.

[ los hispanos aparecen entre las personas más felices del planeta ]

en Latinoamérica. Otros países en la lista son Colombia, todos los países

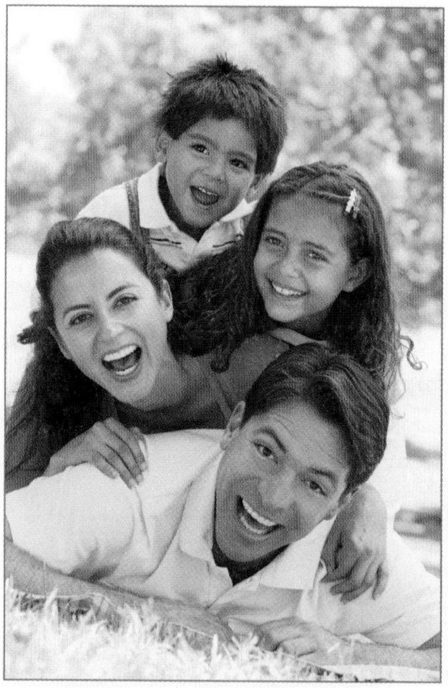

*Monkey Business Images/Shutterstock.com*

centroamericanos, Venezuela, Cuba, Argentina, Chile y México. Los Estados Unidos está en el **puesto** 114, cerca del final de la lista.

> *position*

El tercer estudio es de Global Research y está basado en preguntarles a las personas si son muy felices, felices, poco felices o infelices. Entre los 25 países más felices de este estudio hay 4 países hispanos (España, Venezuela, Argentina y Uruguay). Chile y México están un poco más **abajo**. Esta investigación **concluye** que Latinoamérica es la región más feliz del mundo y Europa está en el **último** lugar (solo el 15 % dijo ser muy feliz). Los Estados Unidos está en el lugar 13° de la lista.

> *below*
> *concludes*
> *last*

A pesar de todas las diferencias en los resultados de los estudios, parece que hay un factor que afecta la felicidad: estar **casado**. En muchos estudios sobre la felicidad, las personas que están casadas **dicen** ser más felices.

> *married*
> *claim*

Sources: http://www.nationmaster.com/graph/lif_hap_net-lifestyle-happiness-net Nationmaster.com; Ipsos-na.com; *El Ciervo*

# Comprensión

Decide si las siguientes oraciones son ciertas o falsas. Escribe correcciones para las oraciones falsas.

1. La felicidad depende de las relaciones entre las personas.
2. La mayoría de los estudios indica que los hispanos no son muy felices.
3. El estudio de *Forbes* está basado en la situación económica de las personas.
4. Según el índice del Planeta Feliz, los Estados Unidos es el país más feliz.
5. En el estudio de Global Research, Europa es la región más feliz del planeta.

# Después de leer

👥 Con un compañero escriban una lista de cuatro o cinco cosas que pueden hacer para ser más felices.

Vanesa es fotógrafa y asiste a una reunión de aniversario de su graduación para ver a sus compañeros. ¿Qué profesiones tienen ellos?

**REUNIÓN DE LA GENERACIÓN DEL 98**

la enfermera · el músico · el médico · la mesera · el mecánico · la fotógrafa · el pintor · la cocinera · el actor · el asistente de vuelo · el piloto · el policía · el científico · el deportista

## INVESTIGUEMOS EL VOCABULARIO

In Latin America, **el (la) asistente de vuelo** refers to a flight attendant regardless of gender; however, in Spain **la azafata** is used for a female flight attendant and **el auxiliar de vuelo** is used for male flight attendants.

**El (La) mesero(a)** is used in Mexico to refer to a waiter/waitress and **el (la) camarero(a)** is used in Spain as well as some other Latin American countries. Another word used in some South American countries is **el (la) mozo(a).**

## INVESTIGUEMOS LA GRAMÁTICA

(a) While most nouns ending in **-o** change to **-a** when referring to females, the following do not: **el (la) piloto** and **el (la) modelo.**

(b) Professions ending in **-or** add an **a** to make them feminine: **contadora, diseñadora, escritora,** and **vendedora.**

(c) Professions ending in **-a** maintain the same spelling regardless of the gender of the person, such as **el (la) periodista** and **el (la) deportista.** However, **la mujer policía** is used for female police officers as **la policía** refers to the police in general.

(d) When identifying a person's profession, the indefinite article is not used unless an adjective is added: **Eva es modelo. Adán es un buen actor.**

## Las profesiones

| | |
|---|---|
| el (la) abogado(a) | lawyer |
| el actor/la actriz | actor/actress |
| el (la) agente de viajes | travel agent |
| el amo(a) de casa | homemaker |
| el (la) arquitecto(a) | architect |
| el bailarín/la bailarina | dancer |
| el (la) cantante | singer |
| el (la) contador(a) | accountant |
| el (la) consejero(a) | counselor |
| el (la) dependiente | store clerk |
| el (la) diseñador(a) | designer |
| el (la) escritor(a) | writer |
| el (la) ingeniero(a) | engineer |
| el jefe/la jefa | boss |
| el (la) modelo | model |
| el (la) periodista | reporter |

| | |
|---|---|
| el (la) político(a) | politician |
| el (la) psicólogo(a) | psychologist |
| el (la) secretario(a) | secretary |
| el (la) trabajador(a) social | social worker |
| el (la) vendedor(a) | salesperson |
| el (la) veterinario(a) | veterinarian |

## Palabras adicionales

| | |
|---|---|
| el (la) cliente | client |
| la entrevista | interview |
| ganar | to earn; to win |
| la solicitud | application; want ad |
| el sueldo | salary |
| el trabajo | job |

# A practicar

**5.21** 🔊 **Escucha y responde** Vas a escuchar una lista de profesiones. Levanta la mano si una persona que tiene la profesión mencionada lleva uniforme.

1. ...    2. ...    3. ...    4. ...    5. ...    6. ...

**5.22** **¿Dónde trabajan?** Relaciona a la persona con su lugar de trabajo.

1. _____ un dependiente    **a.** un hospital
2. _____ un cocinero       **b.** un teatro
3. _____ un pintor         **c.** un restaurante
4. _____ un actor          **d.** una tienda
5. _____ un médico         **e.** un estudio

**5.23** **¿Cuál es su profesión?** Lee las descripciones del trabajo de algunos hispanos y decide cuál es la profesión de cada *(each)* uno.

1. Isabel Allende escribe libros.
2. Antonio Banderas trabaja en las películas de Hollywood.
3. Albert Pujols juega béisbol.
4. Carlos Santana toca la guitarra.
5. Michelle Bachelet es presidente de Chile.
6. Carolina Herrera tiene una línea de ropa y perfumes.

**5.24** **¿Qué hacen?** Con un compañero escriban una actividad que hacen las siguientes personas en su trabajo.

**Modelo** mesero
    *Un mesero sirve comida.*

1. periodista      4. policía
2. secretario      5. ama de casa
3. enfermero       6. deportista

**5.25** **Consejero** Imagina que eres consejero y debes recomendarles una profesión a algunos estudiantes, según sus clases favoritas y sus intereses. Túrnense con un compañero.

**Modelo** las matemáticas y la química
    Estudiante 1: *Me gustan las matemáticas y la química. ¿Qué profesión debo estudiar?*
    Estudiante 2: *Debes ser científico o ingeniero.*

1. los deportes y la clase de español    4. la biología y los animales
2. las clases de historia y de arte       5. las fiestas y cocinar
3. la música y bailar                     6. las leyes *(law)* y la política

**INVESTIGUEMOS LA MÚSICA**

Listen to the Spanish classic "Cuando seas grande" by Argentinian rocker Miguel Mateos. What does the teenager in the song want to be when he grows up?

**5.26** **Personas famosas** Trabaja con un compañero para completar la información. Uno de ustedes debe ver la tabla en esta página, y el otro debe ver la tabla en el **Apéndice B.** Túrnense para preguntar y responder.

| Nombre | Profesión | País de origen |
|---|---|---|
| Alicia Alonso | bailarina | |
| Óscar de la Renta | | República Dominicana |
| Andrea Serna | periodista, modelo | Colombia |
| Baruj Benacerraf | | |
| Gabriela Mistral | escritora, maestra | |
| Luis Federico Leloir | | Argentina |

# Conexiones culturales

## *Las profesiones y la economía*

## Cultura

Las profesiones relacionadas con el arte tienen un reto *(challenge)* adicional: además de crear su arte, deben encontrar compradores *(buyers)*, o trabajos para bailarines, actores, escritores, etcétera.

Según un estudio en los Estados Unidos, casi la mitad *(almost half)* de los artistas pasan la mayor parte de su tiempo buscando oportunidades de darse a conocer *(to make themselves known)* en su comunidad. Uno de los mejores ejemplos de un genio artístico que aprendió a promover *(to promote)* su arte con éxito fue Salvador Dalí, (1904–1989). Este pintor surrealista usaba su excentricidad para vender su arte. Además, Dalí sabía rodearse *(knew how to surround himself)* de personas influyentes y contó con un mecenas *(sponsor)* muy rico, Edward James. Salvador Dalí se conoce como el padre del surrealismo.

Observa la obra de Dalí de la fotografía. ¿Te gusta? ¿Por qué?

*Persistencia de la memoria*, de Salvador Dalí

**INVESTIGUEMOS LA CULTURA**

Surrealism is a type of visual art that appears to be almost dreamlike, incorporating elements of surprise.

Busca en Internet más pinturas de Salvador Dalí. Trae una pintura que te guste a clase. Luego mira las pinturas de tus compañeros. ¿Cuál te gusta más? ¿Por qué?

## Comunidad

¿Qué profesión te interesa? ¿Cómo puede ser una ventaja *(advantage)* hablar español en esa profesión? Crea *(Create)* un cartel con información básica (educación necesaria, sueldo, lugar de trabajo) sobre la profesión. Incluye la ventaja de hablar español.

# Comparaciones

¿Piensas que en los Estados Unidos la gente trabaja mucho? ¿Crees que trabajan más en otros países? Mira la información en el cuadro y contesta las preguntas.

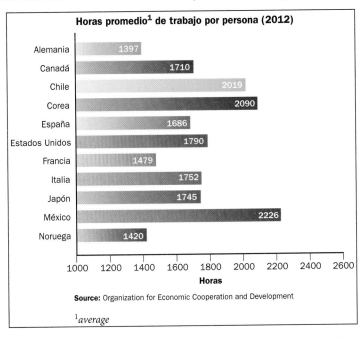

**Horas promedio[1] de trabajo por persona (2012)**

| País | Horas |
|------|-------|
| Alemania | 1397 |
| Canadá | 1710 |
| Chile | 2019 |
| Corea | 2090 |
| España | 1686 |
| Estados Unidos | 1790 |
| Francia | 1479 |
| Italia | 1752 |
| Japón | 1745 |
| México | 2226 |
| Noruega | 1420 |

**Source:** Organization for Economic Cooperation and Development

[1]*average*

1. En promedio *(On average)*, ¿cuántas horas trabajan al año en Chile y en México? ¿Quiénes trabajan más: los españoles o los estadounidenses? ¿Cómo puedes explicar las diferencias?

2. En tu opinión, ¿hay una relación entre el trabajo y la felicidad? ¿Por qué?

# Conexiones... a la economía y al comercio

Hay muchas compañías de los Estados Unidos que tienen fábricas *(factories)* en países en vías de desarrollo *(developing)*. Estas industrias se llaman **maquiladoras,** y hacen todo tipo de productos, como ropa, zapatos, muebles, productos químicos y electrónicos.

Habla con un compañero sobre las siguientes preguntas. Luego investiga qué compañías de los Estados Unidos tienen maquiladoras en otros países y repórtale la información a la clase.

1. ¿Cuáles son las ventajas *(advantages)* y las desventajas para la compañía? ¿y para los empleados?

2. ¿Qué efectos tienen las maquiladoras en la economía de los Estados Unidos? ¿y en la economía de los países donde se establecen?

Ragne Kabanova/Shutterstock.com

Investiga en Internet y aprende más sobre los países latinoamericanos donde los Estados Unidos tienen maquiladoras en el **Apéndice A: Exploraciones del mundo hispano.**

## 3

# Exploraciones gramaticales

## A analizar ▶

Vanesa habla de su profesión. Después de mirar el video, lee el párrafo y observa las formas de los verbos.

Yo soy fotógrafa y trabajo para esta revista. ¡Me gusta mucho mi trabajo! Siempre llego a la oficina a las ocho y **pongo** todo en orden. Durante el día **conduzco** a diferentes lugares y **veo** a personas interesantes. Además tengo suerte porque **salgo** de viaje con frecuencia. **Traigo** la cámara si la quieren ver.

1. Look at the paragraph again and find the first person (**yo**) form of the following verbs.

   **conducir**      **poner**      **salir**      **traer**      **ver**

2. Do you notice a pattern in any of the **yo** forms of the verbs? What is it?

## A comprobar

### Verbs with changes in the first person

1. Some verbs in the present tense are irregular only in the first person (**yo**) form. You have already seen the verb **hacer**. There are a number of common expressions that use the verb **hacer**.

| hacer *(to do; to make)* | |
|---|---|
| **hago** | hacemos |
| haces | hacéis |
| hace | hacen |

| | |
|---|---|
| **hacer ejercicio** | *to exercise* |
| **hacer una fiesta** | *to throw a party* |
| **hacer una pregunta** | *to ask a question* |
| **hacer un viaje** | *to take a trip* |

2. The following verbs also have irregular first person forms:

| | |
|---|---|
| **poner** *(to put; to set)* | **pongo,** pones, pone, ponemos, ponéis, ponen |
| **salir** *(to go out; to leave)* | **salgo,** sales, sale, salimos, salís, salen |
| **traer** *(to bring)* | **traigo,** traes, trae, traemos, traéis, traen |
| **conducir** *(to drive)* | **conduzco,** conduces, conduce, conducimos, conducís, conducen |
| **dar** *(to give)* | **doy,** das, da, damos, dais, dan |
| **ver** *(to see)* | **veo,** ves, ve, vemos, veis, ven |

**INVESTIGUEMOS LA GRAMÁTICA**

When telling where someone is leaving from, it is necessary to use the preposition **de**.

Salgo **de** casa a las 7:00.
*I leave the house at 7:00.*

**3.** The following verbs are not only irregular in the first person form, but also have other changes:

| decir *(to say, to tell)* | |
|---|---|
| **digo** | decimos |
| dices | decís |
| dice | dicen |

| venir *(to come)* | |
|---|---|
| **vengo** | venimos |
| vienes | venís |
| viene | vienen |

| seguir *(to follow; to continue)* | |
|---|---|
| **sigo** | seguimos |
| sigues | seguís |
| sigue | siguen |

| oír *(to hear)* | |
|---|---|
| **oigo** | oímos |
| oyes | oís |
| oye | oyen |

# A practicar

**5.27** **¿Quién soy?** Decide quién hace las siguientes actividades.

Modelo Les doy inyecciones a las mascotas.
*el veterinario*

1. Hago las reservaciones para personas que quieren viajar.
2. Conduzco un coche con luces *(lights)* rojas y azules. No quieres conducir muy rápido cuando yo estoy cerca.
3. Les traigo la comida a los clientes en el restaurante.
4. Veo a muchas personas enfermas.
5. Escribo artículos, entrevisto a personas famosas y digo la verdad *(truth)*.
6. Oigo los problemas de muchas personas.
7. Muchas personas vienen a mi estudio y yo tomo fotos de ellas.
8. Pongo todo en orden en casa y salgo para comprar comida.

---

**5.28** **Un ama de casa muy ocupada** Completa el párrafo usando los verbos de la lista en la primera persona singular (**yo**).

**conducir      hacer      poner      salir      tener      venir**

Soy ama de casa y (1) _____ que hacer mucho trabajo todos los días.

Primero (2) _____ el almuerzo para mis hijos. A las 7:45 ellos suben al

*(get into)* auto y (3) _____ a la escuela. Después voy al supermercado,

(4) _____ a casa y (5) _____ la comida en el refrigerador. Más tarde

(6) _____ otra vez a la escuela para recoger a mis hijos.

Soy ama de casa.

Lana K/Shutterstock.com

**INVESTIGUEMOS LA GRAMÁTICA**

Regardless of gender, **el ama de casa** requires the masculine article for pronunciation purposes. However, any adjectives would agree with the gender of the person: **Sara es el ama de casa perfecta.** When it is plural, the feminine form is **las amas de casa.** Notice that **casa** does not have an **s** in the plural form.

**5.29** **¿Qué hace Rocío?**  Rocío es agente de viajes. Con un compañero describan la rutina de Rocío. Incluyan todos los detalles posibles y usen verbos que conocen (know) y los siguientes verbos: **poner, oír, hacer, decir, salir, conducir.**

**5.30** **¿Con qué frecuencia...?**  Habla con seis compañeros de clase y pregúntale a cada uno con qué frecuencia hace una de las siguientes actividades. Después comparte la información con la clase.

**siempre** (always)    **a veces** (sometimes)    **casi nunca** (almost never)    **nunca** (never)

Modelo  hacer la cama
            Estudiante 1: *¿Con qué frecuencia haces tu cama?*
            Estudiante 2: *Siempre (A veces / Casi nunca / Nunca) hago mi cama.*

1. seguir las recomendaciones de tus amigos
2. salir los fines de semana
3. ver la televisión por la noche
4. venir tarde a la clase
5. dar respuestas correctas en clase
6. hacer la tarea para la clase de español

**5.31** **Preguntas personales**  Entrevista a un compañero de clase para saber (to know) más sobre sus hábitos.

1. ¿Qué coche conducen tus padres? ¿Te gusta el coche? ¿Por qué?
2. ¿A qué hora vienes a la escuela? ¿A qué hora regresas a casa?
3. ¿Traes el almuerzo (lunch) a la escuela? ¿Quién hace tu almuerzo?
4. ¿Cuándo haces la tarea? ¿Dónde prefieres hacer la tarea?
5. ¿Pones música cuando estudias? ¿Qué tipo de música escuchas cuando estudias?
6. ¿Sales con compañeros de clase? ¿Con quiénes?

¿Dónde prefieres hacer la tarea?

## A analizar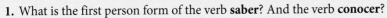

Óscar habla de su profesión. Después de ver el video, lee la información y observa el uso de los verbos **saber** y **conocer**.

> **Camila:** Ahora, vamos a **conocer** al señor Fuentes.
>
> **Óscar:** Muchas gracias. ¿**Saben** cuál es mi profesión?
>
> **Niños:** ¡Policía!
>
> **Óscar:** ¡Exacto! Probablemente ustedes **saben** que mi trabajo es muy importante. **Conozco** a muchas personas que viven aquí y trabajo para protegerlos. Yo **conozco** muy bien la ciudad y las calles. Tengo un coche blanco y azul, y **sé** conducir muy bien. Puedo correr muy rápido si es necesario, y también **sé** hacer karate. ¡Es un trabajo muy interesante!

1. What is the first person form of the verb **saber**? And the verb **conocer**?
2. The verbs **saber** and **conocer** both mean *to know*. Explain the difference in their uses above.

## A comprobar

### Saber and conocer

1. Like other verbs in this chapter, **saber** and **conocer** are irregular in the first person form.

   | saber | **sé**, sabes, sabe, sabemos, sabéis, saben |
   |---|---|
   | conocer | **conozco**, conoces, conoce, conocemos, conocéis, conocen |

2. While the verbs **saber** and **conocer** both mean *to know*, they are used in different contexts.

   - **Saber** is used to express knowledge of facts or information as well as skills.

   - **Conocer** is used to express acquaintance or familiarity with a person, place, or thing.

   Notice the difference in meaning in the following sentences:

   > Ana **conoce** Chile. *(familiarity)*
   > Ana **sabe** dónde está Chile. *(fact)*

   > Paco **conoce** a Diego. *(acquainted with)*
   > Paco **sabe** dónde vive Diego. *(information)*

   > **Conozco** la poesía de Neruda. *(familiarity)*
   > **Sé** que Neruda es un poeta famoso. *(fact)*

3. When using **saber** to mean *to know how to do something*, it is followed by the infinitive.

   > El ingeniero **sabe diseñar** edificios.
   > *The engineer **knows how to design** buildings.*

   > El cantante **sabe cantar.**
   > *The singer **knows how to sing.***

4. When expressing some knowledge or familiarity with general concepts or subjects, the verb **conocer** is used.

   > El artista **conoce** el arte prehispánico.
   > *The artist **knows** (is familiar with) pre-Hispanic art.*

   > La enfermera **conoce** la medicina.
   > *The nurse **knows** (is familiar with) medicine.*

5. When the recipient of the action (direct object) is a person or a pet, an **a** is used in front of the object. This is known as the **a personal** and is not translated into English. It is not necessary to use it with the verb **tener**; however when using the verb **conocer** to tell that someone knows a person, it is necessary to use the **a personal.**

   > La maestra **conoce a** los estudiantes.
   > *The teacher **knows** her students.*

   > El jefe **conoce a** sus empleados.
   > *The boss **knows** his employees.*

# A practicar

**5.32** **¿Lógica o ilógica?** Decide si las siguientes descripciones de profesiones son lógicas. Corrige las oraciones ilógicas.

1. La bailarina sabe jugar al fútbol.
2. El periodista conoce a muchas personas famosas.
3. El médico sabe dónde está la farmacia.
4. El contador sabe cantar bien.
5. El veterinario conoce a unos criminales.
6. La secretaria sabe usar la computadora.
7. El psicólogo conoce bien la cocina del restaurante.
8. El escritor conoce las obras *(works)* más importantes de la literatura.

---

**5.33** **Oraciones incompletas** Decide qué opciones pueden completar las siguientes oraciones. Hay más de una posibilidad para cada oración.

1. El médico conoce...
   - **a.** a sus pacientes.
   - **b.** la medicina.
   - **c.** dar inyecciones.
   - **d.** el hospital.

2. El arquitecto sabe...
   - **a.** al ingeniero.
   - **b.** diseñar casas.
   - **c.** dónde está la casa.
   - **d.** la ciudad.

3. El científico conoce...
   - **a.** las ciencias.
   - **b.** cómo hacer el experimento.
   - **c.** el laboratorio.
   - **d.** que su trabajo es importante.

4. El consejero sabe...
   - **a.** los problemas de sus clientes.
   - **b.** escuchar bien.
   - **c.** a sus clientes.
   - **d.** a qué hora vienen los clientes.

---

**5.34** **¿Saber o conocer?** Primero completen individualmente las siguientes oraciones con las formas necesarias de los verbos **saber** y **conocer.** Después túrnense para leer las definiciones y decir cuál es una profesión lógica.

Modelo Estudiante 1: Yo _____*sé*_____ tocar el piano.
          Estudiante 2: *Un músico.*

Brian Chase/Shutterstock.com

1. Yo _____ bien la ley *(law)*.
2. Julio _____ pintar bien.
3. Matilde y Simón _____ a muchos médicos.
4. Fabio _____ al presidente.
5. Daniela y yo _____ tomar buenas fotos.
6. Yo _____ dónde están los buenos hoteles.
7. Mario y Luisa _____ bien a los animales en el zoológico donde trabajan.
8. Tú _____ cocinar muy bien.
9. Yo _____ bailar tango.
10. El señor Montero _____ a sus estudiantes.

**5.35 Puerto Rico** Con un compañero túrnense para preguntar si saben o conocen las siguientes cosas.

Modelo  Puerto Rico
        Estudiante 1: *¿Conoces Puerto Rico?*
        Estudiante 2: *Sí, conozco Puerto Rico. / No, no conozco Puerto Rico.*

        hablar español bien
        Estudiante 1: *¿Sabes hablar español bien?*
        Estudiante 2: *Sí, sé hablar español bien. / No, no sé hablar español bien.*

San Felipe de Morro, San Juan, Puerto Rico

1. dónde está Puerto Rico
2. un puertorriqueño
3. la comida puertorriqueña
4. quién es el gobernador de Puerto Rico
5. San Juan
6. la historia de Puerto Rico
7. cuándo es el día de la independencia de Puerto Rico
8. bailar salsa

---

**5.36 ¿Qué saben? ¿Qué conocen?** En parejas túrnense para completar las siguientes oraciones.

1. **a.** Nosotros conocemos…
   **b.** Nosotros sabemos…
2. **a.** Los periodistas conocen…
   **b.** Los periodistas saben…
3. **a.** Un jefe conoce…
   **b.** Un jefe sabe…
4. **a.** El presidente conoce…
   **b.** El presidente sabe…

---

**5.37 En busca de…** Decide qué verbo necesitas usar en cada oración y después busca a ocho compañeros diferentes que respondan afirmativamente una de las siguientes preguntas. Debes hacerle la pregunta adicional al compañero que responda positivamente. Luego, comparte las respuestas con la clase.

1. ¿(sabes / conoces) a una persona famosa? (¿A quién?)
2. ¿(sabes / conoces) un buen restaurante? (¿Cuál?)
3. ¿(sabes / conoces) hablar otra lengua? (¿Cuál?)
4. ¿(sabes / conoces) a una persona de otro país *(country)*? (¿Qué país?)
5. ¿(sabes / conoces) el nombre del presidente de Argentina? (¿Cómo se llama?)
6. ¿(sabes / conoces) cocinar? (¿Cuál es tu especialidad?)
7. ¿(sabes / conoces) muy bien la ciudad donde vives? (¿Cuál es tu lugar favorito?)
8. ¿(sabes / conoces) cuál es la capital de Venezuela? (¿Cuál es?)

# Lectura

## Antes de leer

Menciona dos profesiones que te parecen poco comunes. ¿Por qué piensas que son poco comunes? ¿Conoces a alguien con una profesión poco común?

## A leer

### Profesiones poco comunes

**cambiar:** *to change*

*disappear / milkman*

El mundo siempre está **cambiando** rápidamente y los trabajos cambian también. Unos trabajos **desaparecen**, como el de **lechero**, y otros trabajos aparecen. A veces, por necesidades económicas, la gente debe ser muy creativa para inventar nuevos trabajos.

[ los trabajos de la gente también cambian a gran velocidad ]

*thief*

*law*

**El ladrón profesional:** Este novedoso trabajo es para ladrones que no roban más y están del lado de la **ley**. Muchas tiendas de departamentos contratan a estas personas para descubrir vulnerabilidades con la seguridad y corregirlas para **evitar** robos.

*to avoid*

*renter*

**El alquilador de lavadoras:** Estas personas llevan lavadoras de ropa a la casa de las personas que no tienen una lavadora.

**El organillero:** A veces es posible encontrar a un organillero en un parque de la ciudad, tocando música con su organillo. No es muy común, pero a veces es posible ver a un **mono** bailando la música del organillero y pidiéndole dinero a la gente en la calle. Esta profesión originada en Europa ya es casi algo del pasado.

*monkey*

*gum*

**El limpiador de chicles:** Un trabajo relativamente moderno es el de limpiar los chicles de las calles. En

John Mitchell/Alamy Stock Photo

el caso de Chile **intentaron** limpiar con agua a presión y productos químicos, pero nada funciona tan bien como un limpiador con una vieja espátula. Limpiar chicles es importante porque son un foco de bacterias y enfermedades. **Además** los pájaros mueren cuando los comen.

*tried*

*Furthermore*

Courtesy of Margarita Casas

**El adivinador:** Va por el parque con un pajarito en una **jaula.** Cuando el cliente le paga al adivinador, el pájaro selecciona un papel que dice su suerte, igual que un horóscopo.

*cage*

**El repartidor:** Va por toda la ciudad y lleva artículos de gran importancia a las casas de la gente. Hay muchos tipos de repartidores, pero los más importantes son los repartidores de agua potable y los que reparten el gas para cocinar. Otros repartidores llevan **refrescos** o periódicos a las casas.

Courtesy of Mary Ann Blitt

*soft drinks*

Sources: Trabajo.about.com; Diario.latercera.com; Eluniversal.com.mx; 3djuegos.com

# Comprensión

Decide si las siguientes oraciones son ciertas o falsas.

1. Un trabajo que está desapareciendo es el de ladrón profesional.
2. El alquilador de lavadoras lava la ropa.
3. El organillero toca música.
4. Los limpiadores de chicles son más efectivos que los productos químicos.
5. Los pájaros pueden morir si comen chicles.
6. Los adivinadores trabajan con un mono.
7. Los repartidores venden agua, sodas y gas en las calles.

# Después de leer

En grupos de tres respondan las siguientes preguntas.
¿Cuál de los trabajos de la lectura parece más interesante? ¿Por qué?

# ▶ Video-viaje a...
# Puerto Rico

## Antes de ver

Puerto Rico, la Isla del Encanto, tiene mucho que ofrecer. La isla es ideal para practicar actividades acuáticas como surfear y pescar, y en el viejo San Juan se puede caminar por las calles pintorescas.

**5.38** **¿Ya sabes?**

1. Puerto Rico está en _____.

☐ Europa       ☐ Sudamérica
☐ El Caribe    ☐ África

2. ¿Cierto o falso?

a. El fuerte de San Felipe del Morro es una edificación.

b. No hay influencia africana en la cultura puertorriqueña.

3. ¿Qué tradición, imagen o persona asocias con Puerto Rico?

**5.39** **Estrategia**

You can learn a lot from looking at visuals when you watch a video. The scenes and images you see help you understand the language that you hear. What do you think of when you hear the following words?

1. historia colonial

2. artesanías típicas

3. comida típica

4. actividades acuáticas

5. actividades al aire libre *(outdoors)*

# Al ver

**5.40** **Escoge** Mira el video y escoge la respuesta correcta.

1. La capital de Puerto Rico es _____.
   **a.** San Antonio   **b.** San José   **c.** San Juan
2. El fuerte San Felipe del Morro fue construido por *(by)* _____.
   **a.** los puertorriqueños   **b.** los españoles   **c.** los ingleses
3. Las máscaras de papel maché tienen influencia _____.
   **a.** africana   **b.** española   **c.** cubana
4. En la Playa de los Piñones, hay muchos quioscos de _____ típica.
   **a.** artesanía   **b.** madera   **c.** comida
5. En la Plaza de las Delicias se venden _____.
   **a.** muñecas   **b.** máscaras   **c.** piraguas

**5.41** **Escribe** Completa las oraciones con la palabra correcta.

1. La muralla que bordea San Juan es de _____ pies de altura.
2. El fuerte de San Felipe del Morro es de _____ niveles *(levels)*.
3. En San Juan hay muchos edificios históricos y _____ pintorescas.
4. Ponce es la _____ ciudad más grande de Puerto Rico.
5. El Parque de Bombas está detrás de la _____.

# Después de ver

**5.42** **Expansion**

**Paso 1**  Find Puerto Rico in the **Exploraciones del mundo hispano** (in **Apéndice A**) and look at **Investiga en Internet** box. Choose a topic that interests you.

**Paso 2**  Conduct a web search for information about your topic. Be sure to use a relevant source.

**Paso 3**  Using the information you've researched, write a short summary of 3–5 sentences, in Spanish, and report your findings. Be prepared to present your conclusions to the class.

## Vocabulario útil

**el almíbar** *syrup*
**el bacalao** *cod*
**el fuerte** *fort*
**la madera** *wood*
**la máscara** *mask*
**la muñeca** *doll*
**la muralla** *(city) wall*
**la piragua** *snow cone*
**la puesta de sol** *sunset*
**el quiosco** *kiosk, stand*

**5.43** **Un día en la vida** Completa el siguiente párrafo con la conjugación necesaria de la mejor palabra entre paréntesis. **¡OJO!** Algunos de los verbos requieren el uso del presente progresivo.

Me llamo Romina. **(1)** _____ (Ser/Estar) de Cuzco, Perú, pero **(2)** _____ (ser/estar) en Nueva York. **(3)** _____ (Ser/Estar) cocinera ¡y me encanta mi trabajo! Ahora estoy **(4)** _____ (trabajar/comer) en un restaurante con un cocinero francés. Estoy **(5)** _____ (vender/aprender) mucho con él. Yo **(6)** _____ (saber/conocer) a mis clientes muy bien. Ellos **(7)** _____ (venir/poner) al restaurante con frecuencia y **(8)** _____ (oír/decir) que mi comida es la mejor en Nueva York. Algún día quiero **(9)** _____ (ser/estar) dueña *(owner)* de un restaurante andino. Yo **(10)** _____ (saber/conocer) cocinar muy bien... ¡yo **(11)** _____ (hacer/conducir) unos platos deliciosos! **(12)** _____ (Ser/Estar) segura de que puedo tener éxito.

**5.44** **Descripción personal** Conjuga el verbo en la primera persona **(yo)**, y completa la oración de una forma original para escribir una descripción personal.

1. (Ser)...
2. Hoy (estar)...
3. (Venir) a la clase de...
4. Los fines de semana (salir)...
5. Yo no (saber)...
6. (Conocer) a...
7. No (hacer)...
8. (Conducir)...

**5.45** **Mensajes de texto** Estás visitando la ciudad de Barcelona, en España, y escribes varios mensajes en tu teléfono celular. Usa el presente progresivo para hablar de tus actividades.

Modelo 9:00 A.M. - tomar café en el hotel
*Estoy tomando café en el hotel.*

1. 10:30 A.M. – caminar por el parque Güell
2. 1:00 P.M. – comprar recuerdos en las Ramblas
3. 2:00 P.M. – almorzar en el Café 4Gats
4. 4:00 P.M. – visitar el mercado
5. 6:00 P.M. – ver cuadros en el Museo de Picasso
6. 8:00 P.M. – beber y comer en un restaurante de tapas

**5.46** **En el trabajo** Explica lo que las siguientes personas saben y conocen según *(according to)* la profesión que tienen.

Modelo Isabel es veterinaria.
*Ella conoce a las mascotas de sus clientes. Sabe cómo ayudar a los animales.*

1. Leticia es mesera.
2. Ernesto es secretario.
3. Esmeralda es policía.
4. Mario es deportista.
5. Alicia es ama de casa.
6. Marcelo es maestro.

**5.47** **Descripción de fotos** Con un compañero describan las siguientes fotos. Deben determinar: a) quiénes son las personas en las fotos, b) qué relación tienen, c) cuáles son sus profesiones, d) qué están haciendo y e) qué emociones se muestran en las fotos. ¡**OJO** con los verbos **ser** y **estar**!

Modelo **a.** *Marta no está contenta. Es escritora y está hablando por teléfono con el editor.*
*Él necesita el libro en dos semanas.*

a.

b.

c.

**5.48** **Información, por favor** Trabaja con un compañero. Uno debe mirar el gráfico en esta página y el otro debe mirar el gráfico en el **Apéndice B.** Túrnense para preguntarse y completar la información. Atención al uso de **ser** y **estar.**

| Nombre | Profesión | Origen | Localización | Emoción |
|---|---|---|---|---|
| Carlota | | Madrid | la casa | |
| Éric | | | el banco | frustrado |
| César | periodista | San Juan | | cansado |
| Paloma | abogada | | el correo | |
| Samuel | | Managua | la oficina | |
| Camila | diseñadora | | | emocionada |

**5.49** **¿Estás feliz?** Tú y tu compañero trabajan para una revista y deben escribir un test de felicidad para los lectores *(readers)*.

**Paso 1** Escribe una lista de 5–7 actividades que pueden hacer feliz a una persona.

**Paso 2** Comparte *(Share)* tu lista con tu compañero y decidan 6 actividades que deben incluir en el test.

**Paso 3** Administren *(Give)* su test a otro grupo de estudiantes para saber si son felices. Después compartan los resultados con el resto de la clase.

# 🔊 Vocabulario 1

## Los estados de ánimo y otras expresiones con el verbo *estar*

| | |
|---|---|
| aburrido(a) | *bored* |
| alegre | *happy* |
| asustado(a) | *scared* |
| avergonzado(a) | *embarrassed* |
| cansado(a) | *tired* |
| celoso(a) | *jealous* |
| confundido(a) | *confused* |
| contento(a) | *happy* |
| deprimido(a) | *depressed* |
| emocionado(a) | *excited* |
| enamorado(a) (de) | *in love (with)* |
| enfermo(a) | *sick* |
| enojado(a) | *angry* |
| equivocado(a) | *wrong* |
| feliz | *happy* |
| frustrado(a) | *frustrated* |
| interesado(a) | *interested* |
| loco(a) | *crazy* |
| nervioso(a) | *nervous* |
| ocupado(a) | *busy* |
| preocupado(a) | *worried* |
| sano(a) | *healthy* |
| seguro(a) | *sure* |
| sorprendido(a) | *surprised* |
| triste | *sad* |

## Palabra adicional

| | |
|---|---|
| la salud | *health* |

# Vocabulario 2

## Las profesiones

| | | | |
|---|---|---|---|
| el (la) abogado(a) | lawyer | el (la) fotógrafo(a) | photographer |
| el actor | actor | el (la) ingeniero(a) | engineer |
| la actriz | actress | el jefe/la jefa | boss |
| el (la) agente de viajes | travel agent | el (la) mecánico(a) | mechanic |
| el amo(a) de casa | homemaker | el (la) médico(a) | doctor |
| el (la) arquitecto(a) | architect | el (la) mesero(a) | waiter |
| el (la) asistente de vuelo | flight attendant | el (la) modelo | model |
| el bailarín/la bailarina | dancer | el (la) músico(a) | musician |
| el (la) cantante | singer | el (la) periodista | journalist |
| el (la) científico(a) | scientist | el (la) piloto | pilot |
| el (la) cocinero(a) | cook | el (la) pintor(a) | painter |
| el (la) consejero(a) | adviser | el policía/la mujer policía | police officer |
| el (la) contador(a) | accountant | el (la) político(a) | politician |
| el (la) dependiente | clerk | el (la) psicólogo(a) | psychologist |
| el (la) deportista | athlete | el (la) secretario(a) | secretary |
| el (la) diseñador(a) | designer | el (la) trabajador(a) social | social worker |
| el (la) enfermero(a) | nurse | el (la) vendedor(a) | salesperson |
| el (la) escritor(a) | writer | el (la) veterinario(a) | veterinary |

## Palabras adicionales

| | | | |
|---|---|---|---|
| el (la) cliente | client | el sueldo | salary |
| la entrevista | interview | el trabajo | job |
| la solicitud | application; want ad | | |

## Los verbos

| | | | |
|---|---|---|---|
| conducir | to drive | saber | to know (facts; how to do something) |
| conocer | to know, to be acquainted with | salir | to go out; to leave |
| dar | to give | seguir (i) | to follow |
| decir (i) | to say, to tell | traer | to bring |
| ganar | to earn | venir (ie) | to come |
| hacer | to do, to make | ver | to see |
| oír | to hear | | |
| poner | to put; to set | | |

## Learning Strategy

### Study with a partner

Study with a friend or form a study group. Not only will you benefit when someone in your group understands a concept that you may have difficulty with, but you can also increase your own understanding by teaching others. Group study will provide you with more opportunities to speak and listen to Spanish as well.

**In this chapter you will learn how to:**

- Talk about your daily routine
- Discuss your hobbies and pastimes
- Talk about when and how often you do things
- Talk about sports
- Discuss events that occurred in the past

# ¿Cómo pasas el día?

Chris Linder/Aurora/Getty Images

**Hay muchas maneras de disfrutar la naturaleza en el Parque Nacional Canaima, en Venezuela.**

## Explorando con... David Harrison

¿Sabes cuántos idiomas se hablan en Venezuela? Según Ethnologue, hay 46 lenguas. Desafortunadamente *(Unfortunately)* 34 de estas lenguas están en peligro de desaparecer.

### Vocabulario útil

**calcular**   *to estimate*

**el conocimiento**   *knowledge*

**desaparecer**   *to disappear*

**el hablante**   *speaker*

**el idioma**   *language*

**el peligro**   *danger*

Hoy existen más de seis mil *(thousand)* lenguas en el mundo, pero se calcula que en los próximos cien años más de la mitad *(half)* de las lenguas va a desaparecer. Precisamente, las lenguas en peligro son la especialidad de David Harrison. Él publica libros acerca de *(about)* este tema y de las consecuencias de la desaparición de los idiomas. Perder una lengua es perder mucho conocimiento de la cultura de los hablantes. Por eso es importante preservar la diversidad de lenguas en el mundo.

Hay comunidades indígenas que trabajan para preservar sus lenguas, como los aymara en Perú y los zapotecas en México. En la opinión del Dr. Harrison, para tener un mundo lingüísticamente diverso, es necesario cambiar *(to change)* nuestras actitudes. Tenemos que valorar *(value)* la diversidad de las lenguas y de las culturas.

El Dr. Harrison participó en un documental importante llamado *Los lingüistas*. Debido a *(because of)* este documental, hay personas que lo llaman el "Indiana Jones de las lenguas". También ha participado en programas de televisión y entrevistas, como NPR, BBC y *The Colbert Report*. En 2004 el Dr. Harrison fundó *Living Tongues* para revitalizar lenguas con pocos hablantes.

*David Harrison es lingüista, autor y activista. Documenta lenguas en peligro de extinción y educa sobre la importancia de lenguas minoritarias. Por su trabajo ha viajado a regiones como Siberia, Mongolia, Paraguay y la India.*

### EN SUS PALABRAS

**"Cuando perdemos un idioma, perdemos siglos *(centuries)* de conocimiento y entendimiento *(understanding)* acerca del tiempo, las estaciones, [...] las matemáticas, el paisaje *(landscapes)*, los mitos, la música, lo desconocido *(the unknown)* y lo cotidiano *(everyday life)*."**

**6.1** Comprensión

1. El Dr. Harrison piensa que es importante...

   a. aprender lenguas       b. preservar lenguas       c. entender lenguas

2. Perder una lengua supone *(means)*...

   a. perder gente       b. perder libros       c. perder conocimiento de culturas

3. Para preservar las lenguas del mundo tenemos que...

   a. ser bilingües       b. escribir diccionarios       c. valorar la diversidad

4. David Harrison ha participado en...

   a. un documental       b. las películas de Indiana Jones       c. un programa de radio

**6.2** **A profundizar** Busca en Internet el proyecto *Enduring Voices*, del Dr. Harrison y National Geographic. ¿Qué lenguas están en peligro en Norteamérica?

**6.3** **¡A explorar más!** Investiga una lengua en peligro de extinción en Latinoamérica. ¿Cómo se llama esta lengua? ¿Quién la habla? ¿Dónde viven estas personas? ¿Por qué está en peligro? Presenta lo que aprendes a la clase.

Es temprano por la mañana y la familia Cervantes comienza su día.

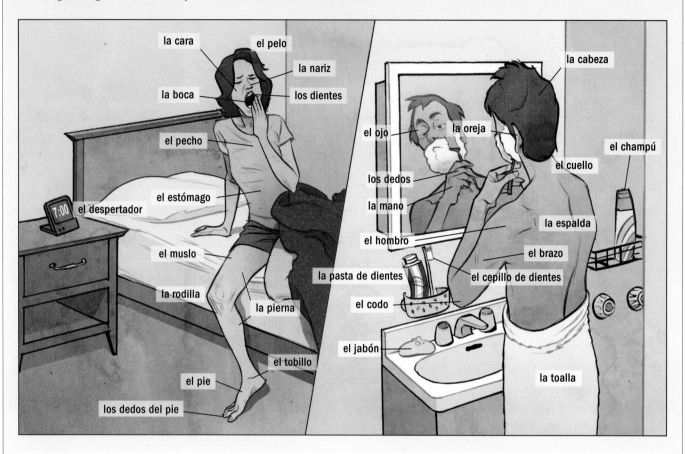

## Verbos

| | | | | | |
|---|---|---|---|---|---|
| **acostarse (ue)** | to go to bed; to lie down | **ducharse** | to shower | **verse** | to look at oneself |
| | | **estirarse** | to stretch | **vestirse (i)** | to get dressed |
| **afeitarse** | to shave | **lavarse** | to wash | | |
| **arreglarse** | to fix oneself up; to get ready | **levantarse** | to get up | | |
| | | **maquillarse** | to put on make-up | | |
| **bañarse** | to bathe; to take a bath | **peinarse** | to comb or style one's hair | | |
| **cepillarse** | to brush | | | | |
| **cortarse** | to cut | **ponerse (la ropa)** | to put on (clothing) | | |
| **despertarse (ie)** | to wake up | **quitarse (la ropa)** | to take off (clothing) | | |
| **divertirse (ie)** | to have fun | **secarse** | to dry oneself | | |
| **dormirse (ue)** | to fall asleep | **sentarse (ie)** | to sit down | | |

## Palabras adicionales

| | |
|---|---|
| **el cuerpo** | the body |
| **tarde** | late |
| **temprano** | early |

> **INVESTIGUEMOS EL VOCABULARIO**
>
> In addition to **el pelo**, **el cabello** can also be used to refer to hair.

# A practicar

**6.4** 🔊 **Escucha y responde** Vas a escuchar varias partes del cuerpo. Indica la parte del cuerpo que escuches.

1. ...    2. ...    3. ...    4. ...    5. ...    6. ...    7. ...    8. ...

**6.5** **Asociaciones** ¿Qué ropa asocias con las siguientes partes del cuerpo?

1. los pies       3. la cabeza       5. el cuello
2. las piernas    4. las manos       6. la espalda y el pecho

**6.6** **¿Qué parte del cuerpo es?** Completa las descripciones.

1. _____ está entre la cabeza y los hombros y sirve para mover la cabeza.

2. Tenemos dos _____, y cada (each) uno tiene cinco dedos. Sirven para caminar y bailar.

3. Usamos _____ para hablar y comer.

4. Tenemos dos _____ en la cara para ver.

5. _____ está en el brazo, entre la mano y el hombro.

6. Tenemos dos _____. Una está en el lado izquierdo de la cabeza, y la otra en el lado derecho.

7. Yo tengo _____ largo, rubio y rizado (curly).

8. _____ es una parte del cuerpo que conecta la pierna con el pie.

---

**6.7**  **No corresponde** Con un compañero túrnense para decir qué palabra no pertenece (belong) a cada grupo. Expliquen por qué.

Modelo la pierna    la toalla    el pie
      *La toalla no es una parte del cuerpo.*

| | | |
|---|---|---|
| 1. los pies | las manos | el cuello |
| 2. los dedos | la boca | la nariz |
| 3. el pelo | el codo | la rodilla |
| 4. el estómago | el diente | la espalda |
| 5. el muslo | la oreja | el tobillo |
| 6. el despertador | la pasta de dientes | el jabón |

---

**6.8**  **¿Cuándo?** Con un compañero túrnense para explicar en qué situaciones una persona tiene que hacer las siguientes actividades.

Modelo ducharse con agua fría
      Estudiante 1: *¿Por qué una persona tiene que ducharse con agua fría?*
      Estudiante 2: *La persona tiene mucho calor.*

1. sentarse al frente de la clase
2. acostarse muy tarde
3. vestirse con ropa muy vieja
4. estirarse
5. levantarse muy temprano
6. afeitarse las piernas
7. cortarse el pelo
8. cepillarse los dientes

**INVESTIGUEMOS EL VOCABULARIO**

In some Latin American countries, **el dentífrico** is used rather than **la pasta de dientes** to say *toothpaste*.
In Mexico **rasurarse** is used to say *to shave* rather than **afeitarse**, and **bañarse** refers to both showering and bathing.

---

**6.9**  **Unos monstruos** Trabaja con un compañero. Uno debe mirar el dibujo en esta página, y el otro va a mirar el dibujo en el **Apéndice B.** Túrnense para describir los monstruos y encontrar las cinco diferencias.

## Cultura

Antonio López García (1936– ) es un famoso artista español. Comienza a pintar influenciado por *(influenced by)* su tío, un pintor. Según López García: "Una obra *(work)* nunca se acaba *(is finished)*, sino que *(but rather)* se llega al límite de las propias *(own)* posibilidades". Con esta idea describe su propio proceso como pintor porque a veces necesita muchos años para terminar un cuadro. Sus obras reflejan momentos de la vida cotidiana *(everyday)*. Su estilo es tan realista *(so realistic)* que sus cuadros parecen *(look like)* fotografías.

Observa su cuadro *Lavabo y espejo*. ¿Qué objetos reconoces? ¿Te gusta? ¿Por qué? ¿Qué sentimientos *(feelings)* te inspira?

Investiga en Internet otras obras de Antonio López García. Escoge una que te guste, apunta el título y trae una copia de la imagen para compartir con la clase. Identifica qué hay en la pintura y explica por qué te gusta.

Antonio López García, *Lavabo y espejo*

LÓPEZ ANTONIO/Album/Art Resource, NY. Museum of Fine Arts, Boston

## Comparaciones

Cada país tiene frases y refranes *(sayings)* que reflejan la cultura. Hay muchas frases populares que mencionan las partes del cuerpo. Por ejemplo, la frase "cuesta un ojo de la cara" significa que algo cuesta mucho dinero. Cuando una persona dice "¡Hoy en día *(Nowadays)* la gasolina cuesta un ojo de la cara!" significa que la gasolina cuesta mucho. ¿Puedes adivinar *(guess)* el significado *(meaning)* de los siguientes refranes después de leer los ejemplos? ¿Conoces alguna frase que signifique lo mismo en inglés?

1. **ser codo**
   ¡Mis padres son muy codos! Nunca me compran nada.

2. **hacérsele (a uno) agua la boca**
   Mi mamá hace un flan delicioso. ¡Se me hace agua la boca!

3. **tomar el pelo**
   ¿No hay exámenes en la clase de matemáticas? ¿Me estás tomando el pelo?

4. **no tener pies ni cabeza**
   No entiendo la explicación. No tiene ni pies ni cabeza.

5. **no tener pelos en la lengua**
   Mi hermana no tiene pelos en la lengua y siempre dice lo que piensa.

**INVESTIGUEMOS LA MÚSICA**

Listen to "Mis Ojos" by the Mexican rock group Maná. Write all the parts of the body mentioned in the song. Listen a second time. What is the tone of the song?

# Conexiones... a la música

Pin Pon fue *(was)* un programa de televisión chileno. El personaje *(character)* principal, Pin Pon, le enseña a los niños buenos hábitos y valores *(values)*. La siguiente es una canción de este programa.

Carlos Restrepo/Shutterstock.com

| | |
|---|---|
| Pin Pon es un **muñeco** | doll |
| con cara de **cartón** | cardboard |
| se lava la carita | |
| con agua y con jabón. | |
| | |
| Se peina los cabellos | |
| con **peines de marfil** | ivory combs |
| y aunque le den **tirones** | tugs |
| no **llora** ni hace así. | cry |
| | |
| Como siempre **obedece** | obeys |
| lo que **manda** mamá | commands |
| estudia las lecciones | |
| antes de **irse a acostar**. | he goes to bed |
| | |
| Y cuando las **estrellas** | stars |
| empiezan a **brillar** | to shine |
| Pin Pon se va a la cama, | |
| reza y **se echa a** soñar. | starts |

¿Qué dice la canción? ¿Conoces alguna canción en inglés con el mismo propósito *(goal)*?

# Comunidad

La canción de Pin Pon les enseña buenos hábitos a los niños. Existen muchos libros que tienen el mismo propósito *(same goal)*. Visita una biblioteca y pide un libro para niños en español. Estudia la portada *(cover)* y las ilustraciones. Escribe 2–3 predicciones sobre el tema *(subject)* del libro basado en las ilustraciones. Preséntale tus conclusiones a la clase.

Rob Marmion/Shutterstock.com

## A analizar ▶

Camila habla con su consejera sobre su rutina. Después de ver el video, lee lo que Camila dice y observa las estructuras de los verbos.

Todos los días **me despierto** a las seis, **me peino** rápidamente y **me visto**. Después de **arreglarme**, despierto a mi hijo y preparo su cereal... Acuesto al niño y después mi esposo y yo vemos la tele un poco. Antes **de acostarme**, me baño. Prefiero **bañarme** en la noche porque no tengo mucho tiempo en la mañana. **Me acuesto**, leo y **me duermo**.

1. What is the subject of the verbs in bold in the examples above?
2. What do you notice about the verbs in bold in the paragraph above?
3. Notice the different structures of the verbs **acostar** and **despertar** in the examples below. How are they different? Why do you think the structures are different?

   Todos los días **me despierto** a las seis... / **despierto** a mi hijo y preparo su cereal...

   **Acuesto** al niño... / **Me acuesto**, leo y me duermo.

## A comprobar

### Reflexive verbs

1. Many verbs used to discuss daily routines (**bañarse, despertarse, vestirse,** etc.) are known as reflexive verbs. Reflexive verbs are used to indicate that the subject performing the action also receives the action of the verb. In other words, these verbs are used to describe actions we do to ourselves.

   Ella **se pone** un vestido azul.
   *She **puts on** (herself) a blue dress.*

   Yo **me levanto** temprano.
   *I **get** (myself) up early.*

2. Reflexive verbs are conjugated in the same manner as other verbs; however, they must have a reflexive pronoun. The reflexive pronoun agrees with the subject of the verb.

**lavarse** *(to wash oneself)*

| yo | **me** lavo | nosotros | **nos** lavamos |
|---|---|---|---|
| tú | **te** lavas | vosotros | **os** laváis |
| él, ella, usted | **se** lava | ellos, ellas, ustedes | **se** lavan |

The following verbs from the **Exploraciones léxicas** section are verbs with reflexive pronouns:

| | | |
|---|---|---|
| acostarse* (ue) | divertirse* (ie) | ponerse |
| afeitarse | dormirse* (ue) | quitarse |
| arreglarse | ducharse | secarse |
| bañarse | estirarse | sentarse* (ie) |
| cepillarse | lavarse | verse |
| despertarse* (ie) | levantarse | vestirse* (i) |

*stem-changing verbs

3. The reflexive pronoun is placed in front of a conjugated verb.

   Nosotros **nos** acostamos tarde.    *We go to bed late.*
   Yo **me** estoy durmiendo.    *I am falling asleep.*

**INVESTIGUEMOS LA GRAMÁTICA**

**Dormirse** has a reflexive pronoun, but it is slightly different from the other reflexive verbs. The pronoun indicates a change of state rather than a subject doing something to himself/herself. For example: Nunca me duermo en clase. *(I never fall asleep in class.)*

4. When using the infinitive form of a reflexive verb, attach the pronoun to the end. The pronoun should agree with the subject. The pronoun can also be attached to the end of a present participle, but you must add an accent to maintain the original stress.

> ¿Vas a bañar**te** ahora?
> *Are you going to bathe now?*

> Estoy lavándo**me** la cara.
> *I am washing my face.*

5. Many verbs can be used reflexively or nonreflexively, depending on who (or what) receives the action.

> Gerardo **se lava** las manos.
> *Gerardo **washes** his (own) hands.*

> Felipe **lava** el coche.
> *Felipe **washes** the car.*

> (The car receives the action, not Felipe.)

> Rebeca **se mira** en el espejo.
> *Rebeca **looks at herself** in the mirror.*

> Los niños **miran** a la maestra.
> *The children **look at** the teacher.*

> (The teacher receives the action, not the children.)

6. When using reflexive verbs, do not use possessive adjectives.

> Silvia se lava **el** pelo.
> *Silvia washes **her** hair.*

7. Some verbs have a slightly different meaning when used with a reflexive pronoun, such as **irse** *(to go away, to leave)* and **dormirse** *(to fall asleep)*.

> Liz **se duerme** a las diez todas las noches.
> *Liz falls asleep at ten o'clock every night.*

> Liz **duerme** ocho horas cada noche.
> *Liz sleeps eight hours each night.*

# A practicar

**6.10** **Conclusiones lógicas** Empareja las columnas para hacer oraciones lógicas.

1. El despertador suena a las ocho y tú...
2. No hay agua caliente *(hot water)* y por eso yo...
3. Empieza la clase de aeróbic y la instructora...
4. Son las once de la noche y nosotros...
5. Tengo que ir a una fiesta formal y yo...
6. Después de comer ellos...

a. me pongo un vestido elegante.
b. se estira.
c. se cepillan los dientes.
d. te levantas y te vistes.
e. nos acostamos.
f. prefiero no ducharme.

**6.11**  **Mis hábitos** Habla con un compañero sobre tus hábitos. Conjuga el verbo en la forma apropiada y completa las oraciones.

Modelo  Yo (lavarse) el pelo...
> Estudiante 1: *Yo me lavo el pelo con Champú Reina, ¿y tú?*
> Estudiante 2: *Yo me lavo el pelo con Champú Brillo.*

1. Los fines de semana yo (acostarse)...
2. Yo (estirarse) cuando...
3. A veces yo (dormirse) cuando...
4. Yo nunca (ponerse)...
5. En clase de español prefiero (sentarse)...
6. Yo (divertirse) cuando...

NotarYES/Shutterstock.com

**6.12** **Entrevista** Entrevista a un compañero con estas preguntas.

1. ¿A qué hora te despiertas de lunes a viernes? ¿y los sábados o domingos?
2. Generalmente ¿cuánto tiempo necesitas para arreglarte?
3. ¿En qué ocasiones te pones ropa elegante?
4. ¿A veces te duermes en clase? ¿En qué clase?
5. ¿Qué haces para divertirte?
6. ¿Prefieres bañarte o ducharte?

## Estrategia

**Form a study group**

Reflexive verbs do not exist in English. Study with classmates to be sure that you all understand the concept in Spanish.

**6.13** **Una mañana muy apurada** Completa el siguiente párrafo con la forma necesaria del verbo apropiado. **¡OJO!** Unos verbos son reflexivos y otros no.

La Sra. Muñoz **(1)** _____ (despertar/despertarse) y **(2)** _____ (mirar/mirarse) el reloj. ¡Las siete de la mañana! Los niños deben estar en la escuela a las ocho. Rápidamente va al cuarto de sus hijos y **(3)** _____ (despertar/despertarse) a Carlos y Víctor. Ellos **(4)** _____ (levantar/levantarse) y van al baño. Mientras los niños **(5)** _____ (bañar/bañarse), la Sra. Muñoz **(6)** _____ (preparar/prepararse) el desayuno *(breakfast)* para ellos. Cuando Carlos y Víctor entran en la cocina para desayunar, la Sra. Muñoz corre al baño y empieza a **(7)** _____ (arreglar/arreglarse). Ella **(8)** _____ (maquillar/maquillarse) y **(9)** _____ (vestir/vestirse). Después la Sra. Muñoz **(10)** _____ (llamar/llamarse) a sus hijos. Carlos y Víctor van al baño y **(11)** _____ (cepillar/cepillarse) los dientes. La Sra. Muñoz **(12)** _____ (peinar/peinarse) a los chicos y todos salen de la casa a las ocho menos diez.

**6.14** **Las rutinas** ¿Qué están haciendo estas personas?

1.

2.

3.

4.

5.

6.

**6.15** **En busca de...** Busca a compañeros que hagan las siguientes actividades. Debes encontrar una persona diferente para cada actividad de la lista. **¡OJO!** Debes decidir si el verbo es reflexivo. Luego comparte *(share)* la información con la clase.

**Modelo** (duchar/ducharse) en la noche
Estudiante 1: *¿Te duchas en la noche?*
Estudiante 2: *Sí, me ducho en la noche.*

1. (levantar/levantarse) temprano los fines de semana
2. preferir (vestir/vestirse) con ropa cómoda *(comfortable)*
3. (quitar/quitarse) los zapatos en casa
4. normalmente (dormir/dormirse) siete horas
5. preferir (sentar/sentarse) al frente de la clase
6. (poner/ponerse) la mesa para comer
7. (acostar/acostarse) tarde
8. (cepillar/cepillarse) a una mascota

# A analizar ▶

Camila habla con su consejera. Mira el video otra vez. Después lee lo que dice Camila y observa las expresiones de tiempo en negrita.

Todos los días me despierto a las seis, me peino rápidamente y me visto. **Después de** arreglarme, despierto a mi hijo y preparo su cereal. Mi mamá **siempre** llega a las siete y media y yo salgo para la escuela. Paso el día en la escuela enseñando y **a veces** tengo reuniones con los otros maestros o con los padres de los niños en la tarde. Normalmente llego a casa **a las cinco** y empiezo a preparar la comida. **Después** mi esposo limpia la cocina mientras yo juego con mi hijo. Acuesto al niño y **después** mi esposo y yo vemos la tele un poco. **Antes de** acostarme, me baño.

1. What form of the verb is used after the expressions **antes de** and **después de**?
2. What form of the verb is used with the other expressions of time?

# A comprobar

## Adverbs of time and frequency

1. One of the functions of an adverb is to tell when an action occurs. The following are common adverbs of time, some of which you have already learned:

| | |
|---|---|
| **a menudo** | *often* |
| **ahora** | *now* |
| **hoy** | *today* |
| **luego** | *later* |
| **mañana** | *tomorrow* |
| **más tarde** | *later* |
| **pronto** | *soon* |
| **todos los días** | *every day* |

**Más tarde** ellos van a arreglarse para salir.
*Later they are going to get ready to go out.*

Carmina está duchándose **ahora**.
*Carmina is showering now.*

Notice that it is possible to use the adverb either before or after the action.

2. The following adverbs of frecuency usually come before the verb:

| | |
|---|---|
| **a veces*** | *sometimes* |
| **mientras*** | *while* |
| **normalmente** | *normally, usually* |
| **(casi) nunca** | *(almost) never* |
| **(casi) siempre** | *(almost) always* |
| **todavía** | *still* |
| **ya** | *already* |
| **ya no** | *no longer* |

*If using a subject in the sentence, these adverbs are placed in front of the subject.

**A veces** mi hermana se acuesta después de la medianoche.
*Sometimes my sister goes to bed after midnight.*

Mi padre **nunca** se afeita los fines de semana.
*My father never shaves on the weekend.*

**3.** To say what someone does before or after another activity, use the expressions **antes de** + *infinitive* and **después de** + *infinitive*.

> **Antes de acostarse,** mi padre lee un libro.
> ***Before going to bed,*** *my father reads a book.*

> Los niños necesitan cepillarse los dientes **después de comer.**
> *The children need to brush their teeth* ***after eating.***

Note that when using a verb after a preposition (**a, con, de, para,** etc.), it is necessary to use the infinitive.

**4.** **Antes** and **después** can also be used without the preposition **de**; however, the meaning changes slightly and they are translated as *beforehand* and *afterwards*, respectively. They are followed by the conjugated verb.

> Normalmente tomo un café y **después voy** a la universidad.
> *Normally I have coffee and* ***afterwards I go*** *to the university.*

**5.** When saying how often you do something, use the word **vez** *(time)*.

> Él se corta las uñas **una vez a la semana.**
> *He cuts his nails* ***once a week.***

> Me cepillo los dientes **tres veces al día.**
> *I brush my teeth* ***three times a day.***

Notice that this adverbial expression comes after the activity.

# A practicar

**6.16** **¿Cierto o falso?** Habla con un compañero y dile *(tell him/her)* si las oraciones son ciertas o falsas para ti. Corrige las oraciones falsas para que sean *(so that they are)* ciertas.

1. Normalmente me seco el pelo con una secadora.
2. Me cepillo los dientes diez veces al día.
3. Me lavo el pelo todos los días.
4. Me ducho y luego me acuesto.
5. Escucho música mientras me arreglo.
6. Me visto después de cepillarme los dientes.
7. A menudo me despierto antes de escuchar el despertador.
8. Nunca me maquillo.

**6.17** **¿Qué haces?** Completa las oraciones con las actividades que haces con la frecuencia indicada.

**Modelo** Siempre... *tomo té antes de ir a la escuela.*

1. Todos los días...
2. Una vez al día...
3. A veces...
4. Una vez al mes...
5. Una vez al año...
6. Ya no...
7. Casi nunca...
8. Nunca...

Siempre tomo té antes de ir a la escuela.

*beginwithaspin/Shutterstock.com*

**6.18** **¿Cuándo?** Mira las ilustraciones y explica cuándo las personas hacen una de las actividades en relación a la otra. Usa **antes (de)**, **después (de)** o **mientras** en las oraciones.

Modelo  *Antes de ponerse un sombrero, se peina. /*
*Después de peinarse se pone un sombrero.*

1.

2.

3.

4.

5.

6.

**6.19** **¿Con qué frecuencia?** Con un compañero pregúntense con qué frecuencia hacen las actividades de la lista.

Modelo  cepillarse los dientes
Estudiante 1: *¿Con qué frecuencia te cepillas los dientes?*
Estudiante 2: *Me cepillo los dientes tres veces al día.*

1. levantarse antes de las ocho
2. bañarse (en la bañera)
3. ponerse ropa elegante
4. divertirse con amigos
5. lavarse la cara
6. dormirse con la tele encendida *(turned on)*
7. maquillarse
8. acostarse tarde

**6.20** **¿Qué haces antes?** Con un compañero túrnense para preguntarse qué hacen antes de las siguientes actividades.

Modelo  antes de levantarse
Estudiante 1: *¿Qué haces antes de levantarte?*
Estudiante 2: *Antes de levantarme escucho un poco de música.*

1. antes de salir para la escuela
2. antes de tomar un examen
3. antes de hacer ejercicio
4. antes de comer
5. antes de salir con amigos
6. antes de acostarse
7. antes de hacer un viaje
8. antes de comprar ropa

**6.21** **Opuestas** Elisa y Florencia son muy diferentes. Con un compañero túrnense para comparar sus hábitos. Usen los adverbios de tiempo.

Modelo *Elisa lava la ropa todas las semanas pero Florencia casi nunca lava la ropa.*

Elisa

Florencia

**6.22** **Entrevista** Con un compañero túrnense para contestar las preguntas y describir sus rutinas. Usen los adverbios de tiempo para explicar la secuencia de actividades.

1. ¿Cómo es tu rutina por la mañana?
2. ¿Cómo es tu rutina por la noche?
3. ¿Cómo es un día típico en la escuela?
4. ¿Cómo es un día típico en el verano?
5. ¿Cómo es un sábado típico?
6. ¿Cómo es un domingo típico?
7. ¿Cómo es un cumpleaños típico en tu familia?
8. ¿Cómo es una típica celebración de Año Nuevo?

**6.23** **Una vida sana** En un grupo de 3 a 4 estudiantes decidan quién tiene la vida *(life)* más sana *(healthy)*.

Paso 1 Escribe una lista de 7 a 8 hábitos y actividades que consideras sanos.

Paso 2 Comparte tu lista con los miembros de tu grupo. Luego seleccionen los 6 o 7 hábitos y actividades más importantes para mantener *(maintain)* una vida sana.

Paso 3 Pregúntense *(Ask each other)* con qué frecuencia hacen las actividades de la lista. Luego repórtenle a la clase quién tiene la vida más sana de su grupo y por qué.

## Entrando en materia

¿Qué le puedes decir a un niño que te pregunta por qué debemos lavarnos las manos?

## ◀◑ Cómo mantenernos sanos

Vas a escuchar un fragmento de un programa para niños en donde hablan sobre buenos hábitos de higiene personal. Escucha con atención y responde las preguntas que siguen. Debes repasar las palabras en **Vocabulario útil** antes de escuchar para ayudar con la comprensión.

### Vocabulario útil

| | | | |
|---|---|---|---|
| **las bacterias** | *bacteria* | **los gérmenes** | *germs* |
| **enfermarse** | *to get sick* | **la higiene** | *hygiene* |
| **la enfermedad** | *illness* | **los resfriados** | *colds* |
| **la época** | *era, time* | **la superficie** | *surface* |

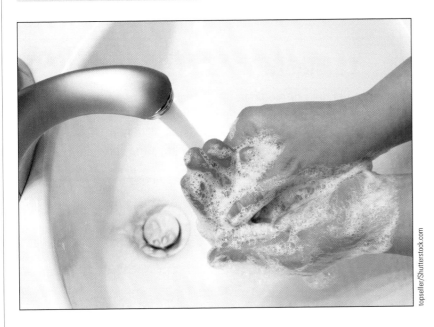

topseller/Shutterstock.com

## Comprensión

Decide si las afirmaciones son ciertas o falsas según la información en el programa.

1. Jorge Encinos es maestro.
2. El doctor tiene recomendaciones para no enfermarse.
3. No hay muchos gérmenes durante el invierno.
4. Es importante cepillarse los dientes.

## Más allá

Escribe una lista de cuatro reglas *(rules)* para tener buena higiene y haz un dibujo *(drawing)* para ilustrar cada regla.

**Modelo**  *Debes cepillarte el pelo. Debes lavarte la cara.*

**Reading Strategy: Taking notes**

Take notes while you read to improve your focus and comprehension of the material. Write down phrases or key words that summarize the main idea of each paragraph in Spanish. The more you use the language actively without translating, such as by taking notes in Spanish, the more you will feel comfortable with Spanish.

## Antes de leer

**1.** ¿Qué personas crees que toman siestas más frecuentemente? ¿Por qué?

**2.** ¿En qué países piensas que se toman siestas? ¿Por qué?

## A leer

# La siesta

*custom*

La **costumbre** de dormir durante el día por media hora se originó en Roma. Se usaba la expresión "hora sexta" para hablar del tiempo dedicado a

*to rest*
*became*

dormir y **descansar** después de cinco horas de trabajo. En España "la hora sexta" **se convirtió** en *la siesta.* En el horario tradicional la gente come con su familia al mediodía y después descansa un poco antes de volver a trabajar.

Este tiempo es importante porque la comida al mediodía es la comida principal en muchos

[ recomiendan la siesta como algo positivo ]

*healthy*
*digest / Also*

países. Es **saludable** tomar tiempo para **digerir** la comida. **Además**, nadie quiere salir a la calle durante estas horas porque hace mucho calor.

Muchos estudios científicos recomiendan la siesta como algo positivo para la salud. La siesta

*prevents / cardiac*

**previene** problemas **cardiacos**, ayuda a la digestión y reduce el estrés. Las personas no siempre usan la hora de la siesta para

iStockphoto.com/Matthew Dixon

**Casi nadie sale durante la hora de la siesta.**

dormir. La pausa les permite a las familias reunirse y pasar más tiempo **juntas**.

*together*

Desafortunadamente, la hora de la siesta es una costumbre que está **desapareciendo** en muchos países. Ahora la gente casi nunca duerme la siesta porque no tiene tiempo. Además, los negocios prefieren no cerrar para tener más clientes.

*disappearing*

La siesta coincide con las horas de más calor.

# Comprensión

Completa las siguientes oraciones con la información necesaria según la lectura.

1. La palabra *siesta* viene de la palabra...
2. Las actividades que hacen las personas durante la hora de la siesta son...
3. Tomar una siesta es bueno para la salud porque...
4. La costumbre de la siesta está desapareciendo porque...

# Después de leer

Habla con un compañero para responder las preguntas.

1. ¿Duermes una siesta a veces? ¿Por qué?
2. ¿Piensas que es una buena idea dormir siestas?
3. En tu opinión, ¿cuáles son las ventajas *(advantages)* y las desventajas de dormir la siesta?
4. En tu opinión, ¿crees que la costumbre de la siesta va a desaparecer por completo? ¿Por qué?

¡Es verano! Hace calor y algunas personas de la ciudad salen a disfrutar del buen tiempo.

esquiar en agua · la tienda de campaña · jugar al fútbol · el fútbol americano · la pelota · pescar · bucear · la raqueta · la red · el bádminton · patinar · los patines · andar en bicicleta · jugar al golf · montar a caballo

### Los deportes

| | |
|---|---|
| el atletismo | track and field |
| el básquetbol | basketball |
| el béisbol | baseball |
| el hockey | hockey |
| la natación | swimming |
| el tenis | tennis |
| el voleibol | volleyball |

### Los pasatiempos

| | |
|---|---|
| acampar | to camp |
| esquiar en tabla | to snowboard |
| hacer alpinismo | to go mountain climbing |
| ir de excursión | to go hiking |

| | |
|---|---|
| jugar al ping-pong | to play ping-pong |
| levantar pesas | to lift weights |
| patinar en hielo | to ice skate |

### Palabras adicionales

| | |
|---|---|
| el (la) aficionado(a) | fan (of a sport) |
| la cancha | court |
| el equipo | team; equipment |
| la entrada | ticket |
| el (la) jugador(a) | player |
| el lago | lake |
| el partido | game (sport), match |
| el saco de dormir | sleeping bag |

**INVESTIGUEMOS EL VOCABULARIO**

Here are two lexical variations:

| | |
|---|---|
| el baloncesto | basketball |
| el (la) fanático (a) | fan |

The Spanish word for *volleyball* can be spelled as **vólibol or voleibol**.

# A practicar

**6.24** 🔊 **Escucha y responde** Vas a escuchar una lista de actividades. En un papel escribe **deporte** y en otro papel escribe **equipo**. Si escuchas el nombre de un deporte, levanta el papel que dice **deporte**, y si es equipo para jugar, levanta el papel que dice **equipo**.

1. ...          2. ...          3. ...          4. ...          5. ...          6. ...

**6.25 ¿Qué actividad es?** Identifica el nombre del deporte que se necesita para completar las oraciones.

INVESTIGUEMOS LA GRAMÁTICA

In Spanish it is possible to say both **juego fútbol** and **juego al fútbol**.

1. Es necesario tener dos equipos de seis personas, una pelota y una red para jugar al
   _____.
2. Jugamos _____ con raquetas, una mesa, una red y pelotas pequeñas.
3. Cuando vamos a acampar dormimos en _____.
4. Para jugar al fútbol necesitamos dos _____ de once personas.
5. Es necesario tener una _____ para jugar tenis.
6. El deporte más popular en Europa y Latinoamérica es _____.

**6.26 Relaciones** Con un compañero túrnense para explicar la conexión entre una palabra de la columna izquierda y una de la columna derecha. ¡Hay muchas respuestas posibles!

1. la raqueta          a. el básquetbol
2. esquiar             b. la entrada
3. el partido          c. patinar en el hielo
4. el voleibol         d. el equipo
5. la cancha           e. la red
6. el aficionado       f. el campo

**6.27 ¿Qué palabra no corresponde al grupo?** Encuentra la palabra que no corresponda *(belong)*, y después compara tus respuestas con las de un compañero. Expliquen por qué no corresponde.

1. pescar            nadar                 acampar            bucear
2. la raqueta        la tienda de campaña  la pelota          la red
3. patinar en hielo  jugar al golf         jugar al hockey    esquiar en tabla
4. el fútbol         ir de excursión       el béisbol         el básquetbol
5. el aficionado     el saco de dormir     el partido         la cancha

**6.28 En busca de...** Busca a compañeros en tu clase que hagan las siguientes actividades en su tiempo libre. Deben decir con qué frecuencia hacen las actividades. Después repórtenle la información a la clase.

Modelo jugar al ping-pong
       Estudiante 1: *¿Juegas al ping-pong?*
       Estudiante 2: *Sí, juego al ping-pong una vez a la semana.*

1. jugar al fútbol              5. jugar bien al básquetbol
2. levantar pesas              6. estar en un equipo deportivo
3. acampar en el verano        7. patinar en hielo
4. ver golf en televisión      8. gustar ver fútbol americano

**6.29 Actividades de verano** Los organizadores de eventos de tu ciudad hablan del equipo que necesitan y las actividades planeadas para este verano. Trabaja con un compañero para completar la información. Uno de ustedes debe ver la información en esta página, y el otro debe ver la información en el **Apéndice B.**

| Evento | Lugar del evento | Equipo que tienen | Equipo/recursos que necesitan |
|---|---|---|---|
| 1. | | cancha | pelotas |
| 2. Excursión a la playa | Playa Bonita | | |
| 3. | la piscina del parque | | instructores |
| 4. Torneo de ping-pong | | seis mesas | |
| 5. | el estadio universitario | red | |

# Conexiones culturales

## Los deportes en España y Latinoamérica

## Cultura

El béisbol es muy popular en todos los países de la región del Caribe. Cuba, la República Dominicana y Venezuela son famosos por sus excelentes jugadores de béisbol en las grandes ligas de los Estados Unidos, como el dominicano David Ortíz. San Pedro de Macorís, en la República Dominicana, es un pequeño pueblo que tiene una gran importancia para el béisbol porque un gran número de jugadores de la MLB viene de allí. Uno de los jugadores más famosos de este pueblo es Sammy Sosa.

Aspen Photo/Shutterstock.com

### INVESTIGUEMOS LA MÚSICA

Similar to the Olympic Games, the FIFA World Cup soccer matches are played every four years. "We Are One" (Ola Ola) was selected as the official song of the 2014 World Cup and was performed by Jennifer López at the opening ceremony. The official anthem "Dar um Jeito" (We Will Find a Way) was performed at the closing ceremony by Carlos Santana, Wyclef Jean, Avicii and Alexandre Pires. Listen to both songs. Which do you like better? Why?

Busca en Internet quiénes son otros beisbolistas famosos de San Pedro de Macorís y para quién juegan. ¿Cómo crees que afecta a un pueblo pequeño tener tantos deportistas famosos? Comparte tu respuesta y los nombres de los beisbolistas con la clase.

## Comunidad

Entrevista a un estudiante de español o a una persona en tu comunidad. Usa las siguientes preguntas.

¿A qué deporte le/te gusta jugar?

¿Por qué le/te gusta jugar?

¿Con qué frecuencia practica(s) el deporte?

¿Quiere(s) ser profesional? ¿Por qué?

¿Juega(s) en un equipo de la escuela secundaria?

Debby Wong/Shutterstock.com

# Comparaciones

En muchos países de habla hispana los estudiantes practican deportes en la escuela. En general los latinoamericanos piensan que los deportes son un pasatiempo y tienen menos importancia en la vida escolar. Los deportes más populares entre los estudiantes de la secundaria son el fútbol, el básquetbol, el voleibol y el tenis. En México el fútbol americano también es muy popular.

¿Son importantes las actividades deportivas en tu escuela?

¿Son importantes las actividades deportivas en tu vida en general?

Si no practicas un deporte, ¿qué actividad física o pasatiempo te gusta hacer?

¿Cuántas horas a la semana practicas tu deporte o actividad favorita?

Busca una escuela secundaria en España o en Latinoamérica en Internet y compara las actividades deportivas que se ofrecen con las actividades de tu escuela. Después comparte los resultados de tu comparación en clase.

# Conexiones... a la antropología

Algunas civilizaciones precolombinas practicaban un juego de pelota que tenía un significado religioso. Las culturas antiguas de los Andes usaban pelotas de goma *(rubber)* para jugar juegos similares al hockey y al tenis. También llenaban *(they filled)* un pequeño saco con arena *(sand)* y lo decoraban con plumas *(feathers)* para practicar un juego similar al bádminton.

En México, en el juego de pelota azteca (Tlachtli), la cancha representaba al mundo y la pelota representaba al sol o a la luna *(moon)*. En este juego la pelota debía pasar por el aro *(ring)* de piedra *(stone)*. El juego de pelota azteca tenía una gran semejanza *(similarity)* con el juego Pok-a-tok de los mayas. En estos juegos los jugadores debían tocar la pelota solamente con los codos, las rodillas o las caderas *(hips)*.

¿Conoces el origen de otros deportes o juegos?

Juego de pelota de los mayas, en Tikal

Source: http://www.efdeportes.com/efd90/juego.htm

## A analizar

Rodrigo habla con Óscar sobre el fin de semana. Después de ver el video, lee lo que dice Rodrigo y observa las formas de los verbos en negrita.

> **Óscar:** (Yo) Te **llamé** el sábado para invitarte al partido de fútbol, pero no **contestaste.**
>
> **Rodrigo:** Camila y yo **pasamos** el fin de semana en la casa de sus padres. Viven cerca de un lago, entonces mi suegro y yo salimos en el bote y **pescamos.** A mi suegra no le gusta pescar, así que Camila y ella **nadaron** y **tomaron** el sol. ¡Pero lo mejor del fin de semana fue la comida! ¡Mi suegra es muy buena cocinera y **preparó** unas comidas muy ricas!

1. The boldfaced verbs are in the preterite tense. Do they refer to events that have already happened or that are going to happen in the future?

2. All the boldfaced words are **-ar** verbs. Using the verbs in the paragraph as a model, fill in the blanks with the appropriate verb endings .

   **-ar**

   | | | | |
   |---|---|---|---|
   | yo | _____ | nosotros(as) | _____ |
   | tú | -aste | vosotros(as) | -asteis |
   | él, ella, usted | _____ | ellos, ellas, ustedes | _____ |

## A comprobar

### The preterite

1. The preterite is used to discuss actions completed in the past.

   **¿Jugaste** al tenis ayer?
   *Did you **play** tennis yesterday?*

   No, **nadé** en la piscina.
   *No, I **swam** in the pool.*

2. To form the preterite of regular **-ar, -er,** and **-ir** verbs, add these endings to the stem of the verb.

**INVESTIGUEMOS LA GRAMÁTICA**

Notice that the endings for regular **-er** and **-ir** verbs are identical in the preterite.

**hablar** *(to speak, to talk)*

| | | | |
|---|---|---|---|
| yo | habl**é** | nosotros(as) | habl**amos** |
| tú | habl**aste** | vosotros(as) | habl**asteis** |
| él, ella, usted | habl**ó** | ellos, ellas, ustedes | habl**aron** |

**comer** *(to eat)*

| | | | |
|---|---|---|---|
| yo | com**í** | nosotros(as) | com**imos** |
| tú | com**iste** | vosotros(as) | com**isteis** |
| él, ella, usted | com**ió** | ellos, ellas, ustedes | com**ieron** |

**escribir** *(to write)*

| | | | |
|---|---|---|---|
| yo | escrib**í** | nosotros(as) | escrib**imos** |
| tú | escrib**iste** | vosotros(as) | escrib**isteis** |
| él, ella, usted | escrib**ió** | ellos, ellas, ustedes | escrib**ieron** |

3. **-ar** and **-er** verbs that have stem changes in the present tense do not have a stem change in the preterite. You will learn about **-ir** stem-changing verbs later in this chapter.

**cerrar** *(to close)*

| yo | cerr**é** | nosotros(as) | cerr**amos** |
|----|-----------|--------------|--------------|
| tú | cerr**aste** | vosotros(as) | cerr**asteis** |
| él, ella, usted | cerr**ó** | ellos, ellas, ustedes | cerr**aron** |

**volver** *(to return)*

| yo | volv**í** | nosotros(as) | volv**imos** |
|----|-----------|--------------|--------------|
| tú | volv**iste** | vosotros(as) | volv**isteis** |
| él, ella, usted | volv**ió** | ellos, ellas, ustedes | volv**ieron** |

4. Verbs ending in **-car, -gar,** and **-zar** have spelling changes in the first person singular (**yo**) in the preterite. Notice that the spelling changes preserve the original sound of the infinitive for **-car** and **-gar** verbs.

| -car | c → qué |
|------|---------|
| **tocar** | yo **toqué,** tú tocaste, él tocó,... |
| -gar | g → gué |
| **jugar** | yo **jugué,** tú jugaste, él jugó,... |
| -zar | z → cé |
| **empezar** | yo **empecé,** tú empezaste, él empezó,... |

5. The third person singular and plural (**él, ella, usted/ ellos, ellas, ustedes**) of **leer** and **oír** also have spelling changes. Notice the use of accent marks on all forms except the third person plural.

**leer** *(to read)*

| yo | leí | nosotros(as) | leímos |
|----|-----|--------------|--------|
| tú | leíste | vosotros(as) | leísteis |
| él, ella, usted | **leyó** | ellos, ellas, ustedes | **leyeron** |

**oír** *(to hear)*

| yo | oí | nosotros(as) | oímos |
|----|-----|--------------|--------|
| tú | oíste | vosotros(as) | oísteis |
| él, ella, usted | **oyó** | ellos, ellas, ustedes | **oyeron** |

6. The following expressions are helpful when talking about the past:

| **anoche** | last night |
|------------|------------|
| **ayer** | yesterday |
| **la semana pasada** | last week |

# A practicar

**6.30** **El orden lógico** Héctor y Gustavo pasaron un muy buen fin de semana. Lee las oraciones sobre sus actividades y ponlas en un orden lógico.

\_\_\_\_\_ Héctor invitó a Gustavo a ir a la playa por el fin de semana.

\_\_\_\_\_ Los dos salieron para la playa.

\_\_\_\_\_ Héctor llamó a su mejor amigo, Gustavo.

\_\_\_\_\_ Gustavo llegó a la casa de Héctor a las siete.

\_\_\_\_\_ El viernes Héctor volvió a casa después de trabajar.

\_\_\_\_\_ Gustavo aceptó la invitación con mucho entusiasmo.

\_\_\_\_\_ Cuando llegaron a la playa, buscaron un hotel.

**6.31** **El sábado pasado** Usa la información de los dibujos para describir lo que Beatriz hizo *(did)* el sábado pasado con su amigo Arturo. Puedes usar los siguientes verbos u otros:

| | | | | | | |
|---|---|---|---|---|---|---|
| aceptar | beber | comer | comprar | ducharse | encontrar | ganar |
| hablar | invitar | lavarse | llamar | llegar | mirar | perder |

**INVESTIGUEMOS LOS VERBOS**

If you want to use the verb **ir** in this lesson, it is conjugated in the following manner:

| | | | |
|---|---|---|---|
| yo | **fui** | nosotros(as) | **fuimos** |
| tú | **fuiste** | vosotros(as) | **fuisteis** |
| él, ella, usted | **fue** | ellos, ellas, ustedes | **fueron** |

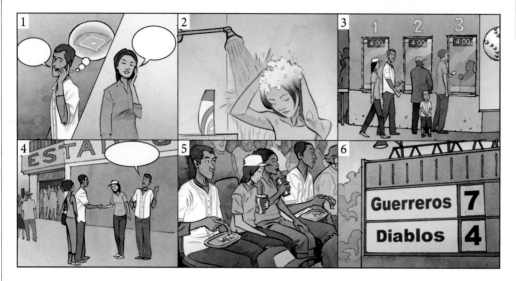

**6.32** **¿Qué hiciste?** Con un compañero completen las siguientes oraciones para hablar de su fin de semana. Usen el pretérito. Pueden usar los siguientes verbos u otros verbos.

**Modelo** Estudiante 1: *Anoche yo comí en un restaurante, ¿y tú?*
Estudiante 2: *Anoche yo cociné para mi familia.*

| | | | | |
|---|---|---|---|---|
| levantarse | trabajar | salir | estudiar | divertirse |
| limpiar | jugar | mirar | escribir | hablar por teléfono |

1. El fin de semana pasado yo...
2. El viernes por la noche yo...
3. El sábado yo...
4. El sábado por la noche yo...
5. El domingo yo...
6. El domingo por la noche yo...

**6.33** **El verano pasado** Con un compañero túrnense para hacer y contestar las preguntas sobre lo que hicieron *(you did)* el verano pasado.

1. ¿Trabajaste? ¿Dónde? ¿Cuántas horas a la semana?
2. ¿Viajaste? ¿Adónde? ¿Con quién?
3. ¿Tomaste clases? ¿Cuáles?
4. ¿Asististe a un evento (concierto, deporte, etc.)? ¿De qué? ¿Te gustó?
5. ¿Conociste a una persona? ¿A quién?
6. ¿Jugaste un deporte? ¿Cuál?

**6.34** **La semana pasada** Escribe tres actividades que hiciste *(you did)* la semana pasada. Luego busca a tres compañeros diferentes que hicieron una de esas tres actividades también. **¡OJO!** Usa el pretérito.

## A analizar

Rodrigo habla con Óscar sobre su fin de semana. Mira el video otra vez. Después lee lo que Rodrigo dice y observa las formas de los verbos en negrita.

Fernando **consiguió** unas entradas para el partido de los Toros el sábado pasado. Nos invitó a Vicente y a mí. Fernando y Vicente son grandes aficionados de los Toros y **se vistieron** de rojo, pero yo **me vestí** de los colores de las Chivas, ya sabes, soy gran aficionado de ellos. Después de llegar al estadio y sentarnos, **pedimos** algo de comer. Ellos **pidieron** perros calientes, pero yo pedí nachos. Cuando empezó el partido nos levantamos y gritamos por nuestros equipos. Todos **nos divertimos,** pero creo que ellos **se divirtieron** más porque al final ganaron los Toros.

1. Write out the verb forms you see in bold in the paragraph. What forms have a change in the stem? Is the change the same or different from the change in the present tense?

2. Look at the list of verbs you wrote. Which forms do not have changes?

## A comprobar

### Stem-changing verbs in the preterite

**-ir** verbs that have stem changes in the present tense also have stem changes in the preterite. The third person singular and plural (**él, ella, usted, ellos, ellas,** and **ustedes**) change **e → i** and **o → u.**

**pedir** *(to ask for, to request)*

| | | | |
|---|---|---|---|
| yo | pedí | nosotros(as) | pedimos |
| tú | pediste | vosotros(as) | pedisteis |
| él, ella, usted | pidió | ellos, ellas, ustedes | pidieron |

Yo **pedí** una quesadilla durante el partido. *I ordered a quesadilla during the game.*
Mis amigos **pidieron** tacos. *My friends ordered tacos.*

**dormir** *(to sleep)*

| | | | |
|---|---|---|---|
| yo | dormí | nosotros(as) | dormimos |
| tú | dormiste | vosotros(as) | dormisteis |
| él, ella, usted | durmió | ellos, ellas, ustedes | durmieron |

Other common stem-changing verbs:

| | |
|---|---|
| conseguir (i) | repetir (i) |
| divertirse (i) | seguir (i) |
| morir (u) | servir (i) |
| preferir (i) | vestirse (i) |

¿Se **divirtieron** ustedes? *Did you all have fun?*
Sí, nos **divertimos** mucho. *Yes, we had a lot of fun.*

Todos **dormimos** en la tienda de campaña. *We all slept in the tent.*
Mi hermano **durmió** en una hamaca. *My brother slept in a hammock.*

# A practicar

**6.35** **Un poco de lógica** Decide si las siguientes oraciones son lógicas o no. Si no son lógicas, explica por qué.

1. Alfonso es aficionado al béisbol y consiguió entradas para un partido de su equipo favorito.
2. La mañana del partido se levantó, se vistió y después se bañó.
3. Como *(Since)* prefirió llegar antes de la primera entrada *(inning)*, salió de la casa muy tarde.
4. Sirvieron comida en el estadio y él pidió un taco y una soda.
5. Su equipo ganó y Alfonso no se divirtió.
6. Cuando volvió a casa estaba cansado y se durmió inmediatamente.

**6.36** **En los Juegos Panamericanos** Tomás es entrenador *(coach)* y viajó con su equipo de voleibol para competir en los Juegos Panamericanos. Completa el párrafo con la forma apropiada del pretérito del verbo indicado. **¡OJO!** No todos los verbos tienen cambio en el radical *(stem-change)*.

El equipo de Tomás Gutiérrez (**1**) _____ (competir) en los Juegos Panamericanos de verano. Antes de salir, Tomás llamó al Hotel Bahía y (**2**) _____ (pedir) habitaciones para todos los jugadores. (**3**) Las _____ (conseguir) a un buen precio. Cuando llegaron, estaban muy cansados. (**4**) _____ (pedir) servicio a la habitación y (**5**) _____ (acostarse). Todos (**6**) _____ (dormir) bien y (**7**) _____ (despertarse) temprano para ir al estadio. (**8**) Ellos _____ (jugar) bien y al final ganaron. Después del partido (**9**) _____ (volver) al hotel. Tomás decidió quedarse en la habitación leyendo, pero los jugadores (**10**) _____ (preferir) relajarse en el sauna. Luego se bañaron y (**11**) _____ (vestirse) para salir a celebrar. Salieron a comer y después a bailar; (**12**) _____ (divertirse) mucho.

**6.37** **Un día de fútbol** Isabel y Mónica son aficionadas al fútbol. En parejas describan el día que fueron a un partido. Incluyan los siguientes verbos: **acostarse, conseguir, divertirse, dormirse, preferir, sentarse, vestirse** y **volver.**

**6.38** **En el pasado** Con un compañero túrnense para completar las oraciones de forma original usando el verbo en el pretérito. Reporten la información a la clase.

Modelo   Ayer yo (jugar)...
> Estudiante 1: *Ayer jugué al voleibol con mis amigas, ¿y tú?*
> Estudiante 2: *Yo no jugué nada, pero mi hermano jugó al básquetbol.*

1. Anoche yo (dormir)...
2. Este semestre yo (pedir) ayuda en la clase de...
3. El fin de semana pasado yo (almorzar)...
4. Una vez yo (competir)...
5. Esta mañana yo (preferir)...
6. El semestre pasado yo (conseguir)...
7. Este semestre yo (comenzar)...
8. Una vez yo (perder)...

**6.39** **Un evento** Entrevista a un compañero sobre la última vez que asistió a un evento (un partido, una obra de teatro *(a play)*, etcétera).

1. ¿A qué evento asististe?
2. ¿Con quién asististe al evento?
3. ¿Quién consiguió las entradas?
4. ¿Cómo se vistieron para el evento?
5. ¿Sirvieron comida? ¿Qué comida?
6. ¿Se divirtieron en el evento?
7. ¿A qué hora te acostaste?

**6.40** **En busca de...** Pregúntales a tus compañeros si hicieron las siguientes actividades. Busca una persona diferente para cada actividad. También deben responder las preguntas en paréntesis. Después reporten la información a la clase.

Modelo   reír mucho el fin de semana (¿Por qué?)
> Estudiante 1: *¿Reíste mucho el fin de semana?*
> Estudiante 2: *Sí, reí mucho el fin de semana.*
> Estudiante 1: *¿Por qué?*
> Estudiante 2: *Porque miré una película cómica.*

1. almorzar en un restaurante la semana pasada (¿Cuál?)
2. divertirse durante el fin de semana (¿Dónde?)
3. vestirse elegante recientemente (¿Por qué?)
4. dormir bien anoche (¿Cuántas horas?)
5. pedir ayuda en una clase este semestre (¿Qué clase?)
6. conseguir un trabajo nuevo el año pasado (¿Dónde?)
7. servir la cena *(dinner)* esta semana (¿Cuándo?)
8. perder algo recientemente (¿Qué?)

# Lectura

## Antes de leer

¿Qué deportes piensas que son muy populares en España y Latinoamérica? ¿Sabes el nombre de un deportista famoso de estos lugares?

## A leer

### Deportistas famosos

*pride / youth*

Un deportista puede ser más que un deportista. A veces los atletas son símbolos de **orgullo** nacional y ejemplos positivos para los **jóvenes**. Lionel Messi, uno de los jugadores más famosos de fútbol, es un buen ejemplo.

Lionel Leo Messi (1987– ) es el jugador de fútbol argentino más conocido en el mundo ahora. Messi juega para el Club FC Barcelona y el equipo nacional de Argentina. La FIFA nombró a Messi como el mejor jugador del mundo en 2009 y en 2013.

*Maxisport/Shutterstock.com*

[ A veces los atletas son símbolos de orgullo nacional ]

*was born*

Lionel **nació** en Rosario, Argentina. Su carrera como futbolista comenzó a los cinco años, cuando empezó a jugar en un club local. A los once años

*he found out*
*growth/ However*
*moved*

**supo que** tenía una deficiencia en la hormona del **crecimiento**. **Sin embargo**, FC Barcelona se interesó en él. Pagaron el tratamiento médico y Lionel y su familia **se mudaron** a Barcelona, donde Messi empezó a jugar para las categorías menores de 13 años. Jugó su primer partido con el equipo oficial a los 16 años.

*the greatest / goals*
*named him*
*ambassador*

Además de ganar el título **del mayor** número de **goles** en muchas ocasiones, la revista *Time* **lo nombró** una de las 32 personas más influyentes en el año 2011 (fue el único deportista de la lista). Messi también es **embajador** oficial de la UNICEF y tiene una fundación (Fundación Leo Messi) para ayudar a los niños y adolescentes.

Carl De Souza/Staff/AFP/Getty Images

Mariana Pajón (1991– ) es una deportista colombiana que practica el ciclismo. Su **hazaña** más conocida es una medalla en los Juegos Olímpicos de Londres 2012, pero Pajón ganó su primera **carrera** a los cuatro años. Mariana viene de una familia de deportistas. Su padre practicaba el automovilismo y su madre la **equitación**.

*feat*

*race*

*horseback riding*

Además de la medalla de **oro** en Londres, Mariana ganó medallas de oro en los Juegos Olímpicos Panamericanos (2011), los Juegos Centroamericanos y del Caribe (2010) y los Juegos Sudamericanos (2010). **Fue nombrada** la atleta del año en Colombia en 2011.

*gold*

*She was named*

En Colombia Mariana Pajón estableció la fundación Pedaleando por un sueño en 2013. El objetivo de su fundación es darles oportunidades atléticas a los niños.

# Comprensión

1. ¿Quiénes son los deportistas de la lectura? ¿De dónde son?
2. ¿Por qué Messi se fue a vivir a Barcelona?
3. ¿Qué hace la fundación de Messi?
4. ¿Qué deporte practica Mariana Pajón?
5. ¿Qué ganó Mariana en los Juegos Olímpicos de Londres?

# Después de leer

Busca en Internet un atleta hispano que te interese. Después preséntale la información a la clase.

¿Cómo se llama?
¿De dónde es?
¿Qué deporte juega?
¿Por qué se considera este atleta excepcional?

Neale Cousland/Shutterstock.com

# ▶ Video-viaje a...
# Venezuela

## Antes de ver

Venezuela es un país que tiene grandes ciudades y parques nacionales sorprendentes *(surprising)*. Por ejemplo, el Parque Nacional Canaima es único en el mundo. Dentro del parque es posible observar el mundo prehistórico de los dinosaurios, en el Tepuy Roraima.

**6.41** ¿Ya sabes?

1. Venezuela está en _____.
   ☐ Europa      ☐ Sudamérica
   ☐ Centroamérica      ☐ África

2. ¿Cierto o falso?
   a. Hay un lugar en Venezuela que existe desde hace *(since)* milllones de años.
   b. El nombre "Venezuela" significa "pequeña Venecia", por la ciudad en Italia.

3. ¿Qué tradición, imagen o persona asocias con Venezuela?

**6.42** Estrategia

If you have a rough idea of the content of a video segment, you can predict what other information it might contain. Gather some information about the following topics before you watch the video. Write down one or two phrases that explain what you've learned.

1. el tepuy Roraima
2. el Parque Nacional Canaima
3. Gondwana
4. los tiempos prehistóricos

## Al ver

**6.43** **Escoge** Mira el video y escoge la respuesta correcta.

1. El tepuy Roraima está en la selva más _____ de Sudamérica.

   **a.** remota   **b.** grande   **c.** famosa

2. Gondwana es _____.

   **a.** una isla remota   **b.** la leyenda de un dinosaurio
   **c.** un supercontinente prehistórico

3. La erosión de la tierra del tepuy Roraima es consecuencia _____.

   **a.** del viento   **b.** de la agricultura   **c.** de la nieve

4. Roraima se conoce como Madre de Todas las Aguas por sus _____.

   **a.** cascadas   **b.** lagos   **c.** océanos

**6.44** **¿Cierto o falso?** Decide si las oraciones son ciertas o falsas según el video.

1. El tepuy Roraima está en la frontera entre Venezuela, Brasil y Guayana.

2. El tepuy contiene minerales como cuarzo.

3. Una leyenda indígena dice que las personas se originaron en Roraima.

## Vocabulario útil

**antiguo(a)** *ancient*
**el cuarzo** *quartz*
**la frontera** *border*
**la leyenda** *legend*
**la masa de tierra** *landmass*
**la meseta de arenisca** *sandstone plateau*
**perdido(a)** *lost*
**el tepuy** *tabletop mountain*
**el trozo** *a piece, fragment*

## Después de ver

**6.45** **Expansión**

**Paso 1** Find Venezuela in the **Exploraciones del mundo hispano** and look at **Investiga en Internet**. Choose one of the topics that interests you.

**Paso 2** Conduct a web search for information about your topic. Be sure to find a relevant source.

**Paso 3** Using the information you've researched, write a short summary of 3–5 sentences. Be prepared to present your conclusions to the class.

**6.46** **¿Quién lo hace?** Explica quién hace las actividades de la lista.

> Modelo  cepillarse los dientes tres veces al día
> *Mi abuela se cepilla los dientes tres veces al día.*

1. siempre levantarse temprano
2. vestirse a la moda *(in style)*
3. arreglarse muy rápido
4. sentarse al frente de la clase
5. a veces dormirse en clase
6. maquillarse en el coche
7. afeitarse la cabeza
8. normalmente acostarse tarde

Las personas famosas se visten a la moda.

---

**6.47** **El órden lógico** Explica el orden lógico de las dos actividades.

> Modelo  ponerse el pantalón / ponerse los zapatos
> *Debes ponerte el pantalón antes de ponerte los zapatos. / Debes ponerte los zapatos después de ponerte el pantalón.*

1. hacer ejercio / bañarse
2. maquillarse / lavarse la cara
3. comer / cepillarse los dientes
4. acostarse / ponerse la pijama
5. despertarse / levantarse
6. vestirse / ducharse
7. lavarse el pelo / secarse el pelo
8. arreglarse / salir

---

**6.48** **De pesca** Completa la historia con la forma apropiada del pretérito del verbo entre paréntesis.

Esta mañana yo **(1)** _____ (despertarse) temprano para ir de pesca con mis amigos Alfredo y César. (Yo) **(2)** _____ (vestirse), **(3)** _____ (comer) un poco de fruta, **(4)** _____ (tomar) un café y **(5)** _____ (salir) de casa. En media hora **(6)** _____ (llegar) al lago y mis amigos **(7)** _____ (llegar) un poco después.

   Nosotros **(8)** _____ (pasar) toda la mañana en el agua. Alfredo y yo **(9)** _____ (pescar) unos peces grandes. ¡Pobre César! Él no **(10)** _____ (conseguir) pescar nada, pero **(11)** _____ (divertirse) mucho. A las dos nosotros **(12)** _____ (decidir) ir a comer. **(13)** _____ (comer) en un restaurante cerca del lago. Luego mis amigos **(14)** _____ (volver) a sus casas y yo a la mía *(mine)*.

**6.49** **Un pasado interesante** Trabaja con un compañero. Túrnense para hacer y contestar las preguntas sobre las fotos. Deben usar el pretérito en todas las respuestas.

1.

2.

3.

1.
a. ¿Qué hizo (What did he do) anoche?
b. ¿Por qué durmió en el coche?
c. ¿Qué pasó cuando se despertó?

2.
a. ¿Quién llamó?
b. ¿Qué pasó?
c. ¿Qué hizo la mujer después?

3.
a. ¿Adónde viajaron?
b. ¿Qué hicieron allí (What did they do there)?
c. ¿Qué pasó cuando regresaron?

**6.50** **¿Qué hizo?** Dante es estudiante de secundaria pero no es muy aplicado (dedicated). Con un compañero, túrnense para completar la información sobre lo que hizo (what he did) esta mañana. Uno de ustedes va a mirar la información en esta página y el otro va a mirar en el **Apéndice B.**

Modelo Estudiante 1: *¿Qué hizo a medianoche?*
Estudiante 2: *Se acostó.*

| | |
|---|---|
| 12:00 | acostarse |
| 7:00 | |
| 7:30 | terminar de escribir la tarea |
| 7:40 | afeitarse en la ducha |
| 8:00 | |
| 8:55 | sentarse en la clase de geografía |
| 9:35 | |
| 9:58 | |
| 10:10 | pedir ir al baño |
| 10:30 | |
| 11:00 | levantar pesas en el gimnasio |

**6.51** **La semana pasada** Con un compañero van a ver si le dedicaron más tiempo a la diversión o a las obligaciones.

Paso 1 Decidan si las siguientes actividades son divertidas u obligatorias. Añadan (Add) 4 o 5 actividades adicionales que hacen en una semana típica y decidan si son divertidas u obligatorias.

| | | |
|---|---|---|
| **asistir a clases** | **estudiar** | **practicar un deporte** |
| **cocinar** | **leer** | **salir con amigos** |
| **escribir un ensayo** | **mirar la tele** | **trabajar** |

Paso 2 Averigüen (Find out) cuánto tiempo pasaron la semana pasada haciendo las actividades de su lista. ¿Dedicaron más tiempo a la diversión o a las obligaciones?

Paso 3 Repórtenle a la clase sus resultados dando algunos ejemplos.

# 🔊 Vocabulario 1

### Los verbos reflexivos

| | | | |
|---|---|---|---|
| acostarse (ue) | *to lie down; to go to bed* | irse | *to leave, to go away* |
| afeitarse | *to shave* | lavarse | *to wash* |
| arreglarse | *to fix oneself up; to get ready* | levantarse | *to get up* |
| | | maquillarse | *to put on make-up* |
| bañarse | *to bathe; to shower (Mex.)* | peinarse | *to comb or style one's hair* |
| cepillarse | *to brush* | ponerse (la ropa) | *to put on (clothing)* |
| despertarse (ie) | *to wake up* | quitarse (la ropa) | *to take off (clothing)* |
| divertirse (ie) | *to have fun* | secarse | *to dry oneself* |
| dormirse (ue) | *to fall asleep* | sentarse (ie) | *to sit down* |
| ducharse | *to shower* | verse | *to look at oneself* |
| estirarse | *to stretch* | vestirse (i) | *to get dressed* |

### Las partes del cuerpo

| | | | |
|---|---|---|---|
| la boca | *mouth* | la mano | *hand* |
| el brazo | *arm* | el muslo | *thigh* |
| la cabeza | *head* | la nariz | *nose* |
| la cara | *face* | el ojo | *eye* |
| el codo | *elbow* | la oreja | *ear* |
| el cuello | *neck* | el pecho | *chest* |
| el dedo | *finger* | el pelo | *hair* |
| el dedo (del pie) | *toe* | el pie | *foot* |
| el diente | *tooth* | la pierna | *leg* |
| la espalda | *back* | la rodilla | *knee* |
| el estómago | *stomach* | el tobillo | *ankle* |
| el hombro | *shoulder* | | |

### Adverbios

| | | | |
|---|---|---|---|
| a menudo | *often* | más tarde | *later* |
| a veces | *sometimes* | mientras | *while* |
| ahora | *now* | normalmente | *normally, usually* |
| antes de + infinitive | *before (doing something)* | (casi) nunca | *(almost) never* |
| | | pronto | *soon* |
| después de + infinitive | *after (doing something)* | (casi) siempre | *(almost) always* |
| | | todavía | *still* |
| hoy | *today* | todos los días | *every day* |
| luego | *later* | ya | *already* |
| mañana | *tomorrow* | ya no | *no longer* |

### Palabras adicionales

| | | | |
|---|---|---|---|
| el champú | *shampoo* | el jabón | *soap* |
| el cuerpo | *body* | tarde | *late* |
| la pasta de dientes | *toothpaste* | temprano | *early* |
| el despertador | *alarm clock* | la toalla | *towel* |

# 🔊 Vocabulario 2

### Los deportes

| | | | |
|---|---|---|---|
| el alpinismo | *mountain climbing* | el fútbol americano | *American football* |
| el atletismo | *track and field* | el golf | *golf* |
| el bádminton | *badminton* | el hockey | *hockey* |
| el básquetbol | *basketball* | la natación | *swimming* |
| el béisbol | *baseball* | el tenis | *tennis* |
| el fútbol | *soccer* | el voleibol | *volleyball* |

### El equipo

| | | | |
|---|---|---|---|
| el equipo | *equipment, team* | la red | *net* |
| el patín | *skate* | el saco de dormir | *sleeping bag* |
| la pelota | *ball* | la tienda de campaña | *camping tent* |
| la raqueta | *racquet* | | |

### Verbos

| | | | |
|---|---|---|---|
| acampar | *to go camping* | ir de pesca | *to go fishing* |
| andar en bicicleta | *to ride a bicycle* | jugar al ping-pong | *to play ping-pong* |
| bucear | *to scuba dive* | levantar pesas | *to lift weights* |
| esquiar en el agua | *to water-ski* | montar a | *to ride (an animal)* |
| esquiar en tabla | *to snowboard* | patinar | *to skate* |
| hacer alpinismo | *to climb mountains* | patinar en hielo | *to ice skate* |
| ir de excursión | *to hike* | pescar | *to fish* |

### Palabras adicionales

| | | | |
|---|---|---|---|
| el (la) aficionado(a) | *fan (of a sport)* | el (la) jugador(a) | *player* |
| anoche | *last night* | el lago | *lake* |
| ayer | *yesterday* | el partido | *game* |
| la cancha | *court* | la semana pasada | *last week* |
| la entrada | *ticket* | | |

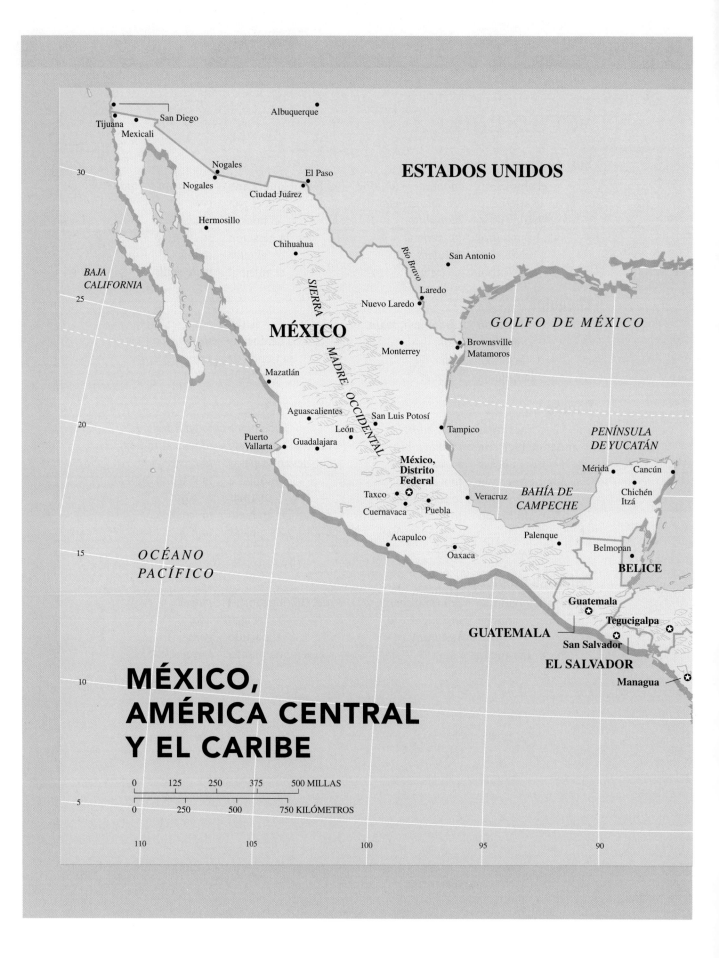

ESTADOS UNIDOS

Albuquerque

San Diego
Tijuana
Mexicali

Nogales
Nogales
El Paso
Ciudad Juárez

Hermosillo

Chihuahua

BAJA
CALIFORNIA

Río Bravo

San Antonio

Laredo
Nuevo Laredo

SIERRA

MÉXICO

GOLFO DE MÉXICO

Monterrey

Brownsville
Matamoros

Mazatlán

MADRE OCCIDENTAL

Aguascalientes
León
San Luis Potosí

PENÍNSULA
DE YUCATÁN

Puerto
Vallarta
Guadalajara

Tampico

Mérida
Cancún

México,
Distrito
Federal

Veracruz

BAHÍA DE
CAMPECHE

Chichén
Itzá

Taxco
Cuernavaca
Puebla

Acapulco

Palenque

Belmopan

OCÉANO
PACÍFICO

Oaxaca

BELICE

Guatemala

GUATEMALA

Tegucigalpa

San Salvador

EL SALVADOR

Managua

MÉXICO,
AMÉRICA CENTRAL
Y EL CARIBE

0    125    250    375    500 MILLAS

0    250    500    750 KILÓMETROS

110            105            100            95            90

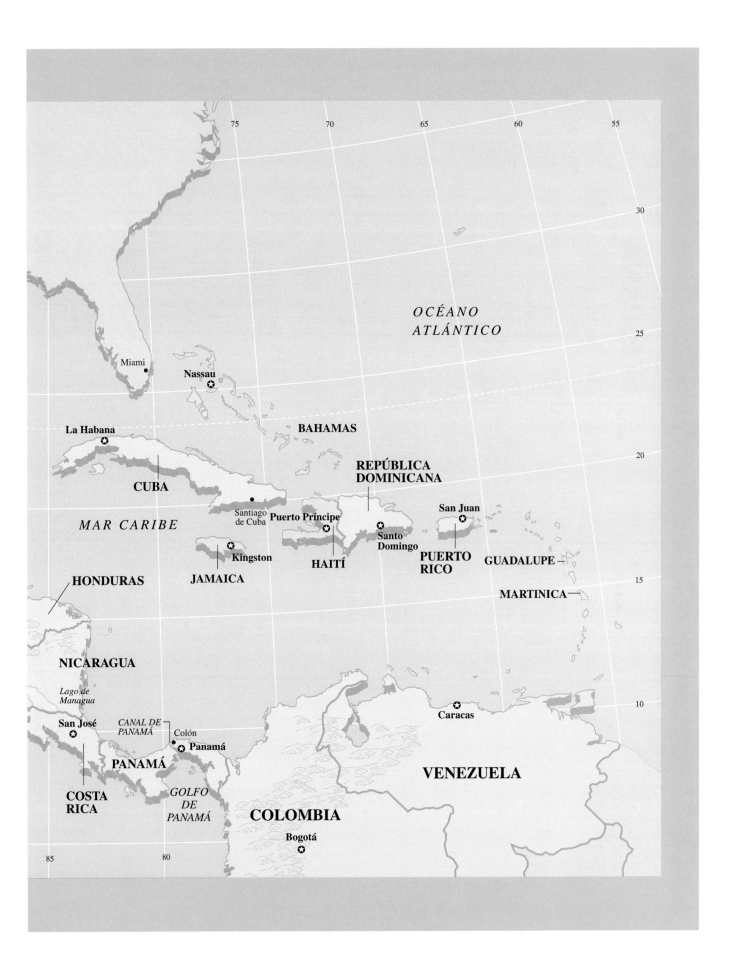

OCÉANO
ATLÁNTICO

Miami

Nassau

BAHAMAS

La Habana

CUBA

REPÚBLICA
DOMINICANA

San Juan

MAR CARIBE

Santiago
de Cuba

Puerto Príncipe

Santo
Domingo

PUERTO
RICO

GUADALUPE

Kingston

JAMAICA

HAITÍ

MARTINICA

HONDURAS

NICARAGUA

Lago de
Managua

Caracas

San José

CANAL DE
PANAMÁ

Colón

Panamá

PANAMÁ

VENEZUELA

COSTA
RICA

GOLFO
DE
PANAMÁ

COLOMBIA

Bogotá

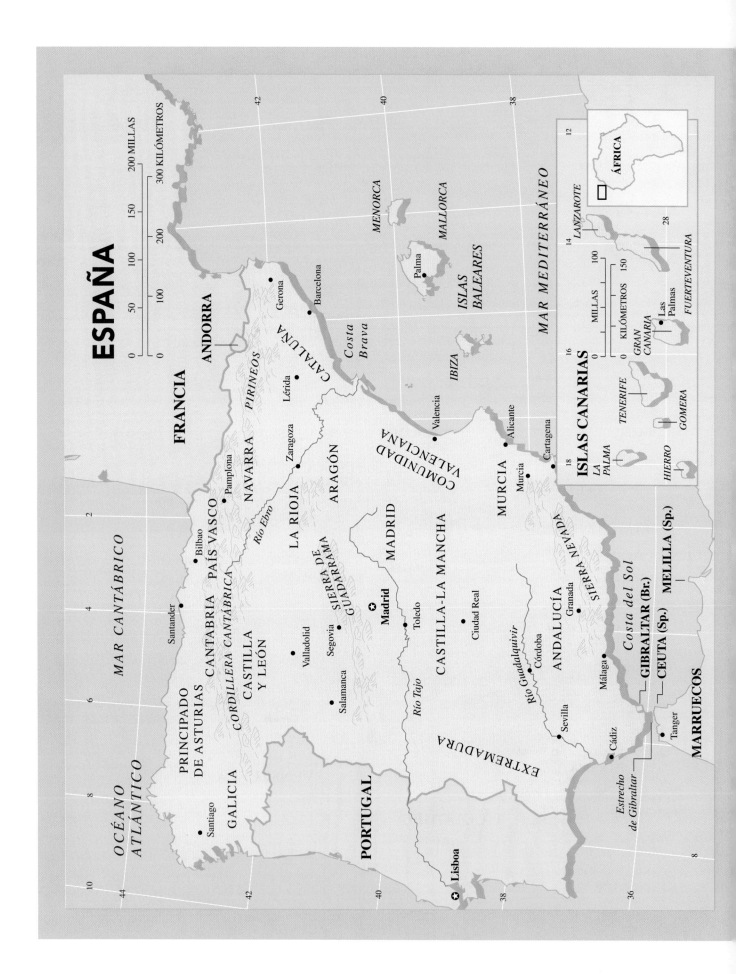

# ESPAÑA

FRANCIA

ANDORRA

OCÉANO ATLÁNTICO

MAR CANTÁBRICO

Santiago

GALICIA

PRINCIPADO DE ASTURIAS

Santander

CANTABRIA

CORDILLERA CANTÁBRICA

PAÍS VASCO

Bilbao

Pamplona

NAVARRA

PIRINEOS

Lérida

Zaragoza

Río Ebro

LA RIOJA

ARAGÓN

CATALUÑA

Gerona

Barcelona

Costa Brava

CASTILLA Y LEÓN

Valladolid

Salamanca

Segovia

SIERRA DE GUADARRAMA

MADRID

MADRID

Toledo

Río Tajo

CASTILLA-LA MANCHA

Ciudad Real

COMUNIDAD VALENCIANA

Valencia

Alicante

MURCIA

Murcia

Cartagena

PORTUGAL

Lisboa

EXTREMADURA

ANDALUCÍA

Río Guadalquivir

Córdoba

Sevilla

Granada

SIERRA NEVADA

Málaga

Costa del Sol

Cádiz

Estrecho de Gibraltar

GIBRALTAR (Br.)

CEUTA (Sp.)

GIBRALTAR (Sp.)

MELILLA (Sp.)

Tanger

MARRUECOS

MAR MEDITERRÁNEO

MENORCA

MALLORCA

Palma

ISLAS BALEARES

IBIZA

200 MILLAS

300 KILÓMETROS

ÁFRICA

ISLAS CANARIAS

LANZAROTE

LA PALMA

TENERIFE

GOMERA

HIERRO

GRAN CANARIA

Las Palmas

FUERTEVENTURA

MILLAS

KILÓMETROS

MAR CARIBE

BELICE
HONDURAS
NICARAGUA
Lago de
Managua
Barranquilla
Cartagena
Maracaibo
Caracas
Lago de
Maracaibo
Río Orinoco

EL
SALVADOR
GUATEMALA
COSTA RICA
PANAMÁ
Medellín
San Cristóbal
VENEZUELA
Georgetown
Paramaribo
GUAYANA
SURINAM
Cayena

Bogotá
Cali
COLOMBIA
Boa Vista

OCÉANO
ATLÁNTICO

GUAYANA
FRANCESA

ECUADOR

ISLAS
GALÁPAGOS
Quito
ECUADOR
Guayaquil Cuenca
Iquitos
Río Amazonas

AMAZONAS

PERÚ
LOS ANDES

Machu
Picchu
Lima
Ayacucho Cuzco
BOLIVIA
BRASIL

Brasilia

Lago
Titicaca
La Paz Santa Cruz
Sucre
Potosí

Río Paraná

CHILE
LOS ANDES
PARAGUAY
Asunción
São Paulo
Río de Janeiro

Iguazú

Río Uruguay

OCÉANO
PACÍFICO

Córdoba

URUGUAY
Montevideo

OCÉANO
ATLÁNTICO

Viña del Mar
Valparaíso
Santiago
Buenos Aires
ARGENTINA
Bahía Blanca
Río de
la Plata

Concepción

Viedma

AMÉRICA
DEL SUR

250 500 750 1,000 MILLAS

500 1,000 1,500 KILÓMETROS

ISLAS
MALVINAS (Br.)

Estrecho
de Magallanes
TIERRA DEL FUEGO

NIGERIA
ÁFRICA

CAMERÚN

Malabo
GUINEA
ECUATORIAL

GABÓN

ÁFRICA

MILLAS 500

KILÓMETROS 750

# Apéndice A: Exploraciones del mundo hispano

## *Argentina* ▶

### INFORMACIÓN GENERAL

**Nombre oficial:** República Argentina

**Nacionalidad:** argentino(a)

**Área:** 2 780 400 km² (el país de habla hispana más grande del mundo, aproximadamente 2 veces el tamaño de Alaska)

**Población:** 43 432 000

**Capital:** Buenos Aires (f. 1580) (15 180 000 hab.)

**Otras ciudades importantes:** Córdoba, Rosario, Mendoza, Mar del Plata, San Miguel de Tucumán

**Moneda:** peso (argentino)

**Idiomas:** español (oficial), árabe, italiano, alemán

### DEMOGRAFÍA

**Alfabetismo:** 97,2%

**Religiones:** católicos (92%), protestantes (2%), judíos (2%), otros (4%)

### ARGENTINOS CÉLEBRES

**Jorge Luis Borges**
escritor, poeta (1899–1986)

**Julio Cortázar**
escritor (1914–1984)

**Charly García**
músico (1951– )

**Ernesto "Che" Guevara**
revolucionario (1928–1967)

**Cristina Fernández**
primera mujer presidente (1953– )

**Lionel Messi**
futbolista (1987– )

**Adolfo Pérez Esquivel**
activista, Premio Nobel de la Paz (1931– )

**Eva Perón**
primera dama (1919–1952)

**Joaquín "Quino" Salvador Lavado**
caricaturista (1932– )

© Pablo H Caridad/Shutterstock

Puerto Madero es el antiguo puerto de Buenos Aires. Fue remodelado y ahora es un barrio (*neighborhood*) moderno y popular entre los porteños (los habitantes de Buenos Aires).

### Investiga en Internet

**La geografía:** las cataratas del Iguazú, Parque Nacional Los Glaciares, la Patagonia, las islas Malvinas, las pampas

**La historia:** la inmigración, los gauchos, la Guerra Sucia, la Guerra de las Islas Malvinas, José de San Martín

**Películas:** *Valentín, La historia oficial, Golpes a mi puerta, El secreto de sus ojos, Cinco amigas*

**Música:** el tango, la milonga, la zamba, la chacarera, Fito Páez, Soda Stereo, Carlos Gardel, Mercedes Sosa

**Comidas y bebidas:** el asado, los alfajores, las empanadas, el mate, los vinos cuyanos

**Fiestas:** Día de la Revolución (25 de mayo), Día de la Independencia (9 de julio)

El Obelisco, símbolo de la ciudad de Buenos Aires

El Glaciar Perito Moreno, en la Patagonia argentina, es el más visitado del país.

# CURIOSIDADES

- Argentina es un país *(country)* de inmigrantes europeos. A finales del siglo *(century)* XIX hubo una fuerte inmigración, especialmente de Italia, España e Inglaterra. Estas culturas se mezclaron *(mixed)* y ayudaron a crear la identidad argentina.

- Argentina se caracteriza por la calidad de su carne vacuna *(beef)* y por ser uno de los principales exportadores de carne en el mundo *(world)*.

- El instrumento musical característico del tango, la música tradicional argentina, se llama *bandoneón* y es de origen alemán.

## INFORMACIÓN GENERAL

**Nombre oficial:** Estado Plurinacional de Bolivia

**Nacionalidad:** boliviano(a)

**Área:** 1 098 581 km² (aproximadamente 4 veces el área de Wyoming, o la mitad de México)

**Población:** 10 800 000

**Capital:** Sucre (poder judicial) (372 000 hab.) y La Paz (sede del gobierno) (f. 1548) (1 816 000 hab.)

**Otras ciudades importantes:** Santa Cruz de la Sierra, Cochabamba, El Alto

**Moneda:** peso (boliviano)

**Idiomas:** español, quechua, aymará (El español y las 36 lenguas indígenas son oficiales en Bolivia, según la Constitución de 2009.)

## DEMOGRAFÍA

**Alfabetismo:** 86,7%

**Religiones:** católicos (95%), protestantes (5%)

## BOLIVIANOS CÉLEBRES

**Jaime Escalante**
ingeniero, profesor de matemáticas (1930–2010)

**Evo Morales**
primer indígena elegido presidente de Bolivia (1959– )

**María Luisa Pacheco**
pintora (1919–1982)

**Edmundo Paz Soldán**
escritor (1967– )

© MP cz/Shutterstock

El Altiplano de Bolivia

La ciudad de La Paz, una de las dos capitales

El Salar de Uyuni

Harri Jarvelainen Photography/Getty Images

© Daniele Caputo/Shutterstock

## Investiga en Internet

**La geografía:** el lago Titicaca, Tiahuanaco, el salar de Uyuni

**La historia:** los incas, los aymará, la hoja de coca, Simón Bolívar

**Música:** la música andina, las peñas, la lambada, Los Kjarkas, Ana Cristina Céspedes

**Comidas y bebidas:** las llauchas, la papa (más de dos mil variedades), la chicha

**Fiestas:** Día de la Independencia (6 de agosto), Carnaval de Oruro (febrero o marzo), Festival de la Virgen de Urkupiña (14 de agosto)

# CURIOSIDADES

- Bolivia tiene dos capitales. Una de ellas, La Paz, es la más alta del mundo a 3640 metros (11 900 pies) sobre el nivel del mar (sea).

- El lago Titicaca es el lago (lake) navegable más alto del mundo con una altura de más de 3800 metros (12 500 pies) sobre el nivel del mar.

- El Salar de Uyuni es el desierto de sal más grande del mundo.

- En Bolivia se consumen las hojas secas (dried leaves) de la coca para soportar mejor los efectos de la altura extrema.

- Bolivia es uno de los dos países de Sudamérica que no tienen costa marina.

# Chile

## INFORMACIÓN GENERAL

**Nombre oficial:** República de Chile

**Nacionalidad:** chileno(a)

**Área:** 756 102 km² (un poco más grande que Texas)

**Población:** 17 508 000

**Capital:** Santiago (f. 1541) (6 507 000 hab.)

**Otras ciudades importantes:** Valparaíso, Viña del Mar, Concepción

**Moneda:** peso (chileno)

**Idiomas:** español (oficial), mapuche, mapudungun, inglés

## DEMOGRAFÍA

**Alfabetismo:** 95,7%

**Religiones:** católicos (70%), evangélicos (15%), testigos de Jehová (1%), otros (14%)

## CHILENOS CÉLEBRES

**Isabel Allende**
escritora (1942– )

**Michelle Bachelet**
primera mujer presidente de Chile
(1951– )

**Gabriela Mistral**
poetisa, Premio Nobel de Literatura
(1889–1957)

**Pablo Neruda**
poeta, Premio Nobel de Literatura
(1904–1973)

**Violeta Parra**
poetisa, cantautora (1917–1967)

**Ana Tiljoux**
cantante (1977– )

Santiago está situada muy cerca de los Andes.

© Tifonimages/Shutterstock

**Investiga en Internet**

**La geografía:** Antofagasta, el desierto de Atacama, la isla de Pascua, Parque Nacional Torres del Paine, Tierra del Fuego, el estrecho de Magallanes, los pasos andinos

**La historia:** los indígenas mapuches, Salvador Allende, Augusto Pinochet, Bernardo O'Higgins, Pedro de Valdivia

**Películas:** *Obstinate Memory, La nana*

**Música:** el Festival de Viña del Mar, Víctor Jara, Quilapayún, La Ley, Inti Illimani, Francisca Valenzuela

**Comidas y bebidas:** las empanadas, los pescados y mariscos, el pastel de choclo, los vinos chilenos

**Fiestas:** Día de la Independencia (18 de septiembre), Carnaval andino con la fuerza del sol (enero o febrero)

La pintoresca ciudad de Valparaíso es Patrimonio de la Humanidad.

Los famosos moais de la isla de Pascua

# CURIOSIDADES

- Chile es uno de los países más largos del mundo, pero también es muy angosto *(narrow)*. Gracias a su longitud, en el sur de Chile hay glaciares y fiordos, mientras que en el norte está el desierto más seco *(dry)* del mundo: el desierto de Atacama. La cordillera *(mountain range)* de los Andes también contribuye a la gran variedad de zonas climáticas y geográficas de este país.

- Es un país muy rico en minerales, en particular el cobre *(copper)*, que se exporta a nivel mundial.

- En febrero del 2010 Chile sufrió uno de los terremotos *(earthquakes)* más fuertes registrados en el mundo, con una magnitud de 8,8. En 1960 Chile también sufrió el terremoto más violento en la historia del planeta, con una magnitud de 9,4.

# Colombia ▶

## INFORMACIÓN GENERAL

**Nombre oficial:** República de Colombia

**Nacionalidad:** colombiano(a)

**Área:** 1 139 914 km² (aproximadamente 4 veces el área de Arizona)

**Población:** 46 737 700

**Capital:** Bogotá D.C. (f. 1538) (9 765 000 hab.)

**Otras ciudades importantes:** Medellín, Cali, Barranquilla, Bucaramanga

**Moneda:** peso (colombiano)

**Idiomas:** español (oficial), chibcha, guajiro y aproximadamente 90 lenguas indígenas

## DEMOGRAFÍA

**Alfabetismo:** 90,4%

**Religiones:** católicos (90%), otros (10%)

## COLOMBIANOS CÉLEBRES

**Fernando Botero**
pintor, escultor (1932– )

**Tatiana Calderón Noguera**
automovilista (1994– )

**Gabriel García Márquez**
escritor, Premio Nobel de Literatura
(1928–2014)

**Lucho Herrera**
ciclista, ganador del Tour de Francia y la
Vuelta de España (1961– )

**Shakira**
cantante, benefactora (1977– )

**Sofía Vergara**
actriz (1972– )

© rm/Shutterstock

Colombia tiene playas en el Caribe y en el océano Pacífico.

**Investiga en Internet**

**La geografía:** los Andes, el Amazonas, Parque Nacional el Cocuy, las playas de Santa Marta y Cartagena

**La historia:** los araucanos, Simón Bolívar, la leyenda de El Dorado, el Museo del Oro, las FARC

**Películas:** *Mi abuelo, mi papá y yo*

**Música:** la cumbia, el vallenato, Juanes, Carlos Vives, Aterciopelados

**Comidas y bebidas:** el ajiaco, las arepas, la picada, el arequipe, las cocadas, el café

**Fiestas:** Día de la Independencia (20 de julio), Carnaval de Blancos y Negros en Pasto (enero), Carnaval del Diablo en Riosucio (enero, cada año impar)

Cartagena es una de las ciudades con más historia en Colombia.

Bogotá, capital de Colombia

# CURIOSIDADES

- El 95% de la producción mundial de esmeraldas viene del subsuelo *(subsoil)* colombiano. Sin embargo *(However)*, la mayor riqueza *(wealth)* del país es su diversidad, ya que incluye culturas del Caribe, del Pacífico, del Amazonas y de los Andes.

- Colombia, junto con Costa Rica y Brasil, es uno de los principales productores de café en Latinoamérica.

- Colombia tiene una gran diversidad de especies de flores. Es el primer *(first)* productor de claveles *(carnations)* y el segundo exportador mundial de flores después de Holanda.

- Colombia es uno de los países con mayor biodiversidad del mundo.

# Costa Rica ▶

## INFORMACIÓN GENERAL

**Nombre oficial:** República de Costa Rica

**Nacionalidad:** costarricense

**Área:** 51 100 km² (aproximadamente 2 veces el área de Vermont)

**Población:** 4 814 100

**Capital:** San José (f. 1521) (1 170 000 hab.)

**Otras ciudades importantes:** Alajuela, Cartago

**Moneda:** colón

**Idiomas:** español (oficial)

## DEMOGRAFÍA

**Alfabetismo:** 96,3%

**Religiones:** católicos (76,3%), evangélicos y otros protestantes (15,7%), otros (4,8%), ninguna (3,2%)

## COSTARRICENCES CÉLEBRES

**Óscar Arias**
político y presidente, Premio Nobel
de la Paz (1949– )

**Franklin Chang Díaz**
astronauta (1950– )

**Laura Chinchilla**
primera mujer presidente (1959– )

**Carmen Naranjo**
escritora (1928–2012)

**Claudia Poll**
atleta olímpica (1972– )

El Teatro Nacional en San José es uno de los edificios más famosos de la capital.

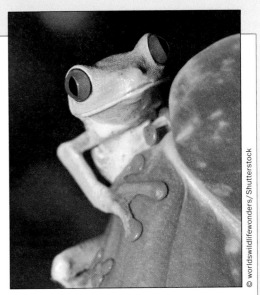

Costa Rica se conoce por su biodiversidad y respeto al medio ambiente.

El Volcán Poás es un volcán activo de fácil acceso para el visitante.

# CURIOSIDADES

- Costa Rica es uno de los pocos países del mundo que no tiene ejército *(army)*. En noviembre de 1949, 18 meses después de la Guerra *(War)* Civil, abolieron el ejército en la nueva constitución.

- Se conoce como un país progresista gracias a su apoyo *(support)* a la democracia, el alto nivel de vida de los costarricenses y la protección de su medio ambiente *(environment)*.

- Costa Rica posee una fauna y flora sumamente ricas. Aproximadamente una cuarta parte del territorio costarricense está protegido como reserva o parque natural.

- Costa Rica produce y exporta cantidades importantes de café, por lo que este producto es muy importante para su economía. Además, el café costarricense es de calidad reconocida *(recognized)* en todo el mundo.

# Cuba ▶

## INFORMACIÓN GENERAL

**Nombre oficial:** República de Cuba

**Nacionalidad:** cubano(a)

**Área:** 110 860 km² (aproximadamente el área de Tennessee)

**Población:** 11 031 400

**Capital:** La Habana (f. 1511) (2 137 000 hab.)

**Otras ciudades importantes:** Santiago, Camagüey

**Moneda:** peso (cubano)

**Idiomas:** español (oficial)

## DEMOGRAFÍA

**Alfabetismo:** 99,8%

**Religiones:** católicos (85%), santería y otras religiones (15%)

## CUBANOS CÉLEBRES

**Alicia Alonso**
bailarina, fundadora del Ballet
Nacional de Cuba (1920– )

**Alejo Carpentier**
escritor (1904–1980)

**Nicolás Guillén**
poeta (1902–1989)

**Wifredo Lam**
pintor (1902–1982)

**José Martí**
político, periodista, poeta (1853–1895)

**Silvio Rodríguez**
poeta, cantautor (1946– )

**Juan Carlos Tabío**
director de cine (1942– )

© Kamira/Shutterstock

Catedral de la Habana

**Investiga en Internet**

**La geografía:** las cavernas de Bellamar, la Ciénaga de Zapata, la península de Guanahacabibes

**La historia:** los taínos, los ciboneyes, Fulgencio Batista, Bahía de Cochinos, la Revolución cubana, Fidel Castro

**Películas:** *Vampiros en La Habana, Fresa y chocolate, La última espera, Azúcar amargo*

**Música:** el son, Buena Vista Social Club, Celia Cruz, Pablo Milanés, Santiago Feliú, Alex Cuba

**Comidas y bebidas:** la ropa vieja, los moros y cristianos, el congrí, el café cubano

**Fiestas:** Día de la Independencia (10 de diciembre), Día de la Revolución (1° de enero)

Los autos viejos son una vista típica en toda la isla.

El Morro, construído en 1589, para proteger la isla de invasores

# CURIOSIDADES

- Cuba se distingue por tener uno de los mejores sistemas de educación del mundo, por su sistema de salud *(health)* y por su apoyo *(support)* a las artes.

- La población de la isla es una mezcla *(mix)* de los habitantes nativos (taínos), de descendientes de esclavos africanos y de europeos, mezcla que produce una cultura única.

- A principios *(beginning)* de la década de 1980, la nueva trova cubana (un movimiento musical) presentó al mundo entero la música testimonial.

- La santería es una religión que se originó en las islas del Caribe, especialmente en Cuba, y mezcla elementos de la religión yorubá de los esclavos de África, y elementos de la religión católica. El nombre de "santería" viene de un truco *(trick)* que los esclavos usaron para continuar adorando a los dioses *(gods)* en los que creían, burlando *(outsmarting)* la prohibición de los españoles. Así los esclavos fingían *(pretended)* que adoraban a los santos *(saints)* católicos, pero en realidad les rezaban *(prayed)* a los dioses africanos.

# Ecuador ▷

## INFORMACIÓN GENERAL

**Nombre oficial:** República del Ecuador

**Nacionalidad:** ecuatoriano(a)

**Área:** 283 561 km² (aproximadamente el área de Colorado)

**Población:** 15 868 400

**Capital:** Quito (f. 1556) (1 726 000 hab.)

**Otras ciudades importantes:** Guayaquil, Cuenca

**Moneda:** dólar (estadounidense)

**Idiomas:** español (oficial), quechua y otros idiomas indígenas

## DEMOGRAFÍA

**Alfabetismo:** 91%

**Religiones:** católicos (95%), otros (5%)

## ECUATORIANOS CÉLEBRES

**Rosalía Arteaga**
abogada, política, ex vicepresidenta (1956– )

**Jorge Carrera Andrade**
escritor (1903–1978)

**Sebastián Cordero**
cineasta (1972– )

**Oswaldo Guayasamín**
pintor (1919–1999)

**Jorge Icaza**
escritor (1906–1978)

**Iván Vallejo**
escalador (1959– )

© Marcos Aspiazu/Shutterstock

Las Peñas es un barrio muy conocido (*well-known*) de la ciudad de Guayaquil.

**Investiga en Internet**

**La geografía:** La selva amazónica, las islas Galápagos, Parque Nacional Cotopaxi

**La historia:** José de Sucre, la Gran Colombia, los indígenas tagaeri, los incas

**Música:** música andina, la quena, la zampoña, Fausto Miño, Daniel Betancourt, Michelle Cordero

**Comida:** la papa, el plátano frito, el ceviche, la fanesca

**Fiestas:** Día de la Independencia (10 de agosto), Fiestas de Quito (6 de diciembre)

El parque nacional más famoso de Ecuador es el de las Islas Galápagos.

La Basílica en Quito

# CURIOSIDADES

- Este país tiene una gran diversidad de zonas geográficas como costas, montañas y selva (*jungle*). Las famosas islas Galápagos son parte de Ecuador y presentan una gran diversidad biológica. A principios (*At the beginning*) del siglo XX, estas islas fueron usadas como prisión.

- Ecuador toma su nombre de la línea ecuatorial que divide el planeta en dos hemisferios: norte y sur.

- La música andina es tradicional en Ecuador, con instrumentos indígenas como el charango, el rondador y el bombo.

- Ecuador es famoso por sus tejidos (*weavings*) de lana (*wool*) de llama y alpaca, dos animales de la región andina.

# El Salvador ▶

## INFORMACIÓN GENERAL

**Nombre oficial:** República de El Salvador

**Nacionalidad:** salvadoreño(a)

**Área:** 21 041 km² (un poco más grande que Nueva Jersey)

**Población:** 6 141 400

**Capital:** San Salvador (f. 1524) (1 098 000 hab.)

**Otras ciudades importantes:** San Miguel, Santa Ana

**Moneda:** dólar (estadounidense)

**Idiomas:** español (oficial)

## DEMOGRAFÍA

**Alfabetismo:** 84,5%

**Religiones:** católicos (57,1%), protestantes (21%), otros (22%)

## SALVADOREÑOS CÉLEBRES

**Claribel Alegría**
escritora (nació en Nicaragua pero se considera salvadoreña) (1924– )

**Óscar Arnulfo Romero**
arzobispo, defensor de los derechos humanos (1917–1980)

**Alfredo Espino**
poeta (1900–1928)

**Cristina López**
atleta, medallista olímpica (1982– )

**Salvador Salazar Arrué**
artista, escritor (1899–1975)

El volcán de San Vicente

© moxelotte/iStockphoto

**Investiga en Internet**

**La geografía:** el bosque lluvioso (Parque Nacional Montecristo), el puerto de Acajutla, el volcán Izalco, los planes de Renderos

**La historia:** Tazumal, Acuerdos de Paz de Chapultepec, José Matías Delgado, FMLN, Ana María

**Películas:** *Romero, Voces inocentes*

**Música:** Taltipac, la salsa y la cumbia (fusión), Shaka y Dres

**Comidas y bebidas:** las pupusas, los tamales, la semita, el atole, la quesadilla

**Fiestas:** Día del Divino Salvador del Mundo (6 de agosto), Día de la Independencia (15 de septiembre)

© moxelotle/iStockphoto

Una de las numerosas cascadas en el área de Juayua

© Keith Levit Photography/Shutterstock

La catedral en San Salvador

# CURIOSIDADES

- El Salvador es el país más pequeño de Centroamérica pero el más denso en población.

- Hay más de veinte volcanes y algunos están activos.

- El Salvador está en una zona sísmica, por eso ocurren terremotos *(earthquakes)* con frecuencia. Varios sismos han causado *(have caused)* muchos daños *(damage)* al país.

- Entre 1979 y 1992 El Salvador vivió una guerra *(war)* civil. Durante esos años muchos salvadoreños emigraron a los Estados Unidos.

- La canción de U2 "Bullet the Blue Sky" fue inspirada por el viaje a El Salvador que hizo el cantante Bono en los tiempos de la Guerra Civil.

# España ▶

## INFORMACIÓN GENERAL

**Nombre oficial:** Reino de España

**Nacionalidad:** español(a)

**Área:** 505 992 km² (aproximadamente 2 veces el área de Oregón)

**Población:** 48 146 100

**Capital:** Madrid (f. siglo X) (6 199 000 hab.)

**Otras ciudades importantes:** Barcelona, Valencia, Sevilla, Toledo, Zaragoza

**Moneda:** euro

**Idiomas:** español (oficial), catalán, vasco, gallego

## DEMOGRAFÍA

**Alfabetismo:** 97,7%

**Religiones:** católicos (94%), otros (6%)

## ESPAÑOLES CÉLEBRES

**Pedro Almodóvar**
director de cine (1949– )

**Rosalía de Castro**
escritora (1837–1885)

**Miguel de Cervantes Saavedra**
escritor (1547–1616)

**Penélope Cruz**
actriz (1974– )

**Lola Flores**
cantante, bailarina de flamenco (1923–1995)

**Federico García Lorca**
poeta (1898–1936)

**Antonio Gaudí**
arquitecto (1852–1926)

**Rafael Nadal**
tenista (1986– )

**Pablo Picasso**
pintor, escultor (1881–1973)

La Plaza Mayor es un lugar con mucha historia en el centro de Madrid.

Vinicius Tupinamba/Shutterstock.com

Arquitectura gótica en Barcelona

<table><tbody><tr></tr></tbody></table>

**Investiga en Internet**

**La geografía:** las islas Canarias, las islas Baleares, Ceuta y Melilla (África)

**La historia:** la conquista de América, la Guerra Civil, el rey Fernando y la reina Isabel, la Guerra de la Independencia Española, Carlos V, Francisco Franco

**Películas:** *Ay, Carmela, Mala educación, Hable con ella, Mar adentro, Volver, El orfanato*

**Música:** las tunas, el flamenco, Paco de Lucía, Mecano, David Bisbal, Joaquín Sabina, Ana Belén, La Oreja de Van Gogh, Plácido Domingo

**Comidas y bebidas:** la paella valenciana, las tapas, la tortilla española, la crema catalana, la horchata

**Fiestas:** Festival de la Tomatina (agosto), San Fermín (7 de julio), Semana Santa (marzo o abril)

El Alcázar en la ciudad de Toledo

# CURIOSIDADES

- España se distingue por tener una gran cantidad de pintores y escritores. En el siglo XX se destacaron *(stood out)* los pintores Pablo Picasso, Salvador Dalí y Joan Miró. Entre los clásicos figuran Velázquez, El Greco y Goya.

- El Palacio Real de Madrid presenta una arquitectura hermosa *(beautiful)*. Contiene pinturas de algunos de los artistas mencionados arriba. Originalmente fue un fuerte *(fort)* construido por los musulmanes en el siglo IX. Más tarde los reyes de Castilla construyeron allí el Alcázar *(Castle)*. En 1738 el rey Felipe V ordenó la construcción del Palacio Real, que fue la residencia de la familia real hasta 1941.

- En Andalucía, una región al sur de España, se ve una gran influencia árabe porque los moros la habitaron de 711 a 1492, año en el que los reyes Católicos los expulsaron durante la Reconquista.

- Aunque *(Although)* el español se habla en todo el país, varias regiones de España mantienen viva su propia *(own)* lengua. De todos, el más interesante quizás sea el vasco, que es la única lengua de España que no deriva del latín y cuyo *(whose)* origen no se conoce.

- En la ciudad de Toledo se fundó la primera escuela de traductores *(translators)* en el año 1126.

# Guatemala ▶

## INFORMACIÓN GENERAL

**Nombre oficial:** República de Guatemala

**Nacionalidad:** guatemalteco(a)

**Área:** 108 890 km² (un poco más grande que el área de Ohio)

**Población:** 14 919 000

**Capital:** Ciudad de Guatemala (f. 1524) (2 918 000 hab.)

**Otras ciudades importantes:** Mixco, Villa Nueva Quetzaltenango, Puerto Barrios

**Moneda:** quetzal

**Idiomas:** español (oficial), K'iche', Mam, Q'eqchi' (idiomas mayas)

## DEMOGRAFÍA

**Alfabetismo:** 75,9%

**Religiones:** católicos (94%), protestantes (2%), otros (4%)

## GUATEMALTECOS CÉLEBRES

**Ricardo Arjona**
cantautor (1964– )

**Miguel Ángel Asturias**
escritor (1899–1974)

**Rigoberta Menchú**
activista por los derechos humanos,
Premio Nobel de la Paz (1959– )

**Carlos Mérida**
pintor (1891–1984)

**Augusto Monterroso**
escritor (1921–2003)

Mujer tejiendo (*weaving*) en la región del departamento de Sololá

© SUETONE Emilio/age fotostock

**Investiga en Internet**

**La geografía:** el lago Atitlán, Antigua

**La historia:** los mayas, Efraín Ríos Mont, la matanza de indígenas durante la dictadura, quiché, el Popul Vuh, Tecun Uman

**Películas:** *El norte*

**Música:** punta, Gaby Moreno

**Comida:** los tamales, la sopa de pepino, el fiambre, pipián

**Fiestas:** Día de la Independencia (15 de septiembre), Semana Santa (marzo o abril), Día de los Muertos (1ero de noviembre)

Tikal, ciudad construida por los mayas

Vista del lago Atitlán

# CURIOSIDADES

- Guatemala es famosa por la gran cantidad de ruinas mayas y por las tradiciones indígenas, especialmente los tejidos *(weavings)* de vivos colores.

- Guatemala es el quinto exportador de plátanos en el mundo.

- Antigua es una famosa ciudad que sirvió como la tercera capital de Guatemala. Es reconocida *(recognized)* mundialmente por su bien preservada arquitectura renacentista *(Renaissance)* y barroca. También es reconocida como un lugar excelente para ir a estudiar español.

- En Guatemala se encuentra Tikal, uno de los más importantes conjuntos *(ensembles)* arqueológicos mayas.

# Guinea Ecuatorial ▶

## INFORMACIÓN GENERAL

**Nombre oficial:** República de Guinea Ecuatorial

**Nacionalidad:** ecuatoguineano(a)

**Área:** 28 051 km² (aproximadamente el área de Maryland)

**Población:** 740 740

**Capital:** Malabo (f. 1827) (145 000 hab.)

**Otras ciudades importantes:** Bata, Ebebiyín

**Moneda:** franco CFA

**Idiomas:** español y francés (oficiales), fang, bubi

## DEMOGRAFÍA

**Alfabetismo:** 94,2

**Religiones:** católicos y otros cristianos (95%), prácticas paganas (5%)

## ECUATOGUINEANOS CÉLEBRES

**Leoncio Evita**
escritor (1929–1996)

**Leandro Mbomio Nsue**
escultor (1938–2012)

**Eric Moussambani**
nadador olímpico (1978– )

**Donato Ndongo-Bidyogo**
escritor (1950– )

**María Nsué Angüe**
escritora (1945– )

Niños jugando frente a una iglesia en Malabo

© Christine Nesbitt/AP Images

Niños en una escuela de Guinea Ecuatorial

### Investiga en Internet

**La geografía:** la isla de Bioko, el río Muni

**La historia:** los bantúes, los igbo, los fang

**Música:** Las Hijas del Sol, Betty Akna, Anfibio

**Comidas y bebidas:** la sopa banga, el pescado a la plancha, el puercoespín, el antílope, la malamba

**Fiestas:** Día de la Independencia (12 de octubre)

El bosque (*forest*) de la isla de Bioko

# CURIOSIDADES

- Se cree que los primeros habitantes de esta región fueron pigmeos.
- Guinea Ecuatorial obtuvo su independencia de España en 1968 y es el único país en África en donde el español es un idioma oficial.
- Parte de su territorio fue colonizado por los portugueses y por los ingleses.
- Macías Nguema fue dictador de Guinea Ecuatorial hasta 1979.
- El país tiene una universidad, la Universidad Nacional de Guinea Ecuatorial, situada en la capital.
- Con el descubrimiento de reservas de petróleo y gas en la década de los años 90 se fortaleció (*strengthened*) considerablemente la economía.
- Guinea Ecuatorial tiene el más alto ingreso per cápita en África: 19,998 dólares. Sin embargo (*However*), la distribución del dinero se concentra en unas pocas familias.

# Honduras ▶

## INFORMACIÓN GENERAL

**Nombre oficial:** República de Honduras

**Nacionalidad:** hondureño(a)

**Área:** 112 090 km² (aproximadamente el área de Pennsylvania)

**Población:** 8 746 700

**Capital:** Tegucigalpa (f. 1762) (1 123 000 hab.)

**Otras ciudades importantes:** San Pedro Sula, El Progreso

**Moneda:** lempira

**Idiomas:** español (oficial), garífuna

## DEMOGRAFÍA

**Alfabetismo:** 85,1%

**Religiones:** católicos (97%), protestantes (3%)

## HONDUREÑOS CÉLEBRES

**Ramón Amaya Amador**
escritor (1916–1966)

**Lempira**
héroe indígena (1499–1537)

**Maribel Lieberman**
empresaria

**Carlos Mencia**
comediante (1967– )

**David Suazo**
futbolista (1979– )

**José Antonio Velásquez**
pintor (1906–1983)

Copán, declarado Patrimonio de la Humanidad (*World Heritage*) por la UNESCO

El esnórquel es popular en Honduras.

### Investiga en Internet

**La geografía:** islas de la Bahía, Copán

**La historia:** los mayas, los garífunas, los misquitos, Ramón Villedas Morales, José Trinidad Cabañas

**Música:** punta, Café Guancasco, Delirium, Yerbaklan

**Comidas y bebidas:** el arroz con leche, los tamales, las pupusas, el atol de elote, la chicha, el ponche de leche

**Fiestas:** Día de la Independencia (15 de septiembre)

Vista aérea de la isla Roatán en el Caribe hondureño

# CURIOSIDADES

- Los hondureños reciben el apodo *(nickname)* de "catrachos", palabra derivada del apellido Xatruch, un famoso general que combatió en Nicaragua contra el filibustero William Walker.

- El nombre original del país fue Comayagua, el mismo nombre que su capital. A mediados del siglo XIX adoptó el nombre República de Honduras, y en 1880 la capital se trasladó *(moved)* a Tegucigalpa.

- Honduras basa su economía en la agricultura, especialmente en las plantaciones de banana, cuya comercialización empezó en 1889 con la fundación de la Standard Fruit Company.

- Se dice que *(It is said that)* en la región de Yoro ocurre el fenómeno de la lluvia *(rain)* de peces, es decir que, literalmente, los peces caen del cielo *(fall from the sky)*. Por esta razón, desde 1998 se celebra en el Yoro el Festival de Lluvia de Peces.

- En 1998 el huracán Mitch golpeó *(hit)* severamente la economía nacional, destruyendo gran parte de la infraestructura del país y de los cultivos. Se calcula que el país retrocedió 25 años a causa del huracán.

# México ▶

## INFORMACIÓN GENERAL

**Nombre oficial:** Estados Unidos Mexicanos

**Nacionalidad:** mexicano(a)

**Área:** 1 964 375 km² (aproximadamente 4 1/2 veces el área de California)

**Población:** 121 736 800

**Capital:** Ciudad de México (f. 1521) (20 999 000 hab.)

**Otras ciudades importantes:** Guadalajara, Monterrey, Puebla, Tijuana

**Moneda:** peso (mexicano)

**Idiomas:** español (oficial), aproximadamente 280 otras lenguas amerindias

## DEMOGRAFÍA

**Alfabetismo:** 93,5%

**Religiones:** católicos (90,4%), protestantes (3,8%), otros (5,8%)

## MEXICANOS CÉLEBRES

**Carmen Aristegui**
periodista (1964– )

**Gael García Bernal**
actor (1978– )

**Alejandro González Iñarritu**
director de cine (1963– )

**Frida Kahlo**
pintora (1907–1954)

**Armando Manzanero**
cantautor (1935– )

**Rafa Márquez**
futbolista (1979– )

**Octavio Paz**
escritor, Premio Nobel de
Literatura (1914–1998)

**Elena Poniatowska**
periodista, escritora (1932– )

**Diego Rivera**
pintor (1886–1957)

**Guillermo del Toro**
cineasta (1964– )

**Emiliano Zapata**
revolucionario (1879–1919)

Teotihuacán, ciudad precolombina declarada Patrimonio de la Humanidad (*World Heritage*) por la UNESCO.

© f9photos/Shutterstock

### Investiga en Internet

**La geografía:** el cañón del Cobre, el volcán Popocatépetl, las lagunas de Montebello, Parque Nacional Cañón del Sumidero, la sierra Tarahumara, Acapulco

**La historia:** los mayas, los aztecas, los toltecas, la Conquista, la Colonia, Pancho Villa, Porfirio Díaz, Hernán Cortés, Miguel Hidalgo, los zapatistas

**Películas:** *Amores perros, Frida, Y tu mamá también, Babel, El laberinto del fauno, La misma luna*

**Música:** los mariachis, música ranchera, Pedro Infante, Vicente Fernández, Luis Miguel, Maná, Jaguares, Juan Gabriel, Thalía, Lucero, Julieta Venegas, Antonio Aguilar

**Comidas y bebidas:** los chiles en nogada, el mole poblano, el pozole, los huevos rancheros, (alimentos originarios de México: chocolate, tomate, vainilla)

**Fiestas:** Día de la Independencia (16 de septiembre), Día de los Muertos (1ero y 2 de noviembre)

La Torre Latinoamericana, en la Ciudad de México, fue el primer rascacielos *(skyscraper)* del mundo construído exitosamente en una zona sísmica.

Puerto Vallarta

# CURIOSIDADES

- La Ciudad de México es una de las ciudades más pobladas *(populated)* del mundo. Los predecesores de los aztecas fundaron la Ciudad sobre el lago *(lake)* de Texcoco. La ciudad recibió el nombre de Tenochtitlán, y era más grande que cualquier *(any)* capital europea cuando ocurrió la Conquista.

- Millones de mariposas *(butterflies)* monarcas migran todos los años a los estados de Michoacán y México de los Estados Unidos y Canadá.

- La Pirámide de Chichén Itzá fue nombrada una de las siete maravillas del mundo moderno.

- Los olmecas (1200 a.C–400 a.C) desarrollaron *(developed)* el primer sistema de escritura en las Américas.

# Nicaragua ▶

## INFORMACIÓN GENERAL

**Nombre oficial:** República de Nicaragua

**Nacionalidad:** nicaragüense

**Área:** 130 370 km² (aproximadamente el área del estado de Nueva York)

**Población:** 5 907 900

**Capital:** Managua (f. 1522) (1 480 000 hab.)

**Otras ciudades importantes:** León, Chinandega

**Moneda:** córdoba

**Idiomas:** español (oficial), misquito

## DEMOGRAFÍA

**Alfabetismo:** 78%

**Religiones:** católicos (58%), evangélicos (22%), otros (20%)

## NICARAGÜENSES CÉLEBRES

**Ernesto Cardenal**
sacerdote, poeta (1925– )

**Violeta Chamorro**
periodista, presidente (1929– )

**Rubén Darío**
poeta, padre del Modernismo (1867–1916)

**Bianca Jagger**
activista de derechos humanos (1945– )

© rchphoto/iStockphoto

Ometepe, isla formada por dos volcanes

**Investiga en Internet**

**La geografía:** el lago Nicaragua, la isla Ometepe

**La historia:** los misquitos, Anastasio Somoza, Augusto Sandino, Revolución sandinista, José Dolores Estrada

**Películas:** *Ernesto Cardenal*

**Música:** la polca, la mazurca, Camilo Zapata, Carlos Mejía Godoy, Salvador Cardenal, Luis Enrique Mejía Godoy, Perrozompopo

**Comidas y bebidas:** los tamales, la sopa de pepino, el triste, el tibio, la chicha

**Fiestas:** Día de la Independencia (15 de septiembre)

Catedral de Granada

Isla del Maíz

# CURIOSIDADES

- Nicaragua se conoce como tierra *(land)* de poetas y volcanes.
- La capital, Managua, fue destruida por un terremoto *(earthquake)* en 1972. A causa de la actividad sísmica no se construyen edificios altos.
- Las ruinas de León Viejo fueron declaradas Patrimonio de la Humanidad *(World Heritage)* en el año 2000. Es la ciudad más antigua de América Central.
- Es el país más grande de Centroamérica y tiene el lago más grande de la región, el lago Nicaragua, con más de 370 islas. La isla más grande, Ometepe, tiene dos volcanes.

# Panamá ▷

## INFORMACIÓN GENERAL

**Nombre oficial:** República de Panamá

**Nacionalidad:** panameño(a)

**Área:** 75 420 km² (aproximadamente la mitad del área de Florida)

**Población:** 3 657 000

**Capital:** Panamá (f. 1519) (1 673 000 hab.)

**Otras ciudades importantes:** San Miguelito, David

**Moneda:** balboa, dólar (estadounidense)

**Idiomas:** español (oficial), inglés

## DEMOGRAFÍA

**Alfabetismo:** 94,1%

**Religiones:** católicos (85%), protestantes (15%)

## PANAMEÑOS CÉLEBRES

**Joaquín Beleño**
escritor y periodista (1922–1988)

**Rubén Blades**
cantautor, actor, abogado, político (1948– )

**Ana María Britton**
novelista (1936– )

**Ricardo Miró**
escritor (1883–1940)

**Olga Sinclair**
pintora (1957– )

**Omar Torrijos**
militar, presidente (1929–1981)

© Manja/Shutterstock

El canal de Panamá es una de las principales fuentes *(sources)* de ingresos para el país.

Una isla en el archipiélago de San Blas, lugar donde habitan los Kuna Yala

La Ciudad de Panamá es famosa por sus rascacielos (skyscrapers).

**Investiga en Internet**

**La geografía:** el canal de Panamá

**La historia:** los Kuna Yala, la construcción del canal de Panamá, la dictadura de Manuel Noriega, Parque Nacional Soberanía, Victoriano Lorenzo

**Películas:** *El plomero, Los puños de una nación*

**Música:** salsa, Danilo Pérez, Edgardo Franco "El General", Nando Boom

**Comidas y bebidas:** el chocao panameño, el sancocho de gallina, las carimaolas, la ropa vieja, los jugos de fruta, el chicheme

**Fiestas:** Día de la Independencia (3 de noviembre)

# CURIOSIDADES

- El canal de Panamá se construyó entre 1904 y 1914. Mide *(It measures)* 84 kilómetros de longitud y funciona con un sistema de esclusas *(locks)* que elevan y bajan los barcos *(boats)* porque los océanos Atlántico y Pacífico tienen diferentes elevaciones. Cada año cruzan unos 14 000 barcos o botes por el canal, el cual estuvo bajo control de los Estados Unidos hasta el 31 de diciembre de 1999. En promedio *(On average)*, cada embarcación paga 54 000 dólares por cruzar el canal. La tarifa más baja la pagó un aventurero estadounidense, quien pagó 36 centavos por cruzar nadando en 1928.

- En junio del 2016 se inauguró una ampliación al canal que permite que transiten por él barcos hasta tres veces más grandes que la máxima capacidad del canal original.

- El territorio de los Kuna Yala se considera independiente. Para entrar a su territorio es necesario pagar una cuota *(fee)* y mostrar su pasaporte.

© Courtesy of Margarita Casas

© Alfredo Maiquez/Shutterstock

## INFORMACIÓN GENERAL

**Nombre oficial:** República del Paraguay

**Nacionalidad:** paraguayo(a)

**Área:** 406 750 km² (aproximadamente el área de California)

**Población:** 6 783 300

**Capital:** Asunción (f. 1537) (2 356 000 hab.)

**Otras ciudades importantes:** Ciudad del Este, San Lorenzo

**Moneda:** guaraní

**Idiomas:** español y guaraní (oficiales)

## DEMOGRAFÍA

**Alfabetismo:** 93,9%

**Religiones:** católicos (90%), protestantes (6%), otros (4%)

## PARAGUAYOS CÉLEBRES

**Olga Blinder**
pintora (1921–2008)

**Arsenio Erico**
futbolista (1915–1977)

**Augusto Roa Bastos**
escritor, Premio Cervantes de Literatura (1917–2005)

**Berta Rojas**
guitarrista (1966– )

Ruinas de Misiones Jesuitas en Trinidad

© Lukasz Kurbiel/Shutterstock

**Investiga en Internet**

**La geografía:** los ríos Paraguay y Paraná, Parque Nacional Cerro Corá, la presa Itaipú, el Chaco

**La historia:** guaraníes, misiones jesuitas, la Guerra de la Triple Alianza, Alfredo Stroessner, Carlos Antonio López, José Félix Estigarribia

**Películas:** *Nosotros, Hamacas paraguayas, 7 cajas*

**Música:** la polca, el baile de la botella, el arpa paraguaya, Perla, Celso Duarte

**Comidas y bebidas:** el chipá paraguayo, el surubí, las empanadas, la sopa paraguaya, el mate, el tereré

**Fiestas:** Día de la Independencia (14 de mayo), Verbena de San Juan (24 de junio)

El palacio presidencial en Asunción

© Gunter Fischer/iStockphoto

Mykola Gomeniuk/Shutterstock.com

La presa de Itaipú es la central hidroeléctrica más grande del mundo.

# CURIOSIDADES

- Por diversas razones históricas, Paraguay es un país bilingüe. Se calcula que el 90% de sus habitantes hablan español y guaraní, el idioma de sus habitantes antes de la llegada de los españoles. En particular, la llegada de los jesuitas tuvo importancia en la preservación del idioma guaraní. Actualmente se producen novelas y programas de radio en guaraní. Por otra parte, el guaraní ha influenciado notablemente el español de la región.

- Paraguay, igual que Bolivia, no tiene salida al mar *(sea)*.

- La presa *(dam)* de Itaipú es la mayor del mundo en cuanto a producción de energía. Está sobre el río Paraná y abastace *(provides)* el 90% del consumo de energía eléctrica de Paraguay y el 19% de Brasil.

# Perú ▶

## INFORMACIÓN GENERAL

**Nombre oficial:** República del Perú

**Nacionalidad:** peruano(a)

**Área:** 1 285 216 km² (aproximadamente 2 veces el área de Texas)

**Población:** 30 445 000

**Capital:** Lima (f. 1535) (9 897 000 hab.)

**Otras ciudades importantes:** Callao, Arequipa, Trujillo

**Moneda:** nuevo sol

**Idiomas:** español, quechua y aymará (oficiales), otras lenguas indígenas

## DEMOGRAFÍA

**Alfabetismo:** 92,9%

**Religiones:** católicos (81,3%), evangélicos (12,5%), otros (3,3%)

## PERUANOS CÉLEBRES

**Gastón Acurio**
chef (1967– )

**Alberto Fujimori**
político y presidente (1938– )

**Tania Libertad**
cantante (1952– )

**Claudia Llosa**
directora de cine (1976– )

**María Julia Mantilla**
empresaria y presentadora de
TV, ex Miss Universo (1984– )

**Javier Pérez de Cuellar**
secretario general de las
Naciones Unidas (1920– )

**Fernando de Szyszlo**
pintor (1925– )

**Mario Testino**
fotógrafo (1954– )

**César Vallejo**
poeta (1892–1938)

**Mario Vargas Llosa**
escritor, político, Premio
Nobel de Literatura (1936– )

Machu Picchu

© Mark Skalny/Shutterstock

**Investiga en Internet**

**La geografía:** los Andes, el Amazonas, el lago Titicaca

**La historia:** los incas, los aymará, el Inti Raymi, los uros, José de San Martín, Machu Picchu, Nazca

**Películas:** *Todos somos estrellas*, *Madeinusa*

**Música:** música andina, los valses peruanos, las jaranas, Gian Marco

**Comidas y bebidas:** la papa (más de 2000 variedades), la yuca, la quinoa, el ceviche, el pisco, anticuchos

**Fiestas:** Día de la Independencia (28 de julio)

Las calles de Cuzco

La Plaza de Armas en Lima

# CURIOSIDADES

- En Perú vivieron muchas civilizaciones diferentes que se desarrollaron (*developed*) entre el año 4000 a.C hasta principios (*beginning*) del siglo XVI. La más importante fue la civilización de los incas, que dominaba la región a la llegada de los españoles.

- Otra civilización importante fueron los nazcas, quienes trazaron figuras de animales que solo se pueden ver desde el aire. Hay más de 2000 km de líneas. Su origen es un misterio y no se sabe por qué las hicieron (*made*).

- Probablemente la canción folclórica más famosa del Perú es "El Cóndor Pasa".

# Puerto Rico ▶

## INFORMACIÓN GENERAL

**Nombre oficial:** Estado Libre Asociado de Puerto Rico (*Commonwealth of Puerto Rico*)

**Nacionalidad:** puertorriqueño(a)

**Área:** 13.790 km² (un poco menos que el área de Connecticut)

**Población:** 3 598 400

**Capital:** San Juan (f. 1521) (2 463 000 hab.)

**Otras ciudades importantes:** Ponce, Caguas

**Moneda:** dólar (estadounidense)

**Idiomas:** español, inglés (oficiales)

## DEMOGRAFÍA

**Alfabetismo:** 94,1%

**Religiones:** católicos (85%), protestantes y otros (15%)

## PUERTORRIQUEÑOS CÉLEBRES

**Roberto Clemente**
beisbolista (1934–1972)

**Rosario Ferré**
escritora (1938–2016)

**Raúl Juliá**
actor (1940–1994)

**Ricky Martin**
cantante, benefactor (1971– )

**Rita Moreno**
actriz (1931– )

**Francisco Oller y Cestero**
pintor (1833–1917)

**Esmeralda Santiago**
escritora (1948– )

© Lori Froeb/Shutterstock

Una calle en el Viejo San Juan

A-36 Exploraciones del mundo hispano

La cascada de La Mina en el
Bosque Nacional El Yunque

Una playa en Fajardo

**Investiga en Internet**

**La geografía:** el Yunque, Vieques, El Morro, Parque Nacional Cavernas del Río Camuy

**La historia:** los taínos, Juan Ponce de León, la Guerra Hispanoamericana, Pedro Albizu Campos

**Películas:** *Lo que le pasó a Santiago, 12 horas, Talento de barrio*

**Música:** la salsa, la bomba y plena, Gilberto Santa Rosa, Olga Tañón, Daddy Yankee, Tito Puente, Calle 13, Carlos Ponce, Ivy Queen

**Comidas y bebidas:** el lechón asado, el arroz con gandules, el mofongo, los bacalaítos, la champola de guayaba, el coquito, la horchata de ajonjolí

**Fiestas:** Día de la Independencia de EE.UU. (4 de julio), Día de la Constitución de Puerto Rico (25 de julio)

# CURIOSIDADES

- A los puertorriqueños también se los conoce como *(known as)* "boricuas", ya que antes de *(before)* la llegada de los europeos la isla se llamaba Borinquen.

- A diferencia de otros países, los puertorriqueños también son ciudadanos *(citizens)* estadounidenses, pero no pueden votar en elecciones presidenciales de los Estados Unidos si no son residentes de un estado.

- El gobierno de Puerto Rico está encabezado por *(headed by)* un gobernador.

- El fuerte *(fort)* de El Morro fue construido en el siglo XVI para defender el puerto de los piratas. Gracias a esta construcción, San Juan fue el lugar mejor defendido del Caribe.

# República Dominicana

## INFORMACIÓN GENERAL

**Nombre oficial:** República Dominicana

**Nacionalidad:** dominicano(a)

**Área:** 48 670 km² (aproximadamente 2 veces el área de Vermont)

**Población:** 10 478 800

**Capital:** Santo Domingo (f. 1492) (2 945 000 hab.)

**Otras ciudades importantes:** Santiago de los Caballeros, La Romana

**Moneda:** peso (dominicano)

**Idiomas:** español

## DEMOGRAFÍA

**Alfabetismo:** 90,1%

**Religiones:** católicos (95%), otros (5%)

## DOMINICANOS CÉLEBRES

**Juan Bosch**
escritor (1909–2001)

**Charytín**
cantante y presentadora (1949– )

**Juan Pablo Duarte**
héroe de la independencia (1808–1876)

**Juan Luis Guerra**
músico (1957– )

**Óscar de la Renta**
diseñador (1932–2014)

**David Ortiz**
beisbolista (1975– )

La plaza principal en Santo Domingo

© e2dan/Shutterstock

**Investiga en Internet**

**La geografía:** Puerto Plata, Pico Duarte, Sierra de Samaná

**La historia:** los taínos, los arawak, la dictadura de Trujillo, las hermanas Mirabal, Juan Pablo Duarte

**Películas:** *Nueba Yol, Cuatro hombres y un ataúd*

**Música:** el merengue, la bachata, Wilfrido Vargas, Johnny Ventura, Milly Quezada

**Comidas y bebidas:** el mangú, el sancocho, el asopao, el refresco rojo

**Fiestas:** Día de la Independencia (27 de febrero), Día de la Señora de la Altagracia (21 de enero)

Un vendedor de cocos en Boca Chica

Construido en 1976, Altos de Chavón es una recreación de un pueblo medieval de Europa.

# CURIOSIDADES

- La isla que comparten *(share)* la República Dominicana y Haití, La Española, estuvo bajo control español hasta 1697, cuando la parte oeste *(western)* pasó a ser territorio francés.

- La República Dominicana tiene algunas de las construcciones más antiguas dejadas *(left)* por los españoles.

- Se cree que los restos de Cristóbal Colón están enterrados *(buried)* en Santo Domingo, pero Colón también tiene una tumba en Sevilla, España.

- En Santo Domingo se construyeron la primera catedral, el primer hospital, la primera aduana *(customs office)* y la primera universidad del Nuevo Mundo.

- Santo Domingo fue declarada Patrimonio de la Humanidad *(World Heritage)* por la UNESCO.

# Uruguay ▶

## INFORMACIÓN GENERAL

**Nombre oficial:** República Oriental del Uruguay

**Nacionalidad:** uruguayo(a)

**Área:** 176 215 km² (casi exactamente igual al estado de Washington)

**Población:** 3 341 900

**Capital:** Montevideo (f. 1726) (1 703 000 hab.)

**Otras ciudades importantes:** Salto, Paysandú, Punta del Este

**Moneda:** peso (uruguayo)

**Idiomas:** español (oficial)

## DEMOGRAFÍA

**Alfabetismo:** 98%

**Religiones:** católicos (47,1%), protestantes (11%), otros (42%)

## URUGUAYOS CÉLEBRES

**Delmira Agustini**
poetisa (1886–1914)

**Mario Benedetti**
escritor (1920–2009)

**Jorge Drexler**
músico, actor, médico (1964– )

**Amalia Dutra**
científica (1958– )

**Diego Forlán**
futbolista (1979– )

**José "Pepe" Mujica**
presidente (1935– )

**Julio Sosa**
cantor de tango (1926–1964)

**Horacio Quiroga**
escritor (1878–1937)

**Alfredo Zitarrosa**
compositor (1936–1989)

Plaza Independencia, Montevideo (Palacio Salvo)

© VojtechVlk/Shutterstock

Carnaval de Montevideo

 **Investiga en Internet**

**La geografía:** Punta del Este, Colonia

**La historia:** el Carnaval de Montevideo, los tablados, José Artigas

**Películas:** *Whisky, 25 Watts, Una forma de bailar, Joya, El baño del Papa, El Chevrolé, El viaje hacia el mar*

**Música:** el tango, la milonga, el candombe, Jorge Drexler, Rubén Rada, La vela puerca

**Comidas y bebidas:** el asado, el dulce de leche, la faina, el chivito, el mate

**Fiestas:** Día de la Independencia (25 de agosto), Carnaval (febrero)

Colonia del Sacramento

# CURIOSIDADES

- En guaraní, "Uruguay" significa "río *(river)* de las gallinetas". La gallineta es un pájaro de esta región.

- La industria ganadera *(cattle)* es una de las más importantes del país. La bebida más popular es el mate. Es muy común ver a los uruguayos caminando con el termo *(thermos)* bajo el brazo, listo para tomar mate en cualquier lugar *(anywhere)*.

- Los descendientes de esclavos africanos que vivieron en esa zona dieron origen a *(gave rise to)* la música típica de Uruguay: el candombe.

- Uruguay fue el anfitrión *(host)* y el primer campeón de la Copa Mundial de Fútbol en 1930.

## INFORMACIÓN GENERAL

**Nombre oficial:** República Bolivariana de Venezuela

**Nacionalidad:** venezolano(a)

**Área:** 912 050 km² (2800 km de costas) (aproximadamente 6 veces el área de Florida)

**Población:** 29 275 500

**Capital:** Caracas (f. 1567) (2 916 000 hab.)

**Otras ciudades importantes:** Maracaibo, Valencia, Maracay Barquisimeto

**Moneda:** bolívar

**Idiomas:** español (oficial), guajiro, wayuu y otras lenguas amerindias

## DEMOGRAFÍA

**Alfabetismo:** 95,5%

**Religiones:** católicos (96%), protestantes (2%), otros (2%)

## VENEZOLANOS CÉLEBRES

**Andrés Eloy Blanco**
escritor (1897–1955)

**Simón Bolívar**
libertador (1783–1830)

**Hugo Chávez**
militar, presidente (1954–2013)

**María Conchita Alonso**
actriz, cantante (1957– )

**Gustavo Dudamel**
músico, director de
orquesta (1981– )

**Lupita Ferrer**
actriz (1947– )

**Rómulo Gallegos**
escritor (1884–1969)

**Carolina Herrera**
diseñadora (1939– )

El Salto Ángel, la catarata *(waterfall)* más alta del mundo

© Vadim Petrakov/Shutterstock

**Investiga en Internet**

**La geografía:** El Salto Ángel, la isla Margarita, el Amazonas, Parque Nacional Canaima

**La historia:** los yanomami, el petróleo, Simón Bolívar, Francisco de la Miranda

**Películas:** *Punto y Raya, Secuestro Express*

**Música:** el joropo, Ricardo Montaner, Franco de Vita, Chino y Nacho, Carlos Baute, Óscar de León

**Comidas y bebidas:** el ceviche, las hallacas, las arepas, el carato de guanábana, el guarapo de papelón

**Fiestas:** Día de la Independencia (5 de julio), Nuestra Señora de la Candelaria (2 de febrero)

El Obelisco, en el centro de Plaza Francia en la ciudad de Caracas, fue en su momento la construcción más alta de la ciudad.

Isla Margarita, popular destino turístico

# CURIOSIDADES

- El nombre de Venezuela ("pequeña Venecia") se debe al descubridor italiano Alonso de Ojeda, quien llamó así a una de las islas costeras *(coastal islands)* en 1499, debido a su aspecto veneciano.

- La isla Margarita es un lugar turístico muy popular. Cuando los españoles llegaron hace más de 500 años *(more than 500 years ago)*, los indígenas de la isla, los guaiqueríes, pensaron *(thought)* que eran dioses *(gods)* y les dieron *(gave)* regalos y una ceremonia de bienvenida. Gracias a esto, los guaiqueríes fueron los únicos indígenas del Caribe que tuvieron el estatus de "vasallos libres" *(free vassals)*.

- En la época moderna Venezuela se destaca *(stands out)* por sus concursos *(contests)* de belleza y por su producción internacional de telenovelas.

- En Venezuela hay tres sitios considerados Patrimonio de la Humanidad *(World Heritage)* por la UNESCO: Coro y su puerto, el Parque Nacional de Canaima, y la Ciudad Universitaria de Caracas.

- En Venezuela habita un roedor *(rodent)* llamado chigüire que llega a pesar hasta 60 kilos.

# Los hispanos en los Estados Unidos ▶

## INFORMACIÓN GENERAL

**Nombre oficial:** Estados Unidos de América

**Nacionalidad:** estadounidense

**Área:** 9 826 675 km² (aproximadamente el área de China o 3,5 veces el área de Argentina)

**Población:** 321 368 900 (aproximadamente el 15% se consideran de origen hispano)

**Capital:** Washington, D.C. (f. 1791) (4 955 000 hab.)

**Otras ciudades importantes:** Nueva York, Los Ángeles, Chicago, Miami

**Moneda:** dólar (estadounidense)

**Idiomas:** inglés (oficial), español y más de otras 200 lenguas

## DEMOGRAFÍA

**Alfabetismo:** 99%

**Religiones:** protestantes (51,3%), católicos (23,9%), mormones (1,7%), judíos (1,7%) y otros

## HISPANOS CÉLEBRES DE ESTADOS UNIDOS

**Christina Aguilera**
cantante (1980– )

**Julia Álvarez**
escritora (1950– )

**Marc Anthony**
cantante (1969– )

**César Chávez**
activista (1927–1993)

**Sandra Cisneros**
escritora (1954– )

**Junot Díaz**
escritor (1968– )

**Eva Longoria**
actriz (1975– )

**Soledad O'Brien**
periodista, presentadora
(1966– )

**Ellen Ochoa**
astronauta (1958– )

**Edward James Olmos**
actor (1947– )

**Sonia Sotomayor**
Juez Asociada de la Corte Suprema
de Justicia de EE.UU. (1954– )

La Pequeña Habana en Miami, Florida

**Investiga en Internet**

**La geografía:** regiones que pertenecieron a México, lugares con arquitectura de estilo español, Plaza Olvera, Calle 8, La Pequeña Habana

**La historia:** el Álamo, la Guerra Mexicoamericana, la Guerra Hispanoamericana, Antonio López de Santa Anna

**Películas:** *A Day without Mexicans, My Family, Stand and Deliver, Tortilla Soup*

**Música:** la salsa, tejano (Tex-Mex), el merengue, el hip hop en español, Jennifer López, Selena

**Comidas y bebidas:** los tacos, las enchiladas, los burritos, los plátanos fritos, los frijoles, el arroz con gandules

**Fiestas:** Día de la Batalla de Puebla (5 de mayo)

Un mural de Benito Juárez en Chicago, Illinois

El Álamo, donde Santa Anna derrotó *(defeated)* a los tejanos en una batalla de la Revolución de Texas.

# CURIOSIDADES

- Los latinos son la minoría más grande de los Estados Unidos (más de 46 millones). Este grupo incluye personas que provienen de los veintiún países de habla hispana y a los hijos y nietos de estas que nacieron *(were born)* en los Estados Unidos. Muchos hablan español perfectamente y otros no lo hablan. El grupo más grande de hispanos es el de mexicanoamericanos, ya que territorios como Texas, Nuevo México, Utah, Nevada, California, Colorado y Oregón eran parte de México.

- Actualmente todas las culturas latinoamericanas están representadas en los Estados Unidos.

# Partner Activities

## Capítulo 4

**4.8** **Planes para el fin de semana** Trabaja con un compañero para descubrir cuáles son las actividades de Jazmín, Lila y Arturo durante el fin de semana y dónde las hacen. Uno de ustedes va a ver la información en esta página, y el otro va a ver la información en la página 115. *(Work with a partner to discover the activities that Jazmín, Lila, and Arturo do on the weekend and where. Look at the chart below while your partner looks at the one on page 115.)*

Modelo  Estudiante 1: *¿Qué hace Lila el sábado por la mañana?*
Estudiante 2: *Lila corre.*
Estudiante 1: *¿Dónde corre?*
Estudiante 2: *En el gimnasio.*

|  | **Jazmín** | **Lila** | **Arturo** |
|---|---|---|---|
| sábado por la mañana |  | correr (el gimnasio) |  |
| sábado por la tarde | caminar (el parque) |  | tomar fotos (el zoológico) |
| sábado por la noche | bailar (la escuela) | comer (un café) |  |
| domingo por la mañana |  |  | buscar libros (la librería) |

**4.26** **Comparemos** Trabaja con un compañero. Uno de ustedes mira la casa en esta página mientras el otro mira la casa en la página 129. Túrnense para describir las casas y apunten las seis diferencias. *(Work with a partner. One of you will look at the house on this page while the other looks at the house on page 129. Take turns describing the the houses and jot down the six differences.)*

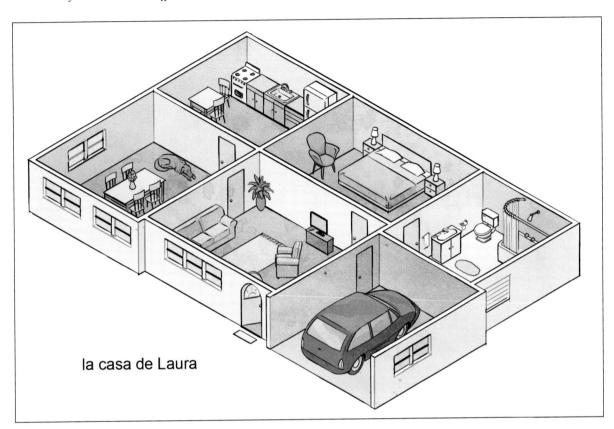

la casa de Laura

**4.45** **Seis diferencias** Trabaja con un compañero. Uno mira el dibujo aquí y el otro mira el dibujo en la página 143. Túrnense para describir las casas y apunten las seis diferencias. *(Work with a partner. One of you will look at this drawing while the other looks at the drawing on page 143. Take turns describing them and jot down the six differences.)*

# Capítulo 5

**5.9** **Los chismes (gossip)** Tu compañero y tú están hablando sobre cómo están sus amigos. Pregúntense para completar la información. Uno de ustedes va a ver la información en esta página y el otro en la página 151. **¡OJO!** ¡Presta atención a la concordancia *(agreement)*!

Modelo  Estudiante 1: *¿Cómo está Ramira?*
            Estudiante 2: *Está contenta.*
            Estudiante 1: *¿Por qué?*
            Estudiante 2: *Porque va a ir de vacaciones a Venezuela.*

| Nombre | ¿Cómo está(n)? | ¿Por qué? |
|---|---|---|
| Ramira | contenta | Va a ir de vacaciones a Venezuela. |
| Emanuel y Arturo | ocupados | Tienen mucha tarea. |
| Gisela | | |
| Gerardo | preocupado | Va a tener varios exámenes difíciles. |
| Javier y Manuel | | |

**5.26** **Personas famosas** Trabaja con un compañero para completar la información. Uno de ustedes debe ver la tabla en esta página y el otro debe ver la tabla en la página 165. Túrnense para preguntar y responder.

| Nombre | Profesión | País de origen |
|---|---|---|
| Alicia Alonso | | Cuba |
| Óscar de la Renta | diseñador | |
| Andrea Serna | | |
| Baruj Benacerraf | médico | Venezuela |
| Gabriela Mistral | | Chile |
| Luis Federico Leloir | científico | |

**5.48** **Información, por favor** Trabaja con un compañero para completar la información. Uno debe mirar el gráfico en esta página y el otro debe mirar el gráfico en la página 179. Túrnense para preguntarse y completar la información. Atención al uso de **ser** y **estar.**

| Nombre | Profesión | Origen | Localización | Emoción |
|---|---|---|---|---|
| Carlota | pintora | | | alegre |
| Éric | arquitecto | Bogotá | | |
| César | | | el café | |
| Paloma | | Santiago | | nerviosa |
| Samuel | escritor | | | ocupado |
| Camila | | Montevideo | el teatro | |

# Capítulo 6

**6.9** **Unos monstruos** Trabaja con un compañero. Uno debe mirar el dibujo aquí y el otro va a mirar el dibujo en la página 187. Túrnense para describir los monstruos y encontrar las cinco diferencias.

**6.29** **Actividades de verano** Los organizadores de los eventos de verano para tu ciudad hablan del equipo que necesitan y las actividades planeadas para este verano. Trabaja con un compañero para completar la información. Uno de ustedes debe ver la información en esta página y el otro debe ver la información en la página 201.

| Evento | Lugar del evento | Equipo que tienen | Equipo/recursos que necesitan |
|---|---|---|---|
| 1. Torneo de fútbol | la universidad | | |
| 2. | | sacos de dormir | tiendas de campaña |
| 3. Clases de natación | | la piscina | |
| 4. | el gimnasio de la preparatoria | | raquetas |
| 5. Torneo de voleibol | | | pelotas |

**6.50**  **¿Qué hizo?** Dante es estudiante de secundaria pero no es muy aplicado *(dedicated)*.  Con un compañero túrnense para completar la información sobre lo que hizo *(what he did)* esta mañana. Uno de ustedes va a mirar la información en esta página y el otro va a mirar la página 215.

Modelo Estudiante 1: *¿Qué hizo a medianoche?*
Estudiante 2: *Se acostó.*

| | |
|---|---|
| 12:00 | acostarse |
| 7:00 | levantarse |
| 7:30 | |
| 7:40 | |
| 8:00 | cepillarse los dientes |
| 8:55 | |
| 9:35 | dormirse en clase |
| 9:58 | despertarse y correr a otra clase |
| 10:10 | |
| 10:30 | volver a clase |
| 11:00 | |

# Acentuación

In Spanish, as in English, all words of two or more syllables have one syllable that is stressed more forcibly than the others. In Spanish, written accents are frequently used to show which syllable in a word is the stressed one.

## Words without written accents

Words without written accents are pronounced according to the following rules:

A. Words that end in a vowel (**a, e, i, o, u**) or the consonants **n** or **s** are stressed on the next to last syllable.

    **tar**des    capi**ta**les    **gran**de    es**tu**dia    **no**ches    **co**men

B. Words that end in a consonant other than **n** or **s** are stressed on the last syllable.

    bus**car**    ac**triz**    espa**ñol**    liber**tad**    ani**mal**    come**dor**

## Words with written accents

C. Words that do not follow the two preceding rules require a written accent to indicate where the stress is placed.

    ca**fé**    sim**pá**tico    fran**cés**    na**ción**    Jo**sé Pé**rez

## Words with a strong vowel (a, o, u) next to a weak vowel (e, i)

D. Diphthongs, the combination of a weak vowel (**i, u**) and a strong vowel (**e, o, a**), or two weak vowels, next to each other, form a single syllable. A written accent is required to separate diphthongs into two syllables. Note that the written accent is placed on the weak vowel.

    **seis**    estu**dia**    inte**rior**    **ai**re    **au**to    **ciu**dad
    re**ír**    **dí**a    **rí**o    ma**íz**    ba**úl**    veinti**ún**

## Monosyllable words

E. Words with only one syllable never have a written accent unless there is a need to differentiate it from another word spelled exactly the same. The following are some of the most common words in this category.

| Unaccented | Accented | Unaccented | Accented |
|---|---|---|---|
| como (like, as) | cómo (how) | que (that) | qué (what) |
| de (of) | dé (give) | si (if) | sí (yes) |
| el (the) | él (he) | te (you D.O., to you) | té (tea) |
| mas (but) | más (more) | tu (your) | tú (you informal) |
| mi (my) | mí (me) | | |

F. Keep in mind that in Spanish, the written accents are an extremely important part of spelling since they not only change the pronunciation of a word, but may change its meaning and/or its tense.

    **publico** (I publish)    **público** (public)    **publicó** (he/she/you published)

# Los verbos regulares

## Simple tenses

| | Present Indicative | Imperfect | Preterite | Future | Conditional | Present Subjunctive | Past Subjunctive | Commands |
|---|---|---|---|---|---|---|---|---|
| **hablar** (to speak) | hablo | hablaba | hablé | hablaré | hablaría | hable | hablara | |
| | hablas | hablabas | hablaste | hablarás | hablarías | hables | hablaras | habla (no hables) |
| | habla | hablaba | habló | hablará | hablaría | hable | hablara | hable |
| | hablamos | hablábamos | hablamos | hablaremos | hablaríamos | hablemos | habláramos | hablemos |
| | habláis | hablabais | hablasteis | hablaréis | hablaríais | habléis | hablarais | hablad (no habléis) |
| | hablan | hablaban | hablaron | hablarán | hablarían | hablen | hablaran | hablen |
| **aprender** (to learn) | aprendo | aprendía | aprendí | aprenderé | aprendería | aprenda | aprendiera | |
| | aprendes | aprendías | aprendiste | aprenderás | aprenderías | aprendas | aprendieras | aprende (no aprendas) |
| | aprende | aprendía | aprendió | aprenderá | aprendería | aprenda | aprendiera | aprenda |
| | aprendemos | aprendíamos | aprendimos | aprenderemos | aprenderíamos | aprendamos | aprendiéramos | aprendamos |
| | aprendéis | aprendíais | aprendisteis | aprenderéis | aprenderíais | aprendáis | aprendierais | aprended (no aprendáis) |
| | aprenden | aprendían | aprendieron | aprenderán | aprenderían | aprendan | aprendieran | aprendan |
| **vivir** (to live) | vivo | vivía | viví | viviré | viviría | viva | viviera | |
| | vives | vivías | viviste | vivirás | vivirías | vivas | vivieras | vive (no vivas) |
| | vive | vivía | vivió | vivirá | viviría | viva | viviera | viva |
| | vivimos | vivíamos | vivimos | viviremos | viviríamos | vivamos | viviéramos | vivamos |
| | vivís | vivíais | vivisteis | viviréis | viviríais | viváis | vivierais | vivid (no viváis) |
| | viven | vivían | vivieron | vivirán | vivirían | vivan | vivieran | vivan |

## Compound tenses

| | | |
|---|---|---|
| Present progressive | estoy / estás / está / estamos / estáis / están | hablando / aprendiendo / viviendo |
| Present perfect indicative | he / has / ha / hemos / habéis / han | hablado / aprendido / vivido |
| Past perfect indicative | había / habías / había / habíamos / habíais / habían | hablado / aprendido / vivido |

# Los verbos con cambios en la raíz

| Infinitive / Present Participle / Past Participle | Present Indicative | Imperfect | Preterite | Future | Conditional | Present Subjunctive | Past Subjunctive | Commands |
|---|---|---|---|---|---|---|---|---|
| pensar *to think* **e → ie** pensando pensado | **pienso** **piensas** **piensa** pensamos pensáis **piensan** | pensaba pensabas pensaba pensábamos pensabais pensaban | pensé pensaste pensó pensamos pensasteis pensaron | pensaré pensarás pensará pensaremos pensaréis pensarán | pensaría pensarías pensaría pensaríamos pensaríais pensarían | **piense** **pienses** **piense** pensemos penséis **piensen** | pensara pensaras pensara pensáramos pensarais pensaran | **piensa (no pienses)** **piense** pensemos pensad (no penséis) **piensen** |
| acostarse *to go to bed* **o → ue** acostándose acostado | me **acuesto** te **acuestas** se **acuesta** nos acostamos os acostáis se **acuestan** | me acostaba te acostabas se acostaba nos acostábamos os acostabais se acostaban | me acosté te acostaste se acostó nos acostamos os acostasteis se acostaron | me acostaré te acostarás se acostará nos acostaremos os acostaréis se acostarán | me acostaría te acostarías se acostaría nos acostaríamos os acostaríais se acostarían | me **acueste** te **acuestes** se **acueste** nos acostemos os acostéis se **acuesten** | me acostara te acostaras se acostara nos acostáramos os acostarais se acostaran | **acuéstate (no te acuestes)** **acuéstese** acostémonos acostaos (no os acostéis) **acuéstense** |
| sentir *to feel* **e → ie, i** sintiendo sentido | **siento** **sientes** **siente** sentimos sentís **sienten** | sentía sentías sentía sentíamos sentíais sentían | sentí sentiste **sintió** sentimos sentisteis **sintieron** | sentiré sentirás sentirá sentiremos sentiréis sentirán | sentiría sentirías sentiría sentiríamos sentiríais sentirían | **sienta** **sientas** **sienta** **sintamos** **sintáis** **sientan** | **sintiera** **sintieras** **sintiera** **sintiéramos** **sintierais** **sintieran** | **siente (no sientas)** **sienta** **sintamos (no sintáis)** sentid sientan |
| pedir *to ask for* **e → i, i** pidiendo pedido | **pido** **pides** **pide** pedimos pedís **piden** | pedía pedías pedía pedíamos pedíais pedían | pedí pediste **pidió** pedimos pedisteis **pidieron** | pediré pedirás pedirá pediremos pediréis pedirán | pediría pedirías pediría pediríamos pediríais pedirían | **pida** **pidas** **pida** **pidamos** **pidáis** **pidan** | **pidiera** **pidieras** **pidiera** **pidiéramos** **pidierais** **pidieran** | **pide (no pidas)** **pida** **pidamos** pedid (no pidáis) **pidan** |
| dormir *to sleep* **o → ue, u** durmiendo dormido | **duermo** **duermes** **duerme** dormimos dormís **duermen** | dormía dormías dormía dormíamos dormíais dormían | dormí dormiste **durmió** dormimos dormisteis **durmieron** | dormiré dormirás dormirá dormiremos dormiréis dormirán | dormiría dormirías dormiría dormiríamos dormiríais dormirían | **duerma** **duermas** **duerma** **durmamos** **durmáis** **duerman** | **durmiera** **durmieras** **durmiera** **durmiéramos** **durmierais** **durmieran** | **duerme (no duermas)** **duerma** **durmamos** dormid (no durmáis) **duerman** |

# Los verbos con cambios de ortografía

| Infinitive / Present Participle / Past Participle | Present Indicative | Imperfect | Preterite | Future | Conditional | Present Subjunctive | Past Subjunctive | Commands |
|---|---|---|---|---|---|---|---|---|
| comenzar | comienzo | comenzaba | **comencé** | comenzaré | comenzaría | **comience** | comenzara | comienza (**no comiences**) |
| (e → ie) | comienzas | comenzabas | comenzaste | comenzarás | comenzarías | **comiences** | comenzaras | **comience** |
| *to begin* | comienza | comenzaba | comenzó | comenzará | comenzaría | **comience** | comenzara | **comencemos** |
| z → c | comenzamos | comenzábamos | comenzamos | comenzaremos | comenzaríamos | **comencemos** | comenzáramos | comenzad (**no comencéis**) |
| **before e** | comenzáis | comenzabais | comenzasteis | comenzaréis | comenzaríais | **comencéis** | comenzarais | **comiencen** |
| comenzando | comienzan | comenzaban | comenzaron | comenzarán | comenzarían | **comiencen** | comenzaran | |
| comenzado | | | | | | | | |
| conocer | **conozco** | conocía | conocí | conoceré | conocería | **conozca** | conociera | conoce (**no conozcas**) |
| *to know* | conoces | conocías | conociste | conocerás | conocerías | **conozcas** | conocieras | **conozca** |
| c → zc | conoce | conocía | conoció | conocerá | conocería | **conozca** | conociera | **conozcamos** |
| **before a, o** | conocemos | conocíamos | conocimos | conoceremos | conoceríamos | **conozcamos** | conociéramos | conoced (**no conozcáis**) |
| conociendo | conocéis | conocíais | conocisteis | conoceréis | conoceríais | **conozcáis** | conocierais | **conozcan** |
| conocido | conocen | conocían | conocieron | conocerán | conocerían | **conozcan** | conocieran | |
| pagar | pago | pagaba | **pagué** | pagaré | pagaría | **pague** | pagara | paga (**no pagues**) |
| *to pay* | pagas | pagabas | pagaste | pagarás | pagarías | **pagues** | pagaras | **pague** |
| g → gu | paga | pagaba | pagó | pagará | pagaría | **pague** | pagara | **paguemos** |
| **before e** | pagamos | pagábamos | pagamos | pagaremos | pagaríamos | **paguemos** | pagáramos | pagad (**no paguéis**) |
| pagando | pagáis | pagabais | pagasteis | pagaréis | pagaríais | **paguéis** | pagarais | **paguen** |
| pagado | pagan | pagaban | pagaron | pagarán | pagarían | **paguen** | pagaran | |
| **seguir** | **sigo** | seguía | seguí | seguiré | seguiría | **siga** | siguiera | sigue (**no sigas**) |
| (e → i, i) | sigues | seguías | seguiste | seguirás | seguirías | **sigas** | siguieras | **siga** |
| *to follow* | sigue | seguía | siguió | seguirá | seguiría | **siga** | siguiera | **sigamos** |
| **gu → g** | seguimos | seguíamos | seguimos | seguiremos | seguiríamos | **sigamos** | siguiéramos | seguid (**no sigáis**) |
| **before a, o** | seguís | seguíais | seguisteis | seguiréis | seguiríais | **sigáis** | siguierais | **sigan** |
| siguiendo | siguen | seguían | siguieron | seguirán | seguirían | **sigan** | siguieran | |
| seguido | | | | | | | | |
| tocar | toco | tocaba | **toqué** | tocaré | tocaría | **toque** | tocara | toca (**no toques**) |
| *to play, to touch* | tocas | tocabas | tocaste | tocarás | tocarías | **toques** | tocaras | **toque** |
| c → qu | toca | tocaba | tocó | tocará | tocaría | **toque** | tocara | **toquemos** |
| **before e** | tocamos | tocábamos | tocamos | tocaremos | tocaríamos | **toquemos** | tocáramos | tocad (**no toquéis**) |
| tocando | tocáis | tocabais | tocasteis | tocaréis | tocaríais | **toquéis** | tocarais | **toquen** |
| tocado | tocan | tocaban | tocaron | tocarán | tocarían | **toquen** | tocaran | |

# Los verbos irregulares

| Infinitive Present Participle Past Participle | Present Indicative | Imperfect | Preterite | Future | Conditional | Present Subjunctive | Past Subjunctive | Commands |
|---|---|---|---|---|---|---|---|---|
| andar | ando | andaba | **anduve** | andaré | andaría | ande | **anduviera** | |
| to walk | andas | andabas | **anduviste** | andarás | andarías | andes | **anduvieras** | anda (no andes) |
| andando | anda | andaba | **anduvo** | andará | andaría | ande | **anduviera** | ande |
| andado | andamos | andábamos | **anduvimos** | andaremos | andaríamos | andemos | **anduviéramos** | andemos |
| | andáis | andabais | **anduvisteis** | andaréis | andaríais | andéis | **anduvierais** | andad (no andéis) |
| | andan | andaban | **anduvieron** | andarán | andarían | anden | **anduvieran** | anden |
| *dar | **doy** | daba | **di** | daré | daría | **dé** | diera | |
| to give | das | dabas | diste | darás | darías | des | dieras | da (**no des**) |
| dando | da | daba | dio | dará | daría | **dé** | diera | **dé** |
| dado | damos | dábamos | **dimos** | daremos | daríamos | demos | diéramos | demos |
| | dais | dabais | disteis | daréis | daríais | deis | dierais | dad (**no deis**) |
| | dan | daban | dieron | darán | darían | den | dieran | den |
| *decir | **digo** | decía | **dije** | **diré** | **diría** | diga | dijera | |
| to say, tell | **dices** | decías | **dijiste** | **dirás** | **dirías** | digas | dijeras | **di (no digas)** |
| **diciendo** | **dice** | decía | **dijo** | **dirá** | **diría** | diga | dijera | diga |
| **dicho** | decimos | decíamos | **dijimos** | **diremos** | **diríamos** | digamos | dijéramos | digamos |
| | decís | decíais | **dijisteis** | **diréis** | **diríais** | digáis | dijerais | decid (**no digáis**) |
| | **dicen** | decían | **dijeron** | **dirán** | **dirían** | digan | dijeran | digan |
| *estar | **estoy** | estaba | **estuve** | estaré | estaría | **esté** | **estuviera** | |
| to be | **estás** | estabas | **estuviste** | estarás | estarías | **estés** | **estuvieras** | **está (no estés)** |
| estando | **está** | estaba | **estuvo** | estará | estaría | **esté** | **estuviera** | **esté** |
| estado | estamos | estábamos | **estuvimos** | estaremos | estaríamos | estemos | **estuviéramos** | estemos |
| | estáis | estabais | **estuvisteis** | estaréis | estaríais | estéis | **estuvierais** | estad (**no estéis**) |
| | **están** | estaban | **estuvieron** | estarán | estarían | estén | **estuvieran** | estén |
| haber | **he** | había | **hube** | **habré** | **habría** | **haya** | **hubiera** | |
| to have | **has** | habías | **hubiste** | **habrás** | **habrías** | **hayas** | **hubieras** | **he (no hayas)** |
| habiendo | **ha [hay]** | había | **hubo** | **habrá** | **habría** | **haya** | **hubiera** | **haya** |
| habido | **hemos** | habíamos | **hubimos** | **habremos** | **habríamos** | **hayamos** | **hubiéramos** | hayamos |
| | **habéis** | habíais | **hubisteis** | **habréis** | **habríais** | **hayáis** | **hubierais** | habed (**no hayáis**) |
| | **han** | habían | **hubieron** | **habrán** | **habrían** | **hayan** | **hubieran** | hayan |
| *hacer | **hago** | hacía | **hice** | **haré** | **haría** | **haga** | **hiciera** | |
| to make, to do | haces | hacías | **hiciste** | **harás** | **harías** | **hagas** | **hicieras** | **haz (no hagas)** |
| haciendo | hace | hacía | **hizo** | **hará** | **haría** | **haga** | **hiciera** | **haga** |
| **hecho** | hacemos | hacíamos | **hicimos** | **haremos** | **haríamos** | **hagamos** | **hiciéramos** | hagamos |
| | hacéis | hacíais | **hicisteis** | **haréis** | **haríais** | **hagáis** | **hicierais** | haced (**no hagáis**) |
| | hacen | hacían | **hicieron** | **harán** | **harían** | **hagan** | **hicieran** | hagan |

*Verbs with irregular **yo** forms in the present indicative

(continued)

| Infinitive Present Participle Past Participle | Present Indicative | Imperfect | Preterite | Future | Conditional | Present Subjunctive | Past Subjunctive | Commands |
|---|---|---|---|---|---|---|---|---|
| ir *to go* yendo ido | voy vas va vamos vais van | iba ibas iba íbamos ibais iban | fui fuiste fue fuimos fuisteis fueron | iré irás irá iremos iréis irán | iría irías iría iríamos iríais irían | vaya vayas vaya vayamos vayáis vayan | fuera fueras fuera fuéramos fuerais fueran | ve (no vayas) vaya vamos (no vayamos) id (no vayáis) vayan |
| *oír *to hear* oyendo oído | oigo oyes oye oímos oís oyen | oía oías oía oíamos oíais oían | oí oíste oyó oímos oísteis oyeron | oiré oirás oirá oiremos oiréis oirán | oiría oirías oiría oiríamos oiríais oirían | oiga oigas oiga oigamos oigáis oigan | oyera oyeras oyera oyéramos oyerais oyeran | oye (no oigas) oiga oigamos oíd (no oigáis) oigan |
| poder (o → ue) *can, to be able* pudiendo podido | puedo puedes puede podemos podéis pueden | podía podías podía podíamos podíais podían | pude pudiste pudo pudimos pudisteis pudieron | podré podrás podrá podremos podréis podrán | podría podrías podría podríamos podríais podrían | pueda puedas pueda podamos podáis puedan | pudiera pudieras pudiera pudiéramos pudierais pudieran | puede (no puedas) pueda podamos poded (no podáis) puedan |
| *poner *to place, to put* poniendo puesto | pongo pones pone ponemos ponéis ponen | ponía ponías ponía poníamos poníais ponían | puse pusiste puso pusimos pusisteis pusieron | pondré pondrás pondrá pondremos pondréis pondrán | pondría pondrías pondría pondríamos pondríais pondrían | ponga pongas ponga pongamos pongáis pongan | pusiera pusieras pusiera pusiéramos pusierais pusieran | pon (no pongas) ponga pongamos poned (no pongáis) pongan |
| querer (e → ie) *to like* queriendo querido | quiero quieres quiere queremos queréis quieren | quería querías quería queríamos queríais querían | quise quisiste quiso quisimos quisisteis quisieron | querré querrás querrá querremos querréis querrán | querría querrías querría querríamos querríais querrían | quiera quieras quiera queramos queráis quieran | quisiera quisieras quisiera quisiéramos quisierais quisieran | quiere (no quieras) quiera queramos quered (no queráis) quieran |
| *saber *to know* sabiendo sabido | sé sabes sabe sabemos sabéis saben | sabía sabías sabía sabíamos sabíais sabían | supe supiste supo supimos supisteis supieron | sabré sabrás sabrá sabremos sabréis sabrán | sabría sabrías sabría sabríamos sabríais sabrían | sepa sepas sepa sepamos sepáis sepan | supiera supieras supiera supiéramos supierais supieran | sabe (no sepas) sepa sepamos sabed (no sepáis) sepan |

*Verbs with irregular *yo* forms in the present indicative

| Infinitive Present Participle Past Participle | Present Indicative | Imperfect | Preterite | Future | Conditional | Present Subjunctive | Past Subjunctive | Commands |
|---|---|---|---|---|---|---|---|---|
| *salir *to go out* saliendo salido | **salgo** sales sale salimos salís salen | salía salías salía salíamos salíais salían | salí saliste salió salimos salisteis salieron | **saldré** **saldrás** **saldrá** **saldremos** **saldréis** **saldrán** | **saldría** **saldrías** **saldría** **saldríamos** **saldríais** **saldrían** | **salga** **salgas** **salga** **salgamos** **salgáis** **salgan** | saliera salieras saliera saliéramos salierais salieran | **sal (no salgas)** **salga** **salgamos** **salid (no salgáis)** **salgan** |
| ser *to be* siendo sido | **soy** **eres** **es** **somos** **sois** **son** | **era** **eras** **era** **éramos** **erais** **eran** | **fui** **fuiste** **fue** **fuimos** **fuisteis** **fueron** | seré serás será seremos seréis serán | sería serías sería seríamos seríais serían | **sea** **seas** **sea** **seamos** **seáis** **sean** | **fuera** **fueras** **fuera** **fuéramos** **fuerais** **fueran** | **sé (no seas)** **sea** **seamos** **sed (no seáis)** **sean** |
| *tener (e → ie) *to have* teniendo tenido | **tengo** **tienes** **tiene** tenemos tenéis **tienen** | tenía tenías tenía teníamos teníais tenían | **tuve** **tuviste** **tuvo** **tuvimos** **tuvisteis** **tuvieron** | **tendré** **tendrás** **tendrá** **tendremos** **tendréis** **tendrán** | **tendría** **tendrías** **tendría** **tendríamos** **tendríais** **tendrían** | **tenga** **tengas** **tenga** **tengamos** **tengáis** **tengan** | **tuviera** **tuvieras** **tuviera** **tuviéramos** **tuvierais** **tuvieran** | **ten (no tengas)** **tenga** **tengamos** **tened (no tengáis)** **tengan** |
| *traer *to bring* trayendo traído | **traigo** traes trae traemos traéis traen | traía traías traía traíamos traíais traían | **traje** **trajiste** **trajo** **trajimos** **trajisteis** **trajeron** | traeré traerás traerá traeremos traeréis traerán | traería traerías traería traeríamos traeríais traerían | **traiga** **traigas** **traiga** **traigamos** **traigáis** **traigan** | **trajera** **trajeras** **trajera** **trajéramos** **trajerais** **trajeran** | trae (no traigas) **traiga** **traigamos** traed (no traigáis) **traigan** |
| *venir (e → ie, i) *to come* viniendo venido | **vengo** **vienes** **viene** venimos venís **vienen** | venía venías venía veníamos veníais venían | **vine** **viniste** **vino** **vinimos** **vinisteis** **vinieron** | **vendré** **vendrás** **vendrá** **vendremos** **vendréis** **vendrán** | **vendría** **vendrías** **vendría** **vendríamos** **vendríais** **vendrían** | **venga** **vengas** **venga** **vengamos** **vengáis** **vengan** | **viniera** **vinieras** **viniera** **viniéramos** **vinierais** **vinieran** | **ven (no vengas)** **venga** **vengamos** venid (no vengáis) **vengan** |
| ver *to see* viendo **visto** | **veo** ves ve vemos veis ven | **veía** **veías** **veía** **veíamos** **veíais** **veían** | **vi** **viste** **vio** **vimos** **visteis** **vieron** | veré verás verá veremos veréis verán | vería verías vería veríamos veríais verían | **vea** **veas** **vea** **veamos** **veáis** **vean** | viera vieras viera viéramos vierais vieran | ve (no veas) **vea** **veamos** ved (no veáis) **vean** |

*Verbs with irregular *yo* forms in the present indicative

# Grammar Guide

For more detailed explanations of these grammar points, consult the Index on pages I-1–I-4 to find the places where these concepts are presented.

**ACTIVE VOICE (La voz activa)** A sentence written in the active voice identifies a subject that performs the action of the verb.

| Juan | cantó | la canción. |
|------|-------|-------------|
| *Juan* | *sang* | *the song.* |
| **subject** | **verb** | **direct object** |

In the sentence above Juan is the performer of the verb **cantar.**

(*See also* **Passive Voice.**)

**ADJECTIVES (Los adjetivos)** are words that modify or describe **nouns** or **pronouns** and agree in **number** and generally in **gender** with the nouns they modify.

Las casas **azules** son **bonitas.**
*The **blue** houses are **pretty.***

Esas mujeres **mexicanas** son mis **nuevas** amigas.
*Those **Mexican** women are my **new** friends.*

- **Demonstrative adjectives (Los adjetivos demostrativos)** point out persons, places, or things relative to the position of the speaker. They always agree in **number** and **gender** with the **noun** they modify. The forms are: **este, esta, estos, estas / ese, esa, esos, esas / aquel, aquella, aquellos, aquellas.** There are also neuter forms that refer to generic ideas or things, and hence have no gender: **esto, eso, aquello.**

| **Este** libro es fácil. | ***This** book is easy.* |
|---|---|
| **Esos** libros son difíciles. | ***Those** books are hard.* |
| **Aquellos** libros son pesados. | ***Those** books **(over there)** are boring.* |
| **Eso** es importante. | ***That** is important.* |

Demonstratives may also function as **pronouns,** replacing the **noun** but still agreeing with it in **number** and **gender:**

| Me gustan esas blusas verdes. | *I like those green blouses.* |
|---|---|
| ¿Cuáles? **¿Estas?** | *Which ones, **these?*** |
| No. Me gustan **esas.** | *No. I like **those.*** |

- **Stressed possessive adjectives (Los adjetivos posesivos tónicos)** are used for emphasis and follow the noun that they modifiy. These adjectives may also function as pronouns and always agree in **number** and in **gender.** The forms are: **mío, tuyo, suyo, nuestro, vuestro, suyo.** Unless they are directly preceded by the verb **ser,** stressed possessives must be preceded by the **definite article.**

| Ese perro pequeño es **mío.** | *That little dog is **mine.*** |
|---|---|
| Dame el **tuyo;** el **nuestro** no funciona. | *Give me **yours; ours** doesn't work.* |

- **Possessive adjectives (Los adjetivos posesivos)** demonstrate ownership and always precede the **noun** that they modify.

| La señora Elman es **mi** profesora. | *Mrs. Elman is **my** professor.* |
|---|---|
| Debemos llevar **nuestros** libros a clase. | *We should take **our** books to class.* |

**ADVERBS (Los adverbios)** are words that modify **verbs, adjectives,** or other adverbs and, unlike **adjectives,** do not have **gender** or **number.** Here are examples of different classes of adverbs:

| Practicamos **diariamente.** | *We practice **daily.*** (adverb of frequency) |
|---|---|
| Ellos van a salir **pronto.** | *They will leave **soon.*** (adverb of time) |
| Jennifer está **afuera.** | *Jennifer is **outside.*** (adverb of place) |
| No quiero ir **tampoco.** | *I don't want to go **either.*** (adverb of negation) |
| Paco habla **demasiado.** | *Paco talks **too much.*** (adverb of quantity) |
| Esta clase es **extremadamente** difícil. | *This class is **extremely** difficult.* (modifies adjective) |
| Ella habla **muy** poco. | *She speaks **very** little.* (modifies adverb) |

**AGREEMENT (La concordancia)** refers to the correspondence between parts of speech in terms of **number, gender,** and **person.** Subjects agree with their verbs; articles and adjectives agree with the nouns they modify, etc.

| | |
|---|---|
| Toda**s** la**s** lengua**s** son interesante**s.** | *All languages are interesting.* (number) |
| **Ella** es bonit**a.** | *She is pretty.* (gender) |
| **Nosotros somos** de España. | *We are from Spain.* (person) |

**ARTICLES (Los artículos)** precede nouns and indicate whether they are definite or indefinite persons, places, or things.

- **Definite articles (Los artículos definidos)** refer to particular members of a group and are the equivalent of *the* in English. The definite articles are: **el, la, los, las.**

| | |
|---|---|
| **El** hombre guapo es mi padre. | *The handsome man is my father.* |
| **Las** chicas de esta clase son inteligentes. | *The girls in this class are intelligent.* |

- **Indefinite articles (Los artículos indefinidos)** refer to any unspecified member(s) of a group and are the equivalent of *a(n)* and *some.* The indefinite articles are: **un, una, unos, unas.**

| | |
|---|---|
| **Un** hombre vino a nuestra casa anoche. | *A man came to our house last night.* |
| **Unas** niñas jugaban en el parque. | *Some girls were playing in the park.* |

**CLAUSES (Las cláusulas)** are subject and verb combinations; for a sentence to be complete it must have at least one main clause.

- **Main clauses** (Independent clauses) **(Las cláusulas principales)** communicate a complete idea or thought.

| | |
|---|---|
| Mi hermana va al hospital. | *My sister goes to the hospital.* |

- **Subordinate clauses** (Dependent clauses) **(Las cláusulas subordinadas)** depend upon a main clause for their meaning to be complete.

| **main clause** | **subordinate clause** |
|---|---|
| Mi hermana va al hospital | cuando está enferma. |
| *My sister goes to the hospital* | *when she is ill.* |

In the sentence above, *when she is ill* is not a complete idea without the information supplied by the main clause.

**COMMANDS (Los mandatos)** (*See* **Imperatives.**)

**COMPARISONS (Las comparaciones)** are statements that describe one person, place, or thing relative to another in terms of quantity, quality, or manner.

- **Comparisons of equality (Las formas comparativas de igualdad)** demonstrate an equal share of a quantity or degree of a particular characteristic. These statements use a form of **tan** or **tanto(a)(s)** and **como.**

| | |
|---|---|
| Ella tiene **tanto** dinero **como** Elena. | *She has **as much** money **as** Elena.* |
| Fernando trabaja **tanto como** Felipe. | *Fernando works **as much as** Felipe.* |
| Jim baila **tan** bien **como** Anne. | *Jim dances **as** well **as** Anne.* |

- **Comparisons of inequality (Las formas comparativas de desigualdad)** indicate a difference in quantity, quality, or manner between the compared subjects. These statements use **más/menos... que** or comparative **adjectives** such as **mejor / peor, mayor / menor.**

| | |
|---|---|
| México tiene **más** playas **que** España. | *Mexico has **more** beaches **than** Spain.* |
| Tú hablas español **mejor que** yo. | *You speak Spanish **better than** I.* |

(*See also* **Superlative statements.**)

**CONJUGATIONS (Las conjugaciones)** are the forms of the verb as they agree with a particular subject or person.

| | |
|---|---|
| **Yo bailo** los sábados. | *I dance on Saturdays.* (1st-person singular) |
| **Tú bailas** los sábados. | *You dance on Saturdays.* (2nd-person singular) |
| **Ella baila** los sábados. | *She dances on Saturdays.* (3rd-person singular) |
| **Nosotros bailamos** los sábados. | *We dance on Saturdays.* (1st-person plural) |
| **Vosotros bailáis** los sábados. | *You dance on Saturdays.* (2nd-person plural) |
| **Ellos bailan** los sábados. | *They dance on Saturdays.* (3rd-person plural) |

**CONJUNCTIONS** (**Las conjunciones**) are linking words that join two independent clauses together.

Fuimos al centro **y** mis amigos compraron muchas cosas.
*We went downtown, **and** my friends bought a lot of things.*

Yo quiero ir a la fiesta, **pero** tengo que estudiar.
*I want to go to the party, **but** I have to study.*

**CONTRACTIONS** (**Las contracciones**) in Spanish are limited to preposition/article combinations, such as **de + el = del** and **a + el = al,** or preposition/pronoun combinations such as **con + mí = conmigo** and **con + ti = contigo.**

**DIRECT OBJECTS** (**Los objetos directos**) in sentences are the direct recipients of the action of the verb. Direct objects answer the questions *What?* or *Whom?*

| | |
|---|---|
| Ella hizo **la tarea.** | *She did her **homework.*** |
| Después llamó **a su amiga.** | *Afterwards called **her friend.*** |

(*See also* **Pronoun, Indirect Object, Personal *a*.**)

**EXCLAMATORY WORDS** (**Las palabras exclamativas**) communicate surprise or strong emotion. Like interrogative words, exclamatory words also carry accents.

| | |
|---|---|
| **¡Qué** sorpresa! | ***What** a surprise!* |
| **¡Cuántas** personas hay en la fiesta! | *There are a lot of people at the party! (Literally: How many people there are at the party!)* |

(*See also* **Interrogatives.**)

**GERUNDS** (**El gerundio**) in Spanish refer to the present participle. In English gerunds are verbals (based on a verb and expressing an action or a state of being) that function as nouns. In most instances where the gerund is used in English, the infinitive is used in Spanish.

| | |
|---|---|
| (El) **Ser** cortés no cuesta nada. | ***Being** polite is not hard.* |
| Mi pasatiempo favorito es **viajar.** | *My favorite pasttime is **traveling.*** |
| Después de **desayunar** salió de la casa. | *After **eating** breakfast, he left the house.* |

(*See also* **Present Participle.**)

**IDIOMATIC EXPRESSIONS** (**Las frases idiomáticas**) are phrases in Spanish that do not have a literal English equivalent.

Cuesta un ojo de la cara.     *It costs a lot. (It costs an arm and a leg.)*

**IMPERATIVES** (**Los imperativos**) represent the mood used to express requests or commands. It is more direct than the **subjunctive** mood. Imperatives are commonly called commands and fall into two categories: affirmative and negative. Spanish speakers must also choose between using formal commands and informal commands based upon whether one is addressed as **usted** (formal) or **tú** (informal).

| | |
|---|---|
| **Habla** conmigo. | **Talk** to me. (informal, singular, affirmative) |
| **No me hables.** | **Don't talk** to me. (informal, singular, negative) |
| **Hable** con la policía. | **Talk** to the police. (formal, singular, affirmative) |
| **No hable** con la policía. | **Don't talk** to the police. (formal, singular, negative) |
| **Hablen** con la policía. | **Talk** to the police. (formal, plural, affirmative) |
| **No hablen** con la policía | **Don't talk** to the police. (formal, plural, negative) |
| **Hablad** con la policía. | **Talk** to the police. (informal [Spain], plural, affirmative) |
| **No habléis** con la policía. | **Don't talk** to the police. (informal [Spain], plural, negative) |

(*See also* **Mood.**)

**IMPERFECT** (**El imperfecto**) The imperfect tense is used to make statements about the past when the speaker wants to convey the idea of 1) habitual or repeated action, 2) two actions in progress simultaneously, or 3) an event that was in progress when another action interrupted. The imperfect tense is also used to emphasize the ongoing nature of the middle of the event, as opposed to its beginning or end. Age and clock time are always expressed using the imperfect.

Cuando María **era** joven **cantaba** en el coro.
*When María **was** young, she **used to sing** in the choir.*

Aquel día **llovía** mucho y el cielo **estaba** oscuro.
*That day **it was raining** a lot and the sky **was** dark.*

Juan **dormía** cuando sonó el teléfono.
*Juan **was sleeping** when the phone rang.*

(*See also* **Preterite.**)

**IMPERSONAL EXPRESSIONS (Las expresiones impersonales)** are statements that contain the impersonal subjects of *it* or *one*.

| | |
|---|---|
| **Es necesario** estudiar. | *It is necessary to study.* |
| **Se necesita** estudiar. | *One needs to study.* |

(*See also* **Passive Voice.**)

**INDEFINITE WORDS (Las palabras indefinidas)** are **articles, adjectives, nouns** or **pronouns** that refer to unspecified members of a group.

| | |
|---|---|
| **Un** hombre vino. | *A man came.* (indefinite article) |
| **Alguien** vino. | *Someone came.* (indefinite noun) |
| **Algunas** personas vinieron. | *Some people came.* (indefinite adjective) |
| **Algunos** vinieron. | *Some came.* (indefinite pronoun) |

(*See also* **Articles.**)

**INDICATIVE (El indicativo)** The indicative is a mood, rather than a tense. The indicative is used to express ideas that are considered factual or certain and, therefore, not subject to speculation, doubt, or negation.

| | |
|---|---|
| Josefina **es** española. (present indicative) | *Josefina is Spanish.* |
| Ella **vivió** en Argentina. (preterite indicative) | *She lived in Argentina.* |

(*See also* **Mood.**)

**INDIRECT OBJECTS (Los objetos indirectos)** are the indirect recipients of an action in a sentence and answer the questions *To whom?* or *For whom?* In Spanish it is common to include an indirect object **pronoun** along with the indirect object.

| | |
|---|---|
| Yo **le** di el libro **a Sofía**. | *I gave the book **to Sofía**.* |
| Sofía **les** guardó el libro **a sus padres**. | *Sofía kept the book **for her parents**.* |

(*See also* **Direct Objects** *and* **Pronouns.**)

**INFINITIVES (Los infinitivos)** are verb forms that are uninflected or **not conjugated** according to a specific **person.** In English, infinitives are preceded by *to: to talk, to eat, to live.* Infinitives in Spanish end in **-ar (hablar), -er (comer),** and **-ir (vivir).**

**INTERROGATIVES (Las formas interrogativas)** are used to pose questions and carry accent marks to distinguish them from other uses. Basic interrogative words include: **quién(es), qué, cómo, cuánto(a)(s), cuándo, por qué, dónde, cuál(es).**

| | |
|---|---|
| ¿**Qué** quieres? | ***What** do you want?* |
| ¿**Cuándo** llegó ella? | ***When** did she arrive?* |
| ¿De **dónde** eres? | ***Where** are you from?* |

(*See also* **Exclamatory Words.**)

**MOOD (El modo)** is like the word *mode,* meaning *manner* or *way.* It indicates the way in which the speaker views an action, or his/her attitude toward the action. Besides the **imperative** mood, which is simply giving commands, there are two moods in Spanish: the **subjunctive** and the **indicative.** Basically, the subjunctive mood communicates an attitude of uncertainty toward the action, while the indicative indicates that the action is certain or factual. Within each of these moods there are many **tenses.** Hence you have the present indicative and the present subjunctive, the present perfect indicative and the present perfect subjunctive, etc.

- **Indicative mood (El indicativo)** is used to talk about actions that are regarded as certain or as facts: things that happen all the time, have happened, or will happen. It is used in contrast to situations where the speaker is voicing an opinion, doubts, or desires.

| | |
|---|---|
| (Yo) **Quiero** ir a la fiesta. | *I **want** to go to the party.* |
| ¿**Quieres** ir conmigo? | ***Do you want** to go with me?* |

- **Subjunctive mood (El subjuntivo)** indicates a recommendation, a statement of uncertainty, or an expression of opinion, desire or emotion.

| | |
|---|---|
| Recomiendo que tú **vayas** a la fiesta. | *I recommend that **you go** to the party.* |
| Dudo que **vayas** a la fiesta. | *I doubt that **you'll go** to the party.* |
| Me alegra que **vayas** a la fiesta. | *I am happy that **you'll go** to the party.* |
| Si **fueras** a la fiesta, te divertirías. | *If **you were to go** to the party, you would have a good time.* |

- **Imperative mood (El imperativo)** is used to make a command or request.

| | |
|---|---|
| ¡**Ven** conmigo a la fiesta! | ***Come** with me to the party!* |

(*See also* **Mood, Indicative, Imperative,** *and* **Subjunctive.**)

**NEGATION (La negación)** takes place when a negative word, such as **no,** is placed before an affirmative sentence. In Spanish, double negatives are common.

| | |
|---|---|
| Yolanda va a cantar esta noche. | *Yolanda will sing tonight.* (affirmative) |
| Yolanda **no** va a cantar esta noche. | *Yolanda will **not** sing tonight.* (negative) |
| Ramón quiere algo. | *Ramón wants something.* (affirmative) |
| Ramón **no** quiere **nada.** | *Ramón **doesn't** want **anything.*** (negative) |

**NOUNS (Los sustantivos)** are persons, places, things, or ideas. Names of people, countries, and cities are proper nouns and are capitalized.

| | |
|---|---|
| Alberto | *Albert* (person) |
| la amistad | *friendship* (idea, concept) |
| el pueblo | *town* (place) |
| el diccionario | *dictionary* (thing) |

**ORTHOGRAPHY (La ortografía)** refers to the spelling of a word or anything related to spelling, such as accentuation.

**PASSIVE VOICE (La voz pasiva),** as compared to **active voice (la voz activa),** places emphasis on the action itself rather than the subject (the person or thing that is responsible for doing the action). The passive **se** is used when there is no apparent subject.

| | |
|---|---|
| Luis vende los coches. | *Luis sells the cars.* (active voice) |
| Los coches **son vendidos por** Luis. | *The cars **are sold by** Luis.* (passive voice) |
| **Se venden** los coches. | *The cars **are sold.*** (passive voice) |

(*See also* **Active Voice.**)

**PAST PARTICIPLES (Los participios pasados)** are verb forms used in compound tenses such as the **present perfect.** Regular past participles are formed by dropping the **-ar** or **-er/-ir** from the **infinitive** and adding **-ado** or **-ido.** Past participles are generally the equivalent of verb forms ending in *-ed* in English. They may also be used as **adjectives,** in which case they agree in **number** and **gender** with their nouns. Irregular past participles include: **escrito, roto, dicho, hecho, puesto, vuelto, muerto, cubierto.**

| | |
|---|---|
| Marta ha **subido** la montaña. | *Marta has **climbed** the mountain.* |
| Los vasos están **rotos.** | *The glasses are **broken.*** |
| La novela **publicada** en 1995 es su mejor novela. | *The novel **published** in 1995 is her best novel.* |

**PERFECT TENSES (Los tiempos perfectos)** communicate the idea that an action has taken place before now or began in the past and continues into the present (present perfect) or before a particular moment in the past (past perfect). The perfect tenses are compound tenses consisting of the auxiliary verb **haber** plus the **past participle** of a second verb.

| | |
|---|---|
| Yo ya **he comido.** | ***I have** already eaten.* (present perfect indicative) |
| Antes de la fiesta, yo ya **había comido.** | *Before the party **I had** already **eaten.*** (past perfect indicative) |
| Yo espero que **hayas comido.** | *I hope that **you have eaten.*** (present perfect subjunctive) |
| Yo esperaba que **hubieras comido.** | *I hoped that **you had eaten.*** (past perfect subjunctive) |

**PERSON (La persona)** refers to changes in the subject pronouns that indicate if one is speaking (first person), if one is spoken to (second person), or if one is spoken about (third person).

| | |
|---|---|
| Yo hablo. | *I speak.* (1st-person singular) |
| Tú hablas. | *You speak.* (2nd-person singular) |
| Ud./Él/Ella habla. | *You/He/She speak(s).* (3rd-person singular) |
| Nosotros(as) hablamos. | *We speak.* (1st-person plural) |
| Vosotros(as) habláis. | *You speak.* (2nd-person plural) |
| Uds./Ellos/Ellas hablan. | *They speak.* (3rd-person plural) |

**PERSONAL A (La *a* personal)** The personal **a** refers to the placement of the preposition **a** before a person or a pet when it is the **direct object** of the sentence.

| | |
|---|---|
| Voy a llamar **a** María. | *I'm going to call María.* |
| El veterinario curó **al** perro. | *The veterinarian treated the dog.* |

**PREPOSITIONS (Las preposiciones)** are linking words indicating spatial or temporal relations between two words.

| | |
|---|---|
| Ella nadaba **en** la piscina. | *She was swimming **in** the pool.* |
| Yo llamé **antes de** las nueve. | *I called **before** nine o'clock.* |
| El libro es **para** ti. | *The book is **for** you.* |
| Voy **a** la oficina. | *I'm going **to** the office.* |
| Jorge es **de** Paraguay. | *Jorge is **from** Paraguay.* |

**PRESENT PARTICIPLE (El participio del presente)** is the Spanish equivalent of the *-ing* verb form in English. Regular participles are created by replacing the infinitive endings (**-ar, -er/-ir**) with **-ando** or **-iendo.** They are often used with the verb **estar** to form the present progressive tense. The present progressive tense places emphasis on the continuing or progressive nature of an action. In Spanish, the participle form is referred to as a gerund.

| | |
|---|---|
| Miguel está **cantando** en la ducha. | *Miguel is **singing** in the shower.* |
| Los niños están **durmiendo** ahora. | *The children are **sleeping** now.* |

(*See also* **Gerunds**)

**PRETERITE (El pretérito)** The preterite tense, as compared to the **imperfect tense,** is used to talk about past events with specific emphasis on the beginning or the end of the action, or emphasis on the completed nature of the action as a whole.

Anoche yo **empecé** a estudiar a las once y **terminé** a la una.
*Last night I **began** to study at eleven o'clock and **finished** at one o'clock.*

Esta mañana **me desperté** a las siete, **desayuné, me duché** y **llegué** a la escuela a las ocho.
*This morning **I woke up** at seven, **I ate breakfast, I showered,** and **I arrived** at school at eight.*

**PRONOUNS (Los pronombres)** are words that substitute for **nouns** in a sentence.

| | |
|---|---|
| Yo quiero **este.** | *I want **this one.*** (demonstrative—points out a specific person, place, or thing) |
| **¿Quién** es tu amigo? | ***Who** is your friend?* (interrogative—used to ask questions) |
| Yo voy a llamar**la.** | *I'm going to call **her.*** (direct object—replaces the direct object of the sentence) |
| Ella va a dar**le** el reloj. | *She is going to give **him** the watch.* (indirect object—replaces the indirect object of the sentence) |
| Juan **se** baña por la mañana. | *Juan bathes **himself** in the morning.* (reflexive—used with reflexive verbs to show that the agent of the action is also the recipient) |
| Es la mujer **que** conozco. | *She is the woman **that** I know.* (relative—used to introduce a clause that describes a noun) |
| **Nosotros** somos listos. | ***We** are clever.* (subject—replaces the noun that performs the action or state of a verb) |

**SUBJECTS (Los sujetos)** are the persons, places, or things which perform the action of a verb, or which are connected to a description by a verb. The **conjugated** verb always agrees with its subject.

| | |
|---|---|
| **Carlos** siempre baila solo. | ***Carlos** always dances alone.* |
| **Colorado** y **California** son mis estados preferidos. | ***Colorado** and **California** are my favorite states.* |
| **La cafetera** hace el café. | *The **coffee maker** makes the coffee.* |

(*See also* **Active Voice.**)

**SUBJUNCTIVE (El subjuntivo)** The subjunctive mood is used to express speculative, doubtful, or hypothetical situations. It also communicates a degree of subjectivity or influence of the main clause over the subordinate clause.

| | |
|---|---|
| No creo que **tengas** razón. | *I don't think that **you're** right.* |
| Si yo **fuera** el jefe les pagaría más a mis empleados. | *If I **were** the boss, I would pay my employees more.* |
| Quiero que **estudies** más. | *I want **you to study** more.* |

(*See also* **Mood, Indicative.**)

**SUPERLATIVE STATEMENTS (Las frases superlativas)** are formed by adjectives or adverbs to make comparisons among three or more members of a group. To form superlatives, add a definite article (**el, la, los, las**) before the comparative form.

| | |
|---|---|
| Juan es **el más alto** de los tres. | *Juan is **the tallest** of the three.* |
| Este coche es **el más rápido** de todos. | *This car is **the fastest** of them all.* |
| En mi opinión, ella es **la mejor** cantante. | *In my opinion, she is **the best** singer.* |

(*See also* **Comparisons.**)

**TENSES (Los tiempos)** refer to the manner in which time is expressed through the verb of a sentence.

| | |
|---|---|
| Yo estudio. | *I study.* (present tense) |
| Yo estoy estudiando. | *I am studying.* (present progressive) |
| Yo he estudiado. | *I have studied.* (present perfect) |
| Yo había estudiado. | *I had studied.* (past perfect) |
| Yo estudié. | *I studied.* (preterite tense) |
| Yo estudiaba. | *I was studying.* (imperfect tense) |
| Yo estudiaré. | *I will study.* (future tense) |

**VERBS (Los verbos)** are the words in a sentence that communicate an action or state of being.

| | |
|---|---|
| Helen **es** mi amiga y ella **lee** muchas novelas. | *Helen **is** my friend and she **reads** a lot of novels.* |

- **Auxiliary verbs (Los verbos auxiliares)** or helping verbs **haber, ser,** and **estar** are used to form the passive voice, compound tenses, and verbal periphrases.

| | |
|---|---|
| **Estamos** estudiando mucho para el examen mañana. | *We are studying a lot for the exam tomorrow.* (*verbal periphrases*) |
| Helen **ha** trabajado mucho en este proyecto. | *Helen **has** worked a lot on this project.* (*compound tense*) |
| La ropa **fue** hecha en Guatemala. | *The clothing **was** made in Guatemala.* (*passive voice*) |

- **Reflexive verbs (Los verbos reflexivos)** use reflexive **pronouns** to indicate that the person initiating the action is also the recipient of the action.

| | |
|---|---|
| Yo **me afeito** por la mañana. | *I shave (**myself**) in the morning.* |

- **Stem-changing verbs (Los verbos con cambios de raíz)** undergo a change in the main part of the verb when conjugated. To find the stem, drop the **-ar, -er,** or **-ir** from the **infinitive: dorm-, empez-, ped-.** There are three types of stem-changing verbs in the present indicative: **o** to **ue, e** to **ie** and **e** to **i.**

| | |
|---|---|
| dormir: Yo d**ue**rmo en un hotel. | *I sleep in an hotel.* (**o** to **ue**) |
| empezar: Ella siempre emp**ie**za a trabajar temprano. | *She always starts working early.* (**e** to **ie**) |
| pedir: ¿Por qué no p**i**des ayuda? | *Why don't you ask for help?* (**e** to **i**) |

## Asking questions
### Question words

**¿Adónde?** To where?
**¿Cómo?** How?
**¿Cuál(es)?** Which? What?
**¿Cuándo?** When?
**¿Cuánto/¿Cuánta?** How much?
**¿Cuántos/¿Cuántas?** How many?
**¿Dónde?** Where?
**¿Por qué?** Why?
**¿Qué?** What?
**¿Quién(es)?** Who? Whom?

### Requesting information

**¿Cómo es su (tu) profesor(a) favorito(a)?** What's your favorite professor like?
**¿Cómo se (te) llama(s)?** What's your name?
**¿Cómo se llama?** What's his/her name?
**¿Cuál es su (tu) número de teléfono?** What's your telephone number?
**¿De dónde es (eres)?** Where are you from?
**¿Dónde hay...?** Where is/are there ...?
**¿Qué estudia(s)?** What are you studying?

## Asking for descriptions

**¿Cómo es...?** What is ... like?
**¿Cómo son...?** What are ... like?

## Asking for clarification

**¿Cómo?** What?
**Dígame (Dime) una cosa.** Tell me something.
**Más despacio.** More slowly.
**No comprendo./No entiendo.** I don't understand.
**¿Perdón?** Pardon me?
**¿Cómo? Otra vez, por favor.** What? One more time, please.
**Repita (Repite), por favor.** Please repeat.
**¿Qué significa...?** What does ... mean?

## Asking about and expressing likes and dislikes

**¿Te (le) gusta(n)?** Do you like it (them)?
**No me gusta(n).** I don't like it (them).
**Sí, me gusta(n).** Yes, I like it (them).

## Asking for confirmation

**... ¿de acuerdo?** ... agreed? (*Used when some type of action is proposed.*)
**... ¿no?** ... isn't that so? (*Not used with negative sentences.*)

**... ¿no es así?** ... isn't that right?
**... ¿vale?** ... OK?
**... ¿verdad? ¿cierto?** ... right?
**... ¿está bien?** ... OK?

## Complaining

**Es demasiado caro/cara (costoso/costosa).** It's too expensive.
**No es justo.** It isn't fair.
**No puedo esperar más.** I can't wait anymore.
**No puedo más.** I can't take this anymore.

## Expressing belief

**Es cierto/verdad.** That's right./That's true.
**Estoy seguro/segura.** I'm sure.
**Lo creo.** I believe it.
**No cabe duda de que...** There can be no doubt that ...
**No lo dudo.** I don't doubt it.
**Tiene(s) razón.** You're right.

## Expressing disbelief

**Hay dudas.** There are doubts.
**Es poco probable.** It's doubtful/unlikely.
**Lo dudo.** I doubt it.
**No lo creo.** I don't believe it.
**Estás equivocado(a).** You're wrong.
**Tengo mis dudas.** I have my doubts.

## Expressing frequency of actions and length of activities

**¿Con qué frecuencia...?** How often ...?
**de vez en cuando** from time to time
**durante la semana** during the week
**frecuentemente** frequently
**los fines de semana** on the weekends
**nunca** never
**por la mañana/por la tarde/por la noche** in the morning/afternoon/evening
**siempre** always
**todas las tardes/todas las noches** every afternoon/evening
**todos los días** every day
**Hace un año/dos meses/tres semanas que...** for a year/two months/three weeks

## Listening for instructions in the classroom

**Abran los libros en la página...** Open your books to page ...
**Cierren los libros.** Close your books.

**Complete (Completa) (Completen) la oración.** Complete the sentence.
**Conteste (Contesta) (Contesten) en español.** Answer in Spanish.
**Escriban en la pizarra.** Write on the board.
**Formen grupos de... estudiantes.** Form groups of ... students.
**Practiquen en parejas.** Practice in pairs.
**¿Hay preguntas?** Are there any questions?
**Lea (Lee) en voz alta.** Read aloud.
**Por ejemplo...** For example ...
**Preparen... para mañana.** Prepare ... for tomorrow.
**Repita (Repite), (Repitan) por favor.** Please repeat.
**Saquen el libro (el cuaderno, una hoja de papel).** Take out the book (the notebook, a piece of paper).

## Greeting and conversing
### Greetings

**Bien, gracias.** Fine, thanks.
**Buenas noches.** Good evening.
**Buenas tardes.** Good afternoon.
**Buenos días.** Good morning.
**¿Cómo está(s)?** How are you?
**¿Cómo le (te) va?** How is it going?
**Hola.** Hi.
**Mal.** Bad./Badly.
**Más o menos.** So so.
**Nada.** Nothing.
**No muy bien.** Not too well.
**¿Qué hay de nuevo?** What's new?
**¿Qué tal?** How are things?
**Regular.** Okay.
**¿Y usted (tú )?** And you?

### Introducing people

**¿Cómo se (te) llama(s)?** What is your name?
**¿Cómo se llama(n) él/ella/usted(es)/ellos/ellas?** What is (are) his/her, your, their name(s)?
**¿Cuál es su (tu) nombre?** What is your name?
**El gusto es mío.** The pleasure is mine.
**Encantado(a).** Delighted.
**Igualmente.** Likewise.
**Me llamo...** My name is ...
**Mi nombre es...** My name is ...
**Mucho gusto.** Pleased to meet you.
**Quiero presentarle(te) a...** I want to introduce you to ...
**Se llama(n)...** His/Her/Their name(s) is/are ...

## Entering into a conversation

**Escuche (Escucha).** Listen.
**(No) Creo que...** I (don't) believe that . . .
**(No) Estoy de acuerdo porque...** I (don't) agree because . . .
**Pues, lo que quiero decir es que...** Well, what I want to say is . . .
**Quiero decir algo sobre...** I want to say something about . . .

## Saying goodbye

**Adiós.** Goodbye.
**Chao.** Goodbye.
**Hasta la vista.** Until we meet again.
**Hasta luego.** See you later.
**Hasta mañana.** Until tomorrow.
**Hasta pronto.** See you soon.

## Chatting

**(Bastante) bien.** (Pretty) well, fine.
**¿Cómo está la familia?** How's the family?
**¿Cómo le (te) va?** How's it going?
**¿Cómo van las clases?** How are classes going?
**Fenomenal.** Phenomenal.
**Horrible.** Horrible.
**Mal.** Bad(ly).
**No hay nada de nuevo.** There's nothing new.
**¿Qué hay de nuevo?** What's new?
**¿Qué tal?** How's it going?

## Reacting to comments

**¡A mí me lo dice(s)!** You're telling me!
**¡Caray!** Oh! Oh no!
**¿De veras?/¿De verdad?** Really? Is that so?
**¡Dios mío!** Oh, my goodness!
**¿En serio?** Seriously? Are you serious?
**¡Estupendo!** Stupendous!
**¡Fabuloso!** Fabulous!
**¡No me diga(s)!** You don't say!
**¡Qué barbaridad!** How unusual! Wow! That's terrible!
**¡Qué bien!** That's great!
**¡Qué desastre!** That's a disaster!
**¡Qué dijo (dijiste)?** What did you say?
**¡Qué gente más loca!** What crazy people!
**¿Qué hizo (hiciste)?** What did you do?
**¡Qué horrible!** That's horrible!
**¡Qué increíble!** That's amazing!
**¡Qué lástima!** That's a pity! That's too bad!
**¡Qué mal!** That's really bad!
**¡Qué maravilla!** That's marvelous!
**¡Qué pena!** That's a pain! That's too bad!
**¡Ya lo creo!** I (can) believe it!

## Extending a conversation using fillers and hesitations

**A ver...** Let's see . . .
**Buena pregunta...** That's a good question . . .
**Bueno...** Well . . .
**Es que...** It's that . . .
**Pues... no sé.** Well . . . I don't know.
**Sí, pero...** Yes, but . . .
**No creo.** I don't think so.

## Expressing worry

**¡Ay, Dios mío!** Good grief!
**¡Es una pesadilla!** It's a nightmare!
**¡Eso debe ser horrible!** That must be horrible!
**¡Pobre!** Poor thing!
**¡Qué espanto!** What a scare!
**¡Qué horror!** How horrible!
**¡Qué lástima!** What a pity!
**¡Qué mala suerte/pata!** What bad luck!
**¡Qué terrible!** How terrible!
**¡Qué triste!** How sad!
**¡Qué pena!** What a shame!

## Expressing agreement

**Así es.** That's so.
**Cierto./Claro (que sí )./Seguro.** Certainly. Sure(ly).
**Cómo no./Por supuesto.** Of course.
**Correcto.** That's right.
**Es cierto/verdad.** It's true.
**Eso es.** That's it.
**(Estoy) de acuerdo.** I agree.
**Exacto.** Exactly.
**Muy bien.** Very good. Fine.
**Perfecto.** Perfect.
**Probablemente.** Probably.

## Expressing disagreement

**Al contrario.** On the contrary.
**En absoluto.** Absolutely not. No way.
**Es poco probable.** It's doubtful/ not likely.
**Incorrecto.** Incorrect.
**No es así.** That's not so.
**No es cierto.** It's not so.
**No es verdad.** It's not true.
**No es eso.** That's not it.
**No está bien.** It's not good/not right.
**No estoy de acuerdo.** I don't agree.
**Todo lo contrario.** Just the opposite./ Quite the contrary.

## Expressing sympathy

**Es una pena.** It's a pity.
**Lo siento mucho.** I'm very sorry.
**Mis condolencias.** My condolences.
**¡Qué lástima!** What a pity!

## Expressing obligation

**Necesitar + *infinitive*** To need to . . .
**(No) es necesario + *infinitive*** It's (not) necessary to . . .
**(No) hay que + *infinitive*** One must(n't) . . ., One does(n't) have to . . .
**(Se) debe + *infinitive*** (One) should (ought to) . . .
**Tener que + *infinitive*** To have to . . .

## In the hospital
### Communicating instructions

**Lavar la herida.** Wash the wound.
**Llamar al médico.** Call the doctor.
**Pedir información.** Ask for information.
**Poner hielo.** Put on ice.
**Poner una curita/una venda.** Put on a Band-Aid®/a bandage.
**Quedarse en la cama.** Stay in bed.
**Sacar la lengua.** Stick out your tongue.
**Tomar la medicina/las pastillas después de cada comida (dos veces al día/antes de acostarse).** Take the medicine/the pills after each meal (two times a day/ before going to bed).

### Describing symptoms

**Me duele la cabeza/la espalda, etc.** I have a headache/backache, etc.
**Me tiemblan las manos.** My hands are shaking.
**Necesito pastillas (contra fiebre, mareos, etc.).** I need pills (for fever, dizziness, etc.).
**Necesito una receta (unas aspirinas, un antibiótico, unas gotas, un jarabe).** I need a prescription (aspirin, antibiotics, drops, cough syrup).

## Invitations
### Extending invitations

**¿Le (Te) gustaría ir a... conmigo?** Would you like to go to . . . with me?
**¿Me quiere(s) acompañar a...?** Do you want to accompany me to . . .?
**¿Quiere(s) ir a...?** Do you want to go to . . .?
**Si tiene(s) tiempo, podemos ir a...** If you have time, we could go to . . .

### Accepting invitations

**Sí, con mucho gusto.** Yes, with pleasure.
**Sí, me encantaría.** Yes, I'd love to.
**Sí, me gustaría mucho.** Yes, I'd like to very much.

### Declining invitations

**Lo siento mucho, pero no puedo.** I'm very sorry, but I can't.

**Me gustaría, pero no puedo porque...** I'd like to, but I can't because . . .

## Making reservations and asking for information

**¿Dónde hay...?** Where is/are there . . .?

**¿El precio incluye...?** Does the price include . . .?

**Quisiera reservar una habitación...** I would like to reserve a room . . .

## Opinons
### Asking for opinions

**¿Cuál prefiere(s)?** Which (one) do you prefer?

**¿Le (Te) gusta(n)...?** Do you like . . .?

**¿Le (Te) interesa(n)...?** Are you interested in . . .?

**¿Qué opina(s) de...?** What's your opinion about . . .?

**¿Qué piensa(s)?** What do you think?

**¿Qué le (te) parece(n)?** How does/do . . . seem to you?

### Giving opinions

**Creo que...** I believe that . . .

**Es bueno.** It's good.

**Es conveniente.** It's convenient.

**Es importante.** It's important.

**Es imprescindible.** It's indispensable.

**Es mejor.** It's better.

**Es necesario./Es preciso.** It's necessary.

**Es preferible.** It's preferable.

**Me gusta(n)...** I like . . .

**Me interesa(n)...** I am interested in . . .

**Me parece(n)...** It seems . . . to me. (They seem . . . to me.)

**Opino que...** It's my opinion that . . .

**Pienso que...** I think that . . .

**Prefiero...** I prefer . . .

### Adding information

**A propósito/De paso...** By the way . . .

**Además...** In addition . . .

**También...** Also . . .

## Making requests

**¿Me da(s)...?** Will you give me . . .?

**¿Me hace(s) el favor de...?** Will you do me the favor of . . .?

**¿Me pasa(s)...?** Will you pass me . . .?

**¿Me puede(s) dar...?** Can you give me . . .?

**¿Me puede(s) traer...?** Can you bring me . . .?

**¿Quiere(s) darme...?** Do you want to give me . . .?

**Sí, cómo no.** Yes, of course.

## In a restaurant
### Ordering a meal

**¿Está incluida la propina?** Is the tip included?

**Me falta(n)...** I need . . .

**¿Me puede traer..., por favor?** Can you please bring me . . .?

**¿Puedo ver la carta/el menú?** May I see the menu?

**¿Qué recomienda usted?** What do you recommend?

**¿Qué tarjetas de crédito aceptan?** What credit cards do you accept?

**Quisiera hacer una reservación para...** I would like to make a reservation for . . .

**¿Se necesitan reservaciones?** Are reservations needed?

**¿Tiene usted una mesa para...?** Do you have a table for . . .?

**Tráigame la cuenta, por favor.** Please bring me the check/bill.

## Shopping
### Asking how much something costs and bargaining

**¿Cuánto cuesta...?** How much is . . .?

**El precio es...** The price is . . .

**Cuesta alrededor de...** It costs around . . .

**¿Cuánto cuesta(n)?** How much does it (do they) cost?

**De acuerdo.** Agreed. All right.

**Es demasiado.** It's too much.

**Es una ganga.** It's a bargain.

**No más.** No more.

**No pago más de...** I won't pay more than . . .

**solo** only

**última oferta** final offer

### Describing how clothing fits

**Me queda(n) bien/mal.** It fits (They fit) me well/badly.

**Te queda(n) bien/mal.** It fits (They fit) you well/badly.

**Le queda(n) bien/mal.** It fits (They fit) him/her/you well/badly.

### Getting someone's attention

**Con permiso.** Excuse me.

**Discúlpeme.** Excuse me.

**Oiga (Oye).** Listen.

**Perdón.** Pardon.

### Expressing satisfaction and dissatisfaction

**El color es horrible.** The color is horrible.

**El modelo es aceptable.** The style is acceptable.

**Es muy barato(a).** It's very cheap.

**Es muy caro(a).** It's very expensive.

**Me gusta el modelo.** I like the style.

## Thanking

**De nada./Por nada./No hay de qué.** It's nothing. You're welcome.

**¿De verdad le (te) gusta?** Do you really like it?

**Estoy muy agradecido(a).** I'm very grateful.

**Gracias.** Thanks./Thank you.

**Me alegro de que le (te) guste.** I'm glad you like it.

**Mil gracias.** Thanks a lot.

**Muchas gracias.** Thank you very much.

**Muy amable de su (tu) parte.** You're very kind.

This vocabulary includes all the words and expressions listed as active vocabulary in **Exploremos.** The number following the definition refers to the chapter in which the word or phrase was first used actively. Chapter numbers with an asterisk indicate that the entries are from the **Vocabulario útil** in the Explorer and **Video-viaje** sections.

Nouns that end in **-o** are masculine; those that end in **-a** are feminine unless otherwise indicated. All words are alphabetized according to the 1994 changes made by the Real Academia: **ch** and **ll** are no longer considered separate letters of the alphabet.

References to chapters 1 through 3 are for Level 1A.

## A

**a** to, at; **a la derecha de** to the right of (4); **a la izquierda de** to the left of (4); **a las orillas** at the shoreline (3)\*; **a menudo** often (6)
**abogado(a)** lawyer (5)
**abrigo** coat (3)
**abril** April (3)
**abrir** to open (3)
**abuela** grandmother (2)
**abuelo** grandfather (2)
**aburrido(a)** boring (1); bored (5)
**acampar** to go camping (6)
**acostarse (ue)** to lie down (6); to go to bed (6)
**actor** *m.* actor (5)
**actriz** *f.* actress (5)
**Adiós.** Goodbye. (1)
**¿adónde?** to where? (4)
**aeropuerto** airport (4)
**afeitarse** to shave (6)
**aficionado(a)** fan *(of a sport)* (6)
**agente** *m. f.* agent (5); **agente de viajes** travel agent (5)
**agosto** August (3)
**agresivo(a)** aggressive (1)
**ahora** now (3) (6)
**al lado de** beside, next to (4)
**alegre** happy (5)
**alemán** *m.* German *(language)* (2)
**alfombra** carpet (4)
**álgebra** *m.* algebra (2)
**almíbar** *m.* syrup (5)\*
**almorzar (ue)** to have lunch (4)
**alpinismo** mountain climbing (6)
**alquilar** to rent (4)
**alto(a)** tall (1)
**amable** kind (1)
**ambiental** environmental (3)\*
**ambiente** *m.* atmosphere (1)\*
**amigo(a)** friend (2)
**amo(a) de casa** homemaker (5)
**andar en bicicleta** to ride a bicycle (6)
**Año Nuevo** New Year (3)
**anoche** last night (6)
**antes de** *(+ infinitive)* before *(doing something)* (6)
**antiguo(a)** ancient (6)\*
**antipático(a)** unfriendly (1)

**apartamento** apartment (4)
**aprender** *(a + infinitive)* to learn *(to do something)* (3)
**armario** closet, armoire (4)
**arquitecto(a)** architect (5)
**arreglarse** to fix oneself up (6); to get ready (6)
**arte** *m.* art (2)
**asistente** *m. f.* **de vuelo** flight attendant (5)
**asistir (a)** to attend (3)
**asustado(a)** scared (5)
**atlético(a)** athletic (1)
**atletismo** track and field (6)
**auditorio** auditorium (2)
**avergonzado(a)** embarrassed (5)
**aves** *f.* birds (2)\*
**ayer** yesterday (6)
**ayudar** to help (2)

## B

**bacalao** cod (5)\*
**bádminton** *m.* badminton (6)
**bailar** to dance (2)
**bailarín/bailarina** dancer (5)
**bajo(a)** short (1)
**banco** bank (4)
**bandera** flag (1)
**bañarse** to bathe (6); to shower *(Mex.)* (6)
**bañera** bathtub (4)
**baño** bathroom (4)
**barco hundido** shipwreck (5)\*
**básquetbol** *m.* basketball (6)
**beber** to drink (3)
**béisbol** *m.* baseball (6)
**biblioteca** library (2)
**bien** fine (1)
**biología** biology (2)
**blusa** blouse (3)
**bluyines** *m., pl.* blue jeans (3)
**boca** mouth (6)
**bolígrafo** pen (1)
**bolsa** purse (3)
**bonito(a)** pretty (1)
**bosque** *m.* forest (2)\*
**bota** boot (3)
**brazo** arm (6)
**bucear** to scuba dive (6)

**bueno(a)** good (1); **Buenos días.** Good morning. (1); **Buenas tardes.** Good afternoon. (1); **Buenas noches.** Good night. (1)

**bufanda** scarf (3)

**buscar** to look for (2)

## C

**caballo** horse (2)

**cabeza** head (6)

**café** *m.* café (4); coffee

**cafetera** coffee maker (4)

**cafetería** cafeteria (2)

**calcetines** *m., pl.* socks (*sing.* **calcetín**) (3)

**calcular** to estimate (6)*

**cálculo** calculus (2)

**calle** *f.* street (1)* (4)

**calvo(a)** bald (1)

**cama** bed (4)

**caminar** to walk (2)

**camisa** shirt (3)

**camiseta** T-shirt (3)

**campo** countryside (4)*

**campo (de fútbol)** (soccer) field (2)

**cancha** court (6)

**cansado(a)** tired (5)

**cantante** *m. f.* singer (5)

**cantar** to sing (2)

**cara** face (6)

**cariñoso(a)** loving (1)

**carta** letter (4)

**cartel** *m.* poster (1)

**catarata** waterfall (3)*

**celoso(a)** jealous (5)

**centro comercial** mall, shopping center (4)

**centros ceremoniales** ceremonial centers (4)

**cepillarse** to brush (6)

**cerca de** near (4)

**cerrar (ie)** to close (4)

**champú** *m.* shampoo (6)

**Chao.** Bye. (1)

**chaqueta** jacket (3)

**chino(a)** Chinese (2)

**ciencias naturales** natural science (2)

**ciencias políticas** political science (2)

**ciencias sociales** social science (2)

**científico(a)** scientist (5)

**cine** *m.* movie theater (4)

**cinturón** *m.* belt (3)

**ciudad** *f.* city (3)*

**cliente** *m. f.* client (5)

**cochera** garage (4)

**cocina** kitchen (4)

**cocinar** to cook (2)

**cocinero(a)** cook (5)

**codo** elbow (6)

**comedor** *m.* dining room (4)

**comenzar (ie) (a)** to begin (*to do something*) (4)

**comer** to eat (3)

**cómico(a)** funny (1)

**¿cómo?** how? (4); **¿cómo está (usted)?** how are you? (*form.*) (1); **¿cómo estás (tú)?** how are you? (*fam.*) (1)

**cómodo(a)** comfortable (3)

**competir (i)** to compete (4)

**comprar** to buy (2)

**comprender** to understand (3)

**computadora** computer (1)

**conducir (zc)** to drive (5)

**confundido(a)** confused (5)

**conocer** to know (5); to be acquainted with (5)

**conocimiento** knowledge (6)*

**consejero(a)** adviser (5)

**conservador(a)** conservative (1)

**contador(a)** accountant (5)

**contento(a)** happy (5)

**corbata** tie (3)

**correo** post office (4)

**correr** to run (3)

**cortina** curtain (4)

**corto(a)** short (*length*) (1)

**costar (ue)** to cost (4)

**creer** to believe (3)

**crucifijo** crucifix (2)*

**cruel** cruel (1)

**cuaderno** notebook (1)

**cuadro** painting, picture (4)

**¿cuál(es)?** which? (4)

**¿cuándo?** when? (1) (4)

**¿cuánto(a)?** how much? (4)

**¿cuántos(as)?** how many? (1) (4)

**cuarzo** quartz (6)*

**cuello** neck (6)

**cuerpo** body (6)

**cumpleaños** *m. sing., pl.* birthday (3)

## D

**dar** to give (5)

**debajo de** under (4)

**deber** should, ought to (3)

**decidir** to decide (3)

**decir (i)** to say (5); to tell (5)

**dedo** finger (6); **dedo (del pie)** toe (6)

**delgado(a)** thin (1)

**dentro de** inside (4)

**dependiente** *m. f.* clerk (5)

**deportista** *m. f.* athlete (5)

**depositar** to deposit (4)

**deprimido(a)** depressed (5)

**derecha: a la derecha de** to the right of (4)

**desaparecer (zc)** to disappear (6)*

**descubrimiento** discovery (4)

**desear** to wish (2)

**despejado: Está despejado.** It is clear. (*weather*) (3)

**despertador** *m.* alarm clock (6)
**despertarse (ie)** to wake up (6)
**después de** (+ *infinitive*) after (*doing something*) (6)
**detrás de** behind (4)
**devolver (ue)** to return (*something*) (4)
**día** *m.* day (3); **día feriado** holiday (3); **todos los días** every day (6)
**diccionario** dictionary (1)
**diciembre** December (3)
**diente** *m.* tooth (6)
**difícil** difficult (1)
**dinero** money (4)
**dirección** *f.* address (4)
**diseñador(a)** designer (5)
**divertirse (ie)** to have fun (6)
**domingo** *m.* Sunday (3)
**¿dónde?** where? (1) (4); **¿de dónde?** from where? (4); **¿de dónde eres tú?** where are you from? (1)
**dormir (ue)** to sleep (4); **dormirse (ue)** to fall asleep (6)
**dormitorio** bedroom (4)
**ducha** shower (4)
**ducharse** to shower (6)

## E

**economía** economics (2)
**edificio** building (4)
**educación** *f.* **física** physical education (2)
**egoísta** *m. f.* selfish (1)
**emocionado(a)** excited (5)
**empezar (ie) (a)** to begin (*to do something*) (4)
**en** in, on, at (4)
**enamorado(a) (de)** in love (with) (5)
**Encantado(a).** Nice to meet you. (1)
**encender (ie)** to turn on (4)
**encima de** on top of (4)
**encontrar (ue)** to find (4)
**enero** January (3)
**enfermero(a)** nurse (5)
**enfermo(a)** sick (5)
**enfrente de** in front of (4)
**enojado(a)** angry (5)
**enseñar** to teach (2)
**entender (ie)** to understand (4)
**entrada** ticket (6)
**entre** between (4)
**entrevista** interview (5)
**equipo** equipment (6); team (4) (6)
**equivocado(a)** wrong (5)
**escalar** to climb (4)
**escribir** to write (3)
**escritor(a)** writer (5)
**escritorio** teacher's desk (1)
**escuchar** to listen (2)
**escuela** school (4)
**escultor(a)** sculptor (2)*

**espalda** back (6)
**espejo** mirror (4)
**esperanza** hope (2)*
**esposo(a)** spouse (2)
**esquiar** to ski (2); **esquiar en el agua** to water-ski (6); **esquiar en tabla** to snowboard (6)
**estar** to be (4); **¿cómo está usted?** how are you (*form.*)? (1); **¿cómo estás?** how are you (*fam.*)? (1)
**estilo de vida** lifestyle (4)*
**estirarse** to stretch (6)
**estómago** stomach (6)
**estudiante** *m. f.* student (1)
**estudiar** to study (2)
**estufa** stove (4)
**expresión** *f.* **oral** speech (2)

## F

**fácil** easy (1)
**falda** skirt (3)
**fallecido(a)** passed away (3)*
**famoso(a)** famous (1)
**farmacia** pharmacy (4)
**febrero** February (3)
**fecha** date (3)
**feliz** happy (5)
**feo(a)** ugly (1)
**filosofía** philosophy (2)
**fin** *m.* **de semana** weekend (3)
**física** physics (2)
**flor** *f.* flower (4)
**fotógrafo(a)** photographer (5)
**francés** *m.* French (*language*) (2)
**fregadero** kitchen sink (4)
**frontera** border (1)* (6)*
**frustrado(a)** frustrated (5)
**fuera de** outside (4)
**fuerte** *m.* fort (5)*; strong
**fútbol** *m.* soccer (6); **fútbol** *m.* **americano** American football (6)

## G

**ganar** to earn (5)
**gato(a)** cat (2)
**generoso(a)** generous (1)
**gente** *f.* people (1)*
**geografía** geography (2)
**geometría** geometry (2)
**gimnasio** gymnasium (2)
**golf** *m.* golf (6)
**gordo(a)** fat (1)
**gorro** cap (3)
**gracias** thank you (1)
**grande** big (1)
**grito** *n.* shout (3)*
**guantes** *m.* gloves (3)
**guapo(a)** good-looking (1)

**gustar** to like; to please; **le gusta** he/she likes (3); **les gusta** they, you (*form. plural*) like (3); **me gusta** I like (3); **nos gusta** we like (3); **os gusta** you (*form. plural*) like (Spain) (3); **te gusta** you (*fam. sing.*) like (3); **Mucho gusto.** Nice to meet you. (1)

## H

**habitación** *f.* room (4)
**hablante** *m. f.* speaker (6)*
**hablar (por teléfono)** to talk (on the phone) (2)
**hacer** to do, to make (5); **Hace buen tiempo.** The weather is nice. (3); **Hace calor.** It's hot. (3); **Hace fresco.** It's cool. (3); **Hace frío.** It's cold. (3); **Hace mal tiempo.** The weather is bad. (3); **Hace sol.** It's sunny. (3); **Hace viento.** It's windy. (3); **hacer alpinismo** to climb mountains (6); **hacerse cargo de** to be in charge of (2)*
**hasta** until; **Hasta luego.** See you later. (1); **Hasta mañana.** See you tomorrow. (1); **Hasta pronto.** See you soon. (1)
**hay** there is/are (1)
**hermanastro(a)** stepbrother/stepsister (2)
**hermano(a)** brother/sister (2)
**hija** daughter (2)
**hijo** son (2)
**historia** history (2)
**hockey** *m.* hockey (6)
**hola** hello (1)
**hombre** *m.* man (1)
**hombro** shoulder (6)
**honesto(a)** honest (1)
**horno** oven (4); **horno de microondas** microwave (oven) (4)
**hospital** *m.* hospital (4)
**hotel** *m.* hotel (4)
**hoy** today (3) (6)

## I

**idealista** *m. f.* idealist (1)
**idioma** *m.* language (6)*
**iglesia** church (4)
**impaciente** impatient (1)
**impermeable** *m.* raincoat (3)
**informática** computer science (2)
**ingeniero(a)** engineer (5)
**inglés** *m.* English (*language*) (2)
**inodoro** toilet (4)
**inteligente** intelligent (1)
**interesado(a)** interested (5)
**interesante** interesting (1)
**invierno** winter (3)
**ir** to go (3); **ir de excursión** to hike (6); **ir de pesca** to go fishing (6); **irse** to leave; to go away (6)
**italiano** Italian (*language*) (2)
**izquierda: a la izquierda de** to the left of (4)

## J

**jabón** *m.* soap (6)
**jardín** *m.* garden (4)

**jefe/jefa** boss (5)
**joven** *m. f.* young (1)
**jueves** *m.* Thursday (3)
**jugador(a)** player (6)
**jugar (ue)** to play (4); **jugar al ping-pong** to play ping-pong (6)
**julio** July (3)
**junio** June (3)

## L

**laberinto** labyrinth (3)*
**laboratorio** laboratory (2)
**lado: al lado de** beside, next to (4)
**lago** lake (6)
**lámpara** lamp (4)
**lápiz** *m.* pencil (1)
**largo(a)** long (1)
**lavabo** bathroom sink (4)
**lavadora** washer (4)
**lavaplatos** *m., sing.* dishwasher (4)
**lavar(se)** to wash (oneself) (6)
**le** to you (*form. sing.*); **Le presento a...** I'd like to introduce you to . . . (1)
**leer** to read (3)
**lejos de** far from (4)
**lengua** language (2)
**lentes** *m.* eyeglasses (3)
**levantar pesas** to lift weights (6)
**levantarse** to get up (6)
**leyenda** legend (6)*
**liberal** liberal (1)
**librería** bookstore (4)
**libro** book (1)
**limpiar** to clean (2)
**literatura** literature (2)
**llamar** to call (2); **Me llamo...** My name is . . . (1)
**llegar** to arrive (2)
**llevar** to wear; to carry; to take (3); **llevar puesto(a)** to be wearing (3)
**llover (ue)** to rain (4); **Llueve.** It rains., It is raining. (3)
**loco(a)** crazy (5)
**luego** later (6)
**lunes** *m.* Monday (3)

## M

**madera** wood (5)*
**madrastra** stepmother (2)
**madre** *f.* (**mamá**) mother (2)
**maestro(a)** teacher (1)*
**mal, malo(a)** bad (1)
**manada** herd (4)*
**mandar (un mensaje)** to send (a message) (2)
**manejar** to drive (2)
**mano** *f.* hand (6)
**mañana** tomorrow (3) (6); **por la mañana** in the morning (3)
**mapa** *m.* map (1)
**maquillarse** to put on make-up (6)

**mariposa** butterfly (3)*
**martes** *m.* Tuesday (3)
**marzo** March (3)
**más tarde** later (6)
**masa de tierra** landmass (6)*
**máscara** mask (5)*
**matemáticas** mathematics (2)
**mayo** May (3)
**mecánico(a)** mechanic (5)
**medianoche** *f.* midnight (3)
**médico(a)** doctor (5)
**medio ambiente** *m.* environment (1)*
**medio(a) hermano(a)** half brother/sister (2)
**mediodía** *m.* noon (3)
**medios de comunicación** media (1)*
**mentir (ie)** to lie (4)
**mercado** market (1)* (4)
**mesa** table (1)
**mesero(a)** waiter (5)
**meseta de arenisca** sandstone plateau (6)*
**mesita** coffee table (4)
**mezquita** mosque (4)
**microondas: horno de microondas** microwave (oven) (4)
**mientras** while (6)
**miércoles** *m.* Wednesday (3)
**milagro** miracle (2)*
**mina de sal** salt mine (2)*
**mirar (la tele)** to look (2); to watch (TV) (2)
**mochila** backpack (1)
**modelo** *m. f.* model (5)
**momia** mummy (4)
**montaña** mountain (4)
**montar a** to ride (*an animal*) (6)
**moreno(a)** dark-skinned, dark-haired (1)
**morir (ue)** to die (4)
**Mucho gusto.** Nice to meet you. (1)
**mueble** *m.* furniture (4)
**mujer** *f.* woman (1)
**muñeca** doll (5)*
**muralla** (city) wall (5)*
**museo** museum (4)
**música** music (2)
**músico(a)** musician (5)
**muslo** thigh (6)
**muy** very (1)

## N

**nada** nothing (1)
**nadar** to swim (2)
**nariz** *f.* nose (6)
**natación** *f.* swimming (6)
**naturaleza** nature (1)* (2)* (3)* (4)*
**Navidad** *f.* Christmas (3)
**necesitar** to need (2)
**negocio** business (1)* (4)
**nervioso(a)** nervous (5)

**nevar (ie)** to snow (4); **Nieva.** It snows., It is snowing. (3)
**nieto(a)** grandson/granddaughter (2)
**niño(a)** child (1)
**noche: por la noche** in the evening (3)
**normalmente** normally, usually (6)
**noviembre** November (3)
**novio(a)** boyfriend/girlfriend (2)
**nublado: Está nublado.** It is cloudy. (3)
**nunca: (casi) nunca** (almost) never (6)

## O

**octubre** October (3)
**ocupado(a)** busy (5)
**oficina** office (4)
**oír** to hear (5)
**ojo** eye (6)
**optimista** *m. f.* optimist (1)
**oreja** ear (6)
**orgullo** pride (2)*
**orillas: a las orillas** at the shoreline (3)
**oso frontino** spectacled bear (2)*
**otoño** fall (3)

## P

**paciente** *m. f.* patient (1)
**padrastro** stepfather (2)
**padre** *m.* (**papá**) father (2)
**paisaje** *m.* landscape (4)*
**pájaro** bird (2)
**pandilla** gang (1)*
**pantalones** *m.* pants (3); **pantalones cortos** *m.* shorts (3)
**papel** *m.* paper (1)
**paquete** *m.* package (4)
**paraguas** *m.* umbrella (3)
**pareja** couple; partner (2)
**pariente** *m. f.* relative (2)
**parque** *m.* park (4)
**partido** game (6)
**pasta de dientes** toothpaste (6)
**patín** *m.* skate (6)
**patinar** to skate (6); **patinar en hielo** to ice skate (6)
**patio** patio (4)
**pecho** chest (6)
**pedir (i)** to ask for (4)
**peinarse** to comb or style one's hair (6)
**película** movie (4)
**peligro** danger (6)*
**peligroso(a)** dangerous (5)*
**pelirrojo(a)** red-haired (1)
**pelo** hair (6)
**pelota** ball (6)
**pensar (ie)** to think (4)
**pequeño(a)** small (1)
**perder (ie)** to lose (4)
**perdido(a)** lost (6)*
**perezoso(a)** lazy (1)

**periodismo** journalism (2)
**periodista** *m. f.* journalist (5)
**pero** but (1)
**perro(a)** dog (2)
**pescar** to fish (6)
**pesimista** *m. f.* pessimist (1)
**pez** *m.* fish (2)
**pie** *m.* foot (6)
**pierna** leg (6)
**pijama** *m. f.* pajamas (3)
**piloto(a)** pilot (5)
**pintor(a)** painter (5)
**piragua** snow cone (5)*
**piscina** swimming pool (4)
**piso: (primer) piso** (first) floor (4)
**pizarra** chalkboard (1)
**planta** plant (4)
**planta baja** ground floor (4)
**playa** beach (4)
**plaza** city square (4)
**pobre** poor (1)
**poco: un poco** a little (1)
**poder (ue)** to be able to (4)
**policía/mujer policía** police officer (5)
**político(a)** politician (5)
**poner** to put (5); to set (5); **ponerse (la ropa)** to put on
   (clothing) (6)
**por** by, through; **¿por qué?** why? (1) (4); **por la mañana** in
   the morning (3); **por la noche** in the evening (3); **por la
   tarde** in the afternoon (3)
**practicar (deportes)** to practice (2); to play (sports) (2)
**precio de entrada** entrance fee (2)*
**preferir (ie)** to prefer (4)
**preguntar** to ask (2)
**preocupado(a)** worried (5)
**presentar: Te presento a...** I'd like to introduce you (*fam.*)
   to . . . (1)
**primavera** spring (3)
**primo(a)** cousin (2)
**pronto** soon (6)
**proteger** to protect (2)* (3)*
**psicología** psychology (2)
**psicólogo(a)** psychologist (5)
**puerta** door (1)
**puesta de sol** sunset (5)*
**pupitre** *m.* student desk (1)

## Q

**¿qué?** what? (1) (4); **¿qué hay de nuevo?** what's new?
   (1); **¿qué pasa?** what's going on? (1); **¿qué tal?** how's it
   going? (1)
**querer (ie)** to want (4)
**¿quién?** who? (1); **¿quién(es)?** who? (4)
**química** chemistry (2)
**quiosco** kiosk (5)*, stand (5)*
**quitarse (la ropa)** to take off (clothing) (6)

## R

**raqueta** racquet (6)
**ratón** *m.* mouse (2)
**realista** realist (1)
**recibir (un regalo)** to receive (a gift) (3)
**recordar (ue)** to remember (4)
**red** *f.* net (6)
**redacción** *f.* writing, composition (2)
**refrigerador** *m.* refrigerator (4)
**regresar (a casa)** to return (home) (2)
**regular** ok (1)
**reír (i)** to laugh (4)
**reloj** *m.* clock (1)
**repetir (i)** to repeat (4)
**restaurante** *m.* restaurant (4)
**rezar** to pray (4)
**rico(a)** rich (1)
**riguroso(a)** rigorous (4)*
**riqueza** wealth (5)*
**rodilla** knee (6)
**rubio(a)** blond(e) (1)

## S

**sábado** *m.* Saturday (3)
**saber** to know (*facts; how to do something*) (5)
**sacerdote** *m.* priest (3)*
**saco de dormir** sleeping bag (6)
**sal cristalizada** *f.* crystallized salt (2)*
**sala** living room (4)
**salir** to go out (5); to leave (5)
**salón** *m.* **de clases** classroom (1)
**salud** *f.* health (5)
**sandalia** sandal (3)
**sano(a)** healthy (5)
**secadora** dryer (4)
**secarse** to dry oneself (6)
**secretario(a)** secretary (5)
**seguir (i)** to follow (5)
**seguro(a)** sure (5)
**selva** rainforest (2)*; jungle (3)*
**semana** week (3); **fin** *m.* **de semana** weekend (3); **semana
   pasada** last week (6)
**sentarse (ie)** to sit down (6)
**septiembre** September (3)
**ser** to be (1); **Yo soy de...** I am from . . . (1)
**serio(a)** serious (1)
**servir (i, i)** to serve (4)
**siempre: (casi) siempre** (almost) always (6)
**siglo** century (4)*
**silla** chair (1)
**sillón** *m.* armchair (4)
**simpático(a)** nice (1)
**sinagoga** synagogue (4)
**sitio arqueológico** archaeological site (5)*
**sobrina** niece (2)
**sobrino** nephew (2)

**sociable** sociable (1)
**sofá** *m.* couch (4)
**soledad** *f.* solitude (4)\*
**solicitud** *f.* application (5); want ad (5)
**sombrero** hat (3)
**sonreír (ie)** to smile (4)
**soñar (ue) (con)** to dream (about) (4)
**sorprendido(a)** surprised (5)
**suegro(a)** father-in-law / mother-in-law (2)
**sueldo** salary (5)
**sueño** dream (2)\*
**suéter** *m.* sweater (3)
**supermercado** supermarket (4)

**T**

**tallar** to sculpt (2)\*
**también** also (1)
**tarde** late (6); **por la tarde** in the afternoon (3)
**teatro** theater (2) (4)
**televisor** *m.* television set (1)
**templo** temple (4)
**temprano** early (6)
**tener** to have; **¡Que tengas un buen día!** Have a nice day! *(fam.)* (1); **tener (mucha) hambre** to be (very) hungry (2); **tener (mucha) prisa** to be in a (big) hurry (2); **tener (mucha) razón** to be right (2); **tener (mucha) sed** to be (very) thirsty (2); **tener (mucha) suerte** to be (very) lucky (2); **tener (mucho) calor** to be (very) hot (2); **tener (mucho) cuidado** to be (very) careful (2); **tener (mucho) éxito** to be (very) successful (2); **tener (mucho) frío** to be (very) cold (2); **tener (mucho) miedo** to be (very) afraid (2); **tener (mucho) sueño** to be (very) sleepy (2); **tener ganas de** + *inf.* to feel like *(doing something)* (2); **tener que** + *inf.* to have to *(do something)* (2); **tener... años** to be . . . years old (2)
**tenis** *m. pl.* tennis shoes (3); *m.* tennis (6)
**tepuy** *m.* tabletop mountain (6)\*
**terminar** to finish (3)
**tienda** store (1)\* (4)
**tienda de campaña** camping tent (6)
**tímido(a)** timid, shy (1)
**tío(a)** uncle/aunt (2)
**toalla** towel (6)
**tobillo** ankle (6)
**todavía** still (6)
**todos los días** every day (6)

**tomar (café)** to take (2); to drink (coffee) (2)
**tonto(a)** dumb (1)
**trabajador(a)** hardworking (1)
**trabajador(a) social** social worker (5)
**trabajar** to work (2)
**trabajo** job (5)
**traer** to bring (5)
**traje** *m.* suit (3)
**traje** *m.* **de baño** swimming suit (3)
**triste** sad (5)
**trozo** piece, fragment (6)\*

**U**

**ubicación** *f.* location (3)\*
**usar** to use (2)

**V**

**vaquero** cowboy (4)\*
**vendedor(a)** salesperson (5)
**vender** to sell (3)
**venir (ie)** to come (5)
**ventana** window (1)
**ver** to see (5); **Nos vemos.** See you later. (1)
**verano** summer (3)
**verse** to look at oneself (6)
**vestido** dress (3)
**vestirse (i)** to get dressed (6)
**veterinario(a)** veterinary (5)
**vez: a veces** sometimes (6)
**viajar** to travel (2)
**viejo(a)** old (1)
**viernes** *m.* Friday (3)
**vivir** to live (3)
**voleibol** *m.* volleyball (6)
**volver (ue)** to come back (4)

**Y**

**y** and (1)
**y** and; **¿y tú?** and you? *(fam.)* (1); **¿y usted?** and you? *(form.)* (1)
**ya** already (6); **ya no** no longer (6)

**Z**

**zapato** shoe (3)
**zócalo** main square (3)\*
**zoológico** zoo (4)

# English-Spanish Vocabulary

## A

**able, to be** poder (ue) (4)
**accountant** contador(a) (5)
**acquainted with, to be** conocer (5)
**actor** actor *m.* (5)
**actress** actriz *f.* (5)
**address** dirección *f.* (4)
**adviser** consejero(a) (5)
**afraid, to be (very)** tener (mucho) miedo (2)
**after** *(doing something)* después de *(+ infinitive)* (6)
**afternoon: in the afternoon** por la tarde(3)
**agent** agente *m. f.* (5); **travel agent** agente de viajes (5)
**aggressive** agresivo(a) (1)
**airport** aeropuerto (4)
**alarm clock** despertador *m.* (6)
**algebra** álgebra *m.* (2)
**already** ya (6)
**also** también (1)
**always: (almost) always** (casi) siempre (6)
**American football** fútbol *m.* americano (6)
**ancient** antiguo(a) (6)*
**and** y (1); **And you?** ¿Y usted? *(form.)* (1); ¿Y tú? *(fam.)* (1)
**angry** enojado(a) (5)
**ankle** tobillo (6)
**apartment** apartamento (4)
**application** solicitud *f.* (5)
**April** abril (3)
**archaeological site** sitio arqueológico (5)*
**architect** arquitecto(a) (5)
**arm** brazo (6)
**armchair** sillón *m.* (4)
**armoire** armario (4)
**arrive, to** llegar (2)
**art** arte *m.* (2)
**ask, to** preguntar (2); **to ask for** pedir (i) (4)
**at** en (4)
**at the shoreline** a las orillas (3)
**athlete** deportista *m. f.* (5)
**athletic** atlético(a) (1)
**atmosphere** ambiente *m.* (1)*
**attend (to), to** asistir (a) (3)
**auditorium** auditorio (2)
**August** agosto (3)
**aunt** tía (2)

## B

**back** espalda (6)
**backpack** mochila (1)
**bad** mal, malo(a) (1)
**badminton** bádminton *m.* (6)
**bald** calvo(a) (1)
**ball** pelota (6)
**bank** banco (4)
**baseball** béisbol *m.* (6)

**basketball** básquetbol *m.* (6)
**bathe, to** bañarse *(Mex.)* (6)
**bathroom** baño (4)
**bathroom sink** lavabo (4)
**bathtub** bañera (4)
**be, to** estar (4); ser (1)
**beach** playa (4)
**bed** cama (4)
**bedroom** dormitorio (4)
**before** *(doing something)* antes de *(+ inf.)* (6)
**begin, to** *(to do something)* comenzar (ie) (a) (4); empezar (ie) (a) (4)
**behind** detrás de (4)
**believe, to** creer (3)
**belt** cinturón *m.* (3)
**beside** al lado de (4)
**between** entre (4)
**big** grande (1)
**biology** biología (2)
**bird** ave *f.,* pájaro (2)*
**birthday** cumpleaños *m. sing., pl.* (3)
**blond(e)** rubio(a) (1)
**blouse** blusa (3)
**blue jeans** bluyines *m., pl.* (3)
**body** cuerpo (6)
**book** libro (1)
**bookstore** librería (4)
**boot** bota (3)
**border** frontera (1)* (6)*
**bored** aburrido(a) (5)
**boring** aburrido(a) (1)
**boss** jefe/jefa (5)
**boyfriend** novio (2)
**bring, to** traer (5)
**brother** hermano (2)
**brush, to** cepillarse (6)
**building** edificio (4)
**business** negocio (1)* (4)
**busy** ocupado(a) (5)
**but** pero (1)
**butterfly** mariposa (3)*
**buy, to** comprar (2)
**Bye.** Chao. (1)

## C

**café** café *m.* (4)
**cafeteria** cafetería (2)
**calculus** cálculo (2)
**call, to** llamar (2)
**camping tent** tienda de campaña (6)
**cap** gorro (3)
**careful, to be (very)** tener (mucho) cuidado (2)
**carpet** alfombra (4)
**carry, to** llevar (3)

**cat** gato(a) (2)
**century** siglo (4)*
**ceremonial centers** centros ceremoniales (4)*
**chair** silla (1)
**chalkboard** pizarra (1)
**charge of, to be in** hacerse cargo de (2)*
**chemistry** química (2)
**chest** pecho (6)
**child** niño(a) (1)
**Christmas** Navidad *f.* (3)
**church** iglesia (4)
**city** ciudad *f.* (3)*
**city square** plaza (4)
**classroom** salón *m.* de clases (1)
**clean, to** limpiar (2)
**clerk** dependiente *m. f.* (5)
**client** cliente *m. f.* (5)
**climb, to** escalar (4)*; **to climb mountains** hacer alpinismo (6)
**clock** reloj *m.* (1)
**close, to** cerrar (ie) (4)
**closet** armario (4)
**coat** abrigo (3)
**cod** bacalao (5)*
**coffee maker** cafetera (4)
**coffee table** mesita (4)
**cold, to be (very)** tener (mucho) frío (2)
**comb one's hair, to** peinarse (6)
**come back, to** volver (ue) (4)
**come, to** venir (ie) (5)
**comfortable** cómodo(a) (3)
**compete, to** competir (i) (4)
**composition** redacción *f.* (2)
**computer** computadora (1)
**computer science** informática (2)
**confused** confundido(a) (5)
**conservative** conservador(a) (1)
**cook** cocinero(a) (5)
**cook, to** cocinar (2)
**cost, to** costar (ue) (4)
**couch** sofá *m.* (4)
**countryside** campo (4)*
**couple** pareja (2)
**court** cancha (6)
**cousin** primo(a) (2)
**cowboy** vaquero (4)*
**crazy** loco(a) (5)
**crucifix** crucifijo (2)*
**cruel** cruel (1)
**crystallized salt** sal cristalizada *f.* (2)*
**curtain** cortina (4)

## D

**dance, to** bailar (2)
**dancer** bailarín/bailarina (5)
**danger** peligro (6)*
**dangerous** peligroso(a) (5)*
**dark-haired/dark-skinned** moreno(a) (1)

**date** fecha (3)
**daughter** hija (2)
**day** día *m.* (3)
**December** diciembre (3)
**decide, to** decidir (3)
**deposit, to** depositar (4)
**depressed** deprimido(a) (5)
**designer** diseñador(a) (5)
**dictionary** diccionario (1)
**die, to** morir (ue) (4)
**difficult** difícil (1)
**dining room** comedor *m.* (4)
**disappear, to** desaparecer (zc) (6)*
**discovery** descubrimiento (4)*
**dishwasher** lavaplatos *m., sing.* (4)
**do, to** hacer (5)
**doctor** médico(a) (5)
**dog** perro(a) (2)
**doll** muñeca (5)*
**door** puerta (1)
**dream** sueño (2)*
**dream (about), to** soñar (ue) (con) (4)
**dress** vestido (3)
**dressed, to get** vestirse (i) (6)
**drink, to** beber (3); **to drink (coffee)** tomar (café) (2)
**drive, to** conducir (zc) (5); manejar (2)
**dry oneself, to** secarse (6)
**dryer** secadora (4)
**dumb** tonto(a) (1)

## E

**ear** oreja (6)
**early** temprano (6)
**earn, to** ganar (5)
**easy** fácil (1)
**eat, to** comer (3)
**economics** economía (2)
**elbow** codo (6)
**embarrassed** avergonzado(a) (5)
**engineer** ingeniero(a) (5)
**English** *(language)* inglés *m.* (2)
**entrance fee** precio de entrada (2)*
**environment** medio ambiente *m.* (1)*
**environmental** ambiental (3)*
**equipment** equipo (6)
**estimate, to** calcular (6)*
**evening: in the evening** por la noche (3)
**every day** todos los días (6)
**excited** emocionado(a) (5)
**eye** ojo (6)
**eyeglasses** lentes *m.* (3)

## F

**face** cara (6)
**fall** otoño (3)
**fall asleep, to** dormirse (ue) (6)
**famous** famoso(a) (1)

**fan** *(of a sport)* aficionado(a) (6)
**far from** lejos de (4)
**fat** gordo(a) (1)
**father** padre *m.,* (papá) (2)
**father-in-law** suegro (2)
**February** febrero (3)
**fee: entrance fee** precio de entrada (2)*
**feel like** *(doing something),* **to** tener ganas de +
    *infinitive* (2)
**field: (soccer) field** campo (de fútbol) (2)
**find, to** encontrar (ue) (4)
**fine** bien (1)
**finger** dedo (6)
**finish, to** terminar (3)
**fish** pez *m.* (2)
**fish, to** pescar (6)
**fix oneself up, to** arreglarse (6)
**flag** bandera (1)
**flight attendant** asistente *m. f.* de vuelo (5)
**floor: first floor** primer piso (4); **ground floor** planta
    baja (4)
**flower** flor *f.* (4)
**follow, to** seguir (i) (5)
**foot** pie *m.* (6)
**forest** bosque *m.* (2)*
**fort** fuerte *m.* (5)*
**fragment** trozo (6)*
**French** *(language)* francés *m.* (2)
**Friday** viernes *m.* (3)
**friend** amigo(a) (2)
**front: in front of** enfrente de (4)
**frustrated** frustrado(a) (5)
**funny** cómico(a) (1)
**furniture** mueble *m.* (4)

### G

**game** partido (6)
**gang** pandilla (1)*
**garage** cochera (4)
**garden** jardín *m.* (4)
**generous** generoso(a) (1)
**geography** geografía (2)
**geometry** geometría (2)
**German** *(language)* alemán *m.* (2)
**girlfriend** novia (2)
**give, to** dar (5)
**gloves** guantes *m.* (3)
**go, to** ir (3); **to go away** irse (6); **to go camping** acampar
    (6); **to go fishing** ir de pesca (6); **to go out** salir (5); **to go
    to bed** acostarse (ue) (6)
**golf** golf *m.* (6)
**good** bueno(a) (1); **Good morning.** Buenos días. (1); **Good
    afternoon.** Buenas tardes. (1); **Good night.** Buenas
    noches. (1)
**good-looking** guapo(a) (1)

**Goodbye.** Adiós. (1)
**grandfather/grandmother** abuelo(a) (2)
**grandson/granddaughter** nieto(a) (2)
**gymnasium** gimnasio (2)

### H

**hair** pelo (6)
**half brother/sister** medio hermano(a) (2)
**hand** mano *f.* (6)
**happy** alegre, contento(a), feliz (5)
**hardworking** trabajador(a) (1)
**hat** sombrero (3)
**have, to** tener; **Have a nice day!** ¡Que tengas un buen día!
    *(fam.)* (1); **to have fun** divertirse (ie) (6); **to have lunch**
    almorzar (ue) (4); **to have to** *(do something)* tener que +
    *infinitive* (2)
**head** cabeza (6)
**health** salud *f.* (5)
**healthy** sano(a) (5)
**hear, to** oír (5)
**hello** hola (1)
**help, to** ayudar (2)
**herd** manada (4)*
**hike, to** ir de excursión (6)
**history** historia (2)
**hockey** hockey *m.* (6)
**holiday** día *m.* feriado (3)
**homemaker** amo(a) de casa (5)
**honest** honesto(a) (1)
**hope** esperanza (2)*
**horse** caballo (3)
**hospital** hospital *m.* (4)
**hot, to be (very)** tener (mucho) calor (2)
**hotel** hotel *m.* (4)
**how?** ¿cómo? (4); **how are you?** ¿cómo está (usted)? *(form.)*
    (1); **how are you?** ¿cómo estás (tú)? *(fam.)* (1); **how
    many?** ¿cuántos(as)? (1) (4); **how much?** ¿cuánto(a)?
    (4); **how's it going?** ¿qué tal? (1)
**hungry, to be (very)** tener (mucha) hambre (2)
**hurry, to be in a (big)** tener (mucha) prisa (2)

### I

**ice skate, to** patinar en hielo (6)
**idealist** idealista (1)
**impatient** impaciente (1)
**in** en (4)
**inside** dentro de (4)
**intelligent** inteligente (1)
**interested** interesado(a) (5)
**interesting** interesante (1)
**interview** entrevista (5)
**introduce, to** presentar; **I'd like to introduce you** *(fam.)*
    **to . . .** Te presento a... (1); **I'd like to introduce you to . . .**
    *(form.)* Le presento a... (1)
**Italian** *(language)* italiano (2)

## J

**jacket** chaqueta (3)
**January** enero (3)
**jealous** celoso(a) (5)
**job** trabajo (5)
**journalism** periodismo (2)
**journalist** periodista *m. f.* (5)
**July** julio (3)
**June** junio (3)
**jungle** selva (2) (3)*

## K

**kind** amable (1)
**kiosk** quiosco (5)*
**kitchen** cocina (4)
**kitchen sink** fregadero (4)
**knee** rodilla (6)
**know, to** conocer (5); **to know** *(facts; how to do something)* saber (5)
**knowledge** conocimiento (6)*

## L

**laboratory** laboratorio (2)
**labyrinth** laberinto (3)*
**lake** lago (6)
**lamp** lámpara (4)
**landmass** masa de tierra (6)*
**landscape** paisaje *m.* (4)*
**language** idioma *m.* (6)*; lengua (2)
**late** tarde (6)
**later** luego, más tarde (6)
**laugh, to** reír (i) (4)
**lawyer** abogado(a) (5)
**lazy** perezoso(a) (1)
**learn** *(to do something),* **to** aprender *(a + inf.)* (3)
**leave, to** irse (6); salir (5)
**left: to the left of** a la izquierda de (4)
**leg** pierna (6)
**legend** leyenda (6)*
**letter** carta (4)
**liberal** liberal (1)
**library** biblioteca (2)
**lie down, to** acostarse (ue) (6)
**lie, to** mentir (ie) (4)
**lifestyle** estilo de vida (4)*
**lift weights, to** levantar pesas (6)
**like, to** gustar; **he/she likes** le gusta (3); **I like** me gusta (3); **they like** les gusta (3); **we like** nos gusta (3)
**listen, to** escuchar (2)
**literature** literatura (2)
**little: a little** un poco (1)
**live, to** vivir (3)
**living room** sala (4)
**location** ubicación *f.* (3)*
**long** largo(a) (1)

**look, to (at TV)** mirar (la tele) (2); **to look at oneself** verse (6); **to look for** buscar (2)
**lose, to** perder (ie) (4)
**lost** perdido(a) (6)*
**love: in love (with)** enamorado(a) (de) (5)
**loving** cariñoso(a) (1)
**lucky, to be (very)** tener (mucha) suerte (2)

## M

**main square** zócalo (3)*
**make, to** hacer (5)
**mall** centro comercial (4)
**man** hombre *m.* (1)
**map** mapa *m.* (1)
**March** marzo (3)
**market** mercado (1)* (4)
**mask** máscara (5)*
**mathematics** matemáticas (2)
**May** mayo (3)
**mechanic** mecánico(a) (5)
**media** medios de comunicación (1)*
**meet: Nice to meet you.** Encantado(a)., Mucho gusto. (1)
**microwave (oven)** horno de microondas (4)
**midnight** medianoche *f.* (3)
**miracle** milagro (2)*
**mirror** espejo (2)
**model** modelo *m. f.* (5)
**Monday** lunes *m.* (3)
**money** dinero (4)
**morning: in the morning** por la mañana (3)
**mosque** mezquita (4)
**mother** madre *f.,* mamá (2)
**mother-in-law** suegra (2)
**mountain** montaña (4)*; **mountain climbing** alpinismo (6)
**mouse** ratón *m.* (2)
**mouth** boca (6)
**movie** película (4); **movie theater** cine *m.* (4)
**mummy** momia (4)*
**museum** museo (4)
**music** música (2)
**musician** músico(a) (5)

## N

**name: My name is . . .** Me llamo... (1); Mi nombre es...
**natural science** ciencias naturales (2)
**nature** naturaleza (1, 2, 3, 4)*
**near** cerca de (4)
**neck** cuello (6)
**need, to** necesitar (2)
**nephew** sobrino (2)
**nervous** nervioso(a) (5)
**net** red *f.* (6)
**never: (almost) never** (casi) nunca (6)
**New Year** Año Nuevo (3)
**next to** al lado de (4)

**nice** simpático(a) (1)
**niece** sobrina (2)
**night** noche *f.*
**night: last night** anoche (6)
**no longer** ya no (6)
**noon** mediodía *m.* (3)
**normally** normalmente (6)
**nose** nariz *f.* (6)
**notebook** cuaderno (1)
**nothing** nada (1)
**November** noviembre (3)
**now** ahora (3) (6)
**nurse** enfermero(a) (5)

## O

**October** octubre (3)
**office** oficina (4)
**often** a menudo (6)
**OK** regular (1)
**old** viejo(a) (1)
**on** en (4)
**open, to** abrir (3)
**optimist** optimista *m. f.* (1)
**ought to** deber (3)
**outside** fuera de (4)
**oven** horno (4)

## P

**package** paquete *m.* (4)
**painter** pintor(a) (5)
**painting** cuadro (4)
**pajamas** pijama *m. f.* (3)
**pants** pantalones *m.* (3)
**paper** papel *m.* (1)
**park** parque *m.* (4)
**partner** pareja (2)
**passed away** fallecido(a) (3)*
**patient** paciente *m. f.* (1)
**patio** patio (4)
**pen** bolígrafo (1)
**pencil** lápiz *m.* (1)
**people** gente *f.* (1)*
**pessimist** pesimista *m. f.* (1)
**pharmacy** farmacia (4)
**philosophy** filosofía (2)
**photographer** fotógrafo(a) (5)
**physical education** educación *f.* física (2)
**physics** física (2)
**picture** cuadro (4)
**piece** trozo (6)*
**pilot** piloto *m. f.* (5)
**plant** planta (4)
**play, to** jugar (ue) (4); **to play (sports)** practicar (deportes) (2); **to play ping-pong** jugar al ping-pong (6)
**player** jugador(a) (6)
**police officer** policía/mujer policía (5)

**political science** ciencias políticas (2)
**politician** político(a) (5)
**poor** pobre (1)
**post office** correo (4)
**poster** cartel *m.* (1)
**practice, to** practicar (2)
**pray, to** rezar (4)
**prefer, to** preferir (ie) (4)
**pretty** bonito(a) (1)
**pride** orgullo (2)*
**priest** sacerdote *m.* (3)*
**protect, to** proteger (2)* (3)*
**psychologist** psicólogo(a) (5)
**psychology** psicología (2)
**purse** bolsa (3)
**put, to** poner (5); **to put on (clothing)** ponerse (la ropa) (6); **to put on make-up** maquillarse (6)

## Q

**quartz** cuarzo (6)*

## R

**racquet** raqueta (6)
**rain, to** llover (ue) (4)
**raincoat** impermeable *m.* (3)
**rainforest** selva (2)* (3)
**read, to** leer (3)
**ready, to get** arreglarse (6)
**realist** realista *m. f.* (1)
**receive (a gift), to** recibir (un regalo) (3)
**red-haired** pelirrojo(a) (1)
**refrigerator** refrigerador *m.* (4)
**relative** pariente *m. f.* (2)
**remember, to** recordar (ue) (4)
**rent, to** alquilar (4)
**repeat, to** repetir (i) (4)
**restaurant** restaurante *m.* (4)
**return (home), to** regresar (a casa) (2); **to return (something)** devolver (ue) (4)
**rich** rico(a) (1)
**ride** *(an animal)*, **to** montar a (6); **to ride a bicycle** andar en bicicleta (6)
**right of, to the** a la derecha de (4)
**right, to be** tener (mucha) razón (2)
**rigorous** riguroso(a) (4)*
**room** habitación *f.* (4)
**run, to** correr (3)

## S

**sad** triste (5)
**salary** sueldo (5)
**salesperson** vendedor(a) (5)
**salt mine** mina de sal (2)*
**sandals** sandalias (3)
**sandstone plateau** meseta de arenisca (6)*
**Saturday** sábado *m.* (3)

**say, to** decir (i) (5)
**scared** asustado(a) (5)
**scarf** bufanda (3)
**school** escuela (4)
**scientist** científico(a) (5)
**scuba dive, to** bucear (6)
**sculpt, to** tallar (2)*
**sculptor** escultor(a) (2)*
**secretary** secretario(a) (5)
**see, to** ver (5); **See you later.** Nos vemos., Hasta luego. (1);
   **See you soon.** Hasta pronto. (1); **See you tomorrow.**
   Hasta mañana. (1)
**selfish** egoísta *m. f.* (1)
**sell, to** vender (3)
**send (a message), to** mandar (un mensaje) (2)
**September** septiembre (3)
**serious** serio(a) (1)
**serve, to** servir (i) (4)
**set, to** poner (5)
**shampoo** champú *m.* (6)
**shave, to** afeitarse (6)
**shipwreck** barco hundido (5)*
**shirt** camisa (3)
**shoe** zapato (3)
**shopping center** centro comercial (4)
**shoreline: at the shoreline** a las orillas (3)*
**short** *(height)* bajo(a) (1)*; (length)* corto(a) (1)
**shorts** pantalones cortos *m.* (3)
**should** deber (3)
**shoulder** hombro (6)
**shout** grito (3)*
**shower** ducha (4)
**shower, to** ducharse (6); bañarse *(Mex.)* (6)
**shy** tímido(a) (1)
**sick** enfermo(a) (5)
**sing, to** cantar (2)
**singer** cantante *m. f.* (5)
**sister** hermana (2)
**sit down, to** sentarse (ie) (6)
**skate** *n.* patín *m.* (6); **to skate** patinar (6)
**ski, to** esquiar (2)
**skirt** falda (3)
**sleep, to** dormir (ue) (4)
**sleeping bag** saco de dormir (6)
**sleepy, to be (very)** tener (mucho) sueño (2)
**small** pequeño(a) (1)
**smile, to** sonreír (ie) (4)
**snow cone** piragua (5)*
**snow, to** nevar (ie) (4)
**snowboard, to** esquiar en tabla (6)
**soap** jabón *m.* (6)
**soccer** fútbol *m.* (6)
**sociable** sociable (1)
**social science** ciencias sociales (2)
**social worker** trabajador(a) social (5)
**socks** calcetines *m., pl.* (*sing.* **calcetín**) (4)

**solitude** soledad *f.* (4)*
**sometimes** a veces (6)
**son** hijo (2)
**soon** pronto (6)
**speaker** hablante *m. f.* (6)*
**spectacled bear** oso frontino (2)*
**speech** expresión *f.* oral (2)
**spouse** esposo(a) (2)
**spring** primavera (3)
**stand** quiosco (5)*
**stepbrother/sister** hermanastro(a) (2)
**stepfather** padrastro (2)
**stepmother** madrastra (2)
**still** todavía (6)
**stomach** estómago (6)
**store** tienda (1)* (4)
**stove** estufa (4)
**street** calle *f.* (1)* (4)
**stretch, to** estirarse (6)
**student** estudiante *m. f.* (1)
**student desk** pupitre *m.* (1)
**study, to** estudiar (2)
**style one's hair, to** peinarse (6)
**successful, to be (very)** tener (mucho) éxito (2)
**suit** traje *m.* (3)
**summer** verano (3)
**Sunday** domingo (3)
**sunset** puesta de sol (5)*
**supermarket** supermercado (4)
**sure** seguro(a) (5)
**surprised** sorprendido(a) (5)
**sweater** suéter *m.* (3)
**swim, to** nadar (2)
**swimming** natación *f.* (6); **swimming pool** piscina (4);
   **swimming suit** traje *m.* de baño (3)
**synagogue** sinagoga (4)
**syrup** almíbar *m.* (5)*

**T**

**T-shirt** camiseta (3)
**table** mesa (1)
**tabletop mountain** tepuy *m.* (6)*
**take off (clothing), to** quitarse (la ropa) (6)
**take, to** llevar (3)
**talk (on the phone), to** hablar (por teléfono) (2)
**tall** alto(a) (1)
**teach, to** enseñar (2)
**teacher** maestro(a) (1)*
**teacher's desk** escritorio (1)
**team** equipo (4)* (6)
**television set** televisor *m.* (1)
**tell, to** decir (i) (5)
**temple** templo (4)
**tennis** tenis *m.* (6); **tennis shoes** tenis *m. pl.* (3)
**tent: camping tent** tienda de campaña (6)
**thank you** gracias (1)

**theater** teatro (2) (4)
**there is/are** hay (1)
**thigh** muslo (6)
**thin** delgado(a) (1)
**think, to** pensar (ie) (4)
**thirsty, to be (very)** tener (mucha) sed (2)
**Thursday** jueves *m.* (3)
**ticket** entrada (6)
**tie** corbata (3)
**timid** tímido(a) (1)
**tired** cansado(a) (5)
**today** hoy (3) (6)
**toe** dedo (del pie)(6)
**toilet** inodoro (4)
**tomorrow** mañana (3) (6)
**tooth** diente *m.* (6)
**toothpaste** pasta de dientes (6)
**top: on top of** encima de (4)
**towel** toalla (6)
**track and field** atletismo (6)
**travel, to** viajar (2)
**Tuesday** martes *m.* (3)
**turn on, to** encender (ie) (4)

## U

**ugly** feo(a) (1)
**umbrella** paraguas *m.* (3)
**uncle** tío (2)
**under** debajo de (4)
**understand, to** comprender (3); entender (ie) (4)
**unfriendly** antipático(a) (1)
**up, to get** levantarse (6)
**use, to** usar (2)
**usually** normalmente(6)

## V

**very** muy (1)
**veterinary** veterinario(a) (5)
**volleyball** voleibol *m.* (6)

## W

**waiter** mesero(a) (5)
**wake up, to** despertarse (ie) (6)
**walk, to** caminar (2)
**wall (city)** muralla (5)*
**want ad** solicitud *f.* (5)
**want, to** querer (ie) (4)

**wash (oneself), to** lavar(se) (6)
**washer** lavadora (4)
**watch (TV), to** mirar/ver (la tele) (2)
**water-ski, to** esquiar en el agua (6)
**waterfall** catarata (3)*
**wealth** riqueza (5)*
**wear, to** llevar (3)
**wearing, to be** llevar puesto(a) (3)
**weather: It is cool.** Hace fresco. (3); **It is clear.** Está despejado. (3); **It is cloudy.** Está nublado. (3); **It is windy.** Hace viento. (3); **It rains., It is raining.** Llueve. (3); **It snows., It is snowing.** Nieva. (3); **It's cold.** Hace frío. (3); **It's hot.** Hace calor. (3); **It's sunny.** Hace sol. (3); **The weather is bad.** Hace mal tiempo. (3); **The weather is nice.** Hace buen tiempo. (3)
**Wednesday** miércoles *m.* (3)
**week** semana (3); **last week** semana pasada (6)
**weekend** fin *m.* de semana (3)
**what?** ¿qué? (1) (4); **what's going on?** ¿qué pasa? (1); **what's new?** ¿qué hay de nuevo? (1)
**when?** ¿cuándo? (1) (4)
**where?** ¿dónde? (1) (4); **where are you from?** ¿de dónde eres tú? (1); **from where?** ¿de dónde? (4); **to where?** ¿adónde? (4)
**which?** ¿cuál(es)?(4)
**while** mientras (6)
**who?** ¿quién? (1); ¿quién(es)? (4)
**why?** ¿por qué? (1) (4)
**window** ventana (1)
**winter** invierno (3)
**wish, to** desear (2)
**woman** mujer *f.* (1)
**wood** madera (5)*
**work, to** trabajar (2)
**worried** preocupado(a) (5)
**write, to** escribir (3)
**writer** escritor(a) (5)
**writing** redacción *f.* (2)
**wrong** equivocado(a)(5)

## Y

**years old, to be . . .** tener… años (2)
**yesterday** ayer (6)
**young** joven *m. f.* (1)

## Z

**zoo** zoológico (4)

Note: References to chapters 1 through 3 are for Level 1A.

Note: Disregard entries with references to pages 2–109.